ZUR POLITIK UND ZEITGESCHICHTE · 44

Herausgeber:
Landeszentrale für politische Bildungsarbeit Berlin in Verbindung mit dem Fachbereich Politische Wissenschaft der Freien Universität Berlin (Otto-Suhr-Institut)

WERNER PFENNIG · HELMUT FRANZ
ECKHARDT BARTHEL

Volksrepublik China

EINE POLITISCHE LANDESKUNDE

Inv.-Nr. A 33 963

Geographisches Institut
der Universität Kiel
Neue Universität

Lesehilfe:
Vor dem hinteren Umschlag ist eine herausklappbare Zeittafel-Leiste

COLLOQUIUM VERLAG BERLIN

ZUR POLITIK UND ZEITGESCHICHTE · 44
Herausgeber und Redaktion:
Landeszentrale für politische Bildungsarbeit Berlin
in Verbindung mit dem
Fachbereich Politische Wissenschaft der Freien Universität Berlin (Otto-Suhr-Institut)
Redakteure:
Dipl.-Pol. Eckhardt Barthel, Fachbereich Politische Wissenschaft der Freien Universität Berlin
Eberhard Aleff, Landeszentrale für politische Bildungsarbeit Berlin
Redaktionsschluß: Juli 1983

Werner Pfennig, Diplom-Politologe, Dr. rer. pol., geboren 1944. Nach dem Abitur Praktikum in den USA, dann Studium der Politologie und Neueren Geschichte an der Freien Universität Berlin. Seit 1976 Assistenz-Professor am Otto-Suhr-Institut der FU. 1978 bis 1980 German Kennedy-Fellow an der Harvard-Universität. Mehrere Reisen nach Ostasien (VR China und Taiwan) und Südostasien. Zahlreiche Veröffentlichungen zur Außen- und Gesellschaftspolitik Chinas.

Helmut Franz, Diplom-Politologe, geboren 1943 in Dresden, Chemiefacharbeiter in der DDR und der Bundesrepublik, Zweiter Bildungsweg, Studium der Politologie in Marburg und Berlin, 1974/75 Sprachstudium in Taiwan, 1975 Forschungsaufenthalt in Hongkong, 1977-82 Teilzeit-Assistent am Ostasiatischen Seminar der FU Berlin. Mehrere Studienreisen in die VR China sowie nach Süd- und Südostasien und Afrika. Veröffentlichungen zum Bildungs- und Wirtschaftssystem der VR China.

Eckhardt Barthel, Diplom-Politologe, geboren 1939, Elektromonteur und Ingenieur, Zweiter Bildungsweg, Studium der Politologie in Berlin. Seit 1973 Wissenschaftlicher Redakteur. Studienreise in die VR China. Freier Mitarbeiter verschiedener Bildungsinstitutionen. Veröffentlichungen zu politischen Themen.

Die Hefte der Reihe „Zur Politik und Zeitgeschichte" sind für Mittler politischer Bildung nur im Lande Berlin kostenlos erhältlich bei: Landeszentrale für politische Bildungsarbeit Berlin, 1 Berlin 62, Rathaus Schöneberg, John-F.-Kennedy-Platz.
Eine im Text unveränderte, aber besser ausgestattete Ausgabe ist im Colloquium Verlag Berlin erschienen und über den Buchhandel erhältlich.

CIP-Kurztitelaufnahme der Deutschen Bibliothek

Pfennig, Werner:
Volksrepublik China: e. polit. Landeskunde / Werner Pfennig; Helmut Franz; Eckhardt Barthel. [Herausgeber: Landeszentrale für politische Bildungsarbeit Berlin in Verb. mit d. Fachbereich Polit. Wissenschaft der Freien Univ. Berlin (Otto-Suhr-Institut)]. – Berlin: Colloquium-Verlag, 1983.
  (Zur Politik und Zeitgeschichte; 44)
  ISBN 3-7678-0607-X
NE: Franz, Helmut:; Barthel, Eckhardt:; GT

Gedruckt auf Recycling-Papier

© 1983 Colloquium Verlag GmbH, Berlin
Fotosatz: Gleißberg & Wittstock, Berlin
Druck: Color-Druck, Berlin
Graphiken: Karin Mall
Printed in Germany

Inhalt

1.	Einführung	7
2.	Ausgangslage	9
2.1	China – ein rückständiges Land	9
2.2	Warum siegten die Kommunisten?	12
2.3	Hunger – Armut – Krankheit	14
3.	Grundlagen und Ziele des chinesischen Kommunismus	16
3.1	Mao Zedong-Ideen	16
3.2	Ziele	20
4.	Das politische System	22
4.1	Die Kommunistische Partei	22
4.2	Macht- und Richtungskämpfe	25
4.2.1	Kampf zweier Linien	25
4.2.2	Vorrang der Politik: Beispiel Kulturrevolution	26
4.2.3	Vorrang der Wirtschaft: Beispiel Kampf um Reformkurs	29
4.2.4	Ent-Maoisierung?	30
4.3	Die nichtkommunistischen Parteien	32
4.4	Staat	33
4.4.1	Volkskongresse und Regierungen	33
4.4.2	Rechtswesen	39
4.5	Volksbefreiungs-Armee und Miliz	40
4.6	Massenorganisationen	42
4.7	Massenmedien	44
4.8	Opposition und Säuberung	47
5.	Wirtschaft	51
5.1	Die natürlichen Grundlagen	51
5.1.1	Boden und Klima	51
5.1.2	Bodenschätze und Energiereserven	53

5.2	Kampf um die Wirtschaftspolitik	53
5.2.1	Periode des Wiederaufbaus (1949–1952)	53
5.2.2	Der erste Fünfjahresplan (1953–1957)	56
5.2.2.1	Sowjetunion als Vorbild	56
5.2.2.2	Produktionsergebnisse	57
5.2.2.3	Kollektivierung der Landwirtschaft	58
5.2.3	„Der Große Sprung nach vorn" (1958–1960)	60
5.2.4	„Berichtigung, Konsolidierung, Vervollständigung" (1960–1965)	65
5.2.5	Kulturrevolution (1966–1969)	68
5.2.6	Modernisierungs-Kurs (seit den siebziger Jahren)	70
5.3	Chinas Wirtschaft heute	72
5.3.1	Wirtschaftsplanung und Betriebsorganisation	72
5.3.2.	Privat- und Genossenschafts-Initiativen	75
5.3.3	Einkommen	76
5.3.4	Umweltschutz	78
5.3.5	Außenwirtschaft	80
5.3.6	Wirtschaftswachstum seit 1949	85
6.	**Gesellschaft**	90
6.1	Bevölkerung	90
6.2	Frauen	92
6.3	Soziale Sicherung	95
6.4	Gesundheitswesen	96
6.5	Wohnen	98
6.6	Lebensstandard und Freizeit	101
6.7	Bildungswesen	105
6.8	Sprache und Schrift	109
6.9	Kultur	110
6.10	Religionspolitik	113
6.11	Nationale Minderheiten	115
7.	**Außenpolitik**	118
7.1	Historische Erfahrungen	118
7.1.1	Kaiserreich	118
7.1.2	Republik	121
7.2	Ideologische Grundlagen	122
7.2.1	Lehre von den Widersprüchen	122
7.2.2	Drei-Welten-Theorie	123
7.2.3	Koexistenz und proletarischer Internationalismus	125
7.3	Ziele	126
7.4	Phasen	127
7.4.1	Erste Phase: Im sozialistischen Lager	127
7.4.2	Zweite Phase: Werben um die Dritte Welt	129

7.4.3	Dritte Phase: Wechsel des Hauptfeindes	130
7.4.4	Vierte Phase: Normalisierung?	134
7.5	Entwicklungshilfe-Politik	136
7.6	Sicherheitspolitik	138

8.	**Anhang**	140
8.1	Zeittafel	140
8.2	Literaturauswahl	143
8.2.1	Allgemeines	143
8.2.2	Geschichte	144
8.2.3	Maoismus	145
8.2.4	Politisches System	146
8.2.5	Wirtschaft	147
8.2.6	Gesellschaft	147
8.2.7	Außenpolitik	147
8.2.8	Zeitschriften	148
8.3	Audiovisuelle Medien	148
8.3.1	16-mm-Filme	149
8.3.2	Tonbänder	150
8.3.3	Lichtbilder	150
8.3.4	Arbeitstransparente	151
8.3.5	Schallplatten	151
8.4	Wichtige Anschriften	152

Sonderblatt vor dem hinteren Umschlag:

8.5	Basisdaten	I
8.6	Lebensläufe wichtiger Politiker	II
Herausklappbare Zeittafel-Leiste		bei I

Verzeichnis der Tabellen

1:	Zusammensetzung des VI. Nationalen Volkskongresses Mitte 1983	35
2:	Anteil der Volksbefreiungs-Armee an den Führungsorganen von Partei und Staat	41
3:	Produktion wichtiger Industrie- und Bergbau-Erzeugnisse	57
4:	Chinas Außenhandel nach Ländergruppen 1975 und 1981	81
5:	Typische Stundentafeln städtischer Schulen	107
6:	Schüler und Studenten	109
7:	Chinas Entwicklungshilfe-Leistungen	136

Verzeichnis der Abbildungen

1:	China	2. Umschlagseite
2:	Der Lange Marsch 1934/35	13
3:	Staatswappen der VR China	19
4:	Parteiaufbau nach Statut	24
5:	Rote Garden	27
6:	Provinzen und Regionen	34
7:	Staatsorgane nach der Verfassung	36
8:	Bildmanipulation	44
9:	Wandzeitung	46
10:	Anbaufläche und Bevölkerung	51
11:	Terrassenfelder am Gelben Fluß	52
12:	Bodenschätze und Industriestandorte	54
13:	Massen-Mobilisierung	61
14:	Aufbau der Volkskommunen	62
15:	Bau kleiner Schmelzöfen	63
16:	Einkommensverteilung 1981 in Städten	78
17:	Mit wenig Geld große Aufgaben lösen	79
18:	Entwicklung des Außenhandels 1950–1981	82
19:	Konzessionsgebiete ausländischer Erdöl- und Erdgas-Konzerne	85
20:	Wirtschaftsentwicklung 1949–1978	86
21:	Produktion ausgewählter landwirtschaftlicher Erzeugnisse	87
22:	Produktion ausgewählter Industrie-Erzeugnisse	87
23:	Produktion ausgewählter Energiearten	89
24:	Fortschritte im Verkehrswesen	89
25:	Bevölkerung	90
26:	Erwerbspersonen	91
27:	Gebundene Füße („Lilien-Füße")	93
28:	Gesundheitswesen	98
29:	Wohnhöfe im Zentrum Pekings 1974	100
30:	Wohnhaus-Neubau in Shanghai 1980	100
31:	Besitz ausgewählter Gebrauchsgüter 1981	102
32:	Konsumwerbung in Kanton 1980	103
33:	Frühsport auf einer Straße in Shanghai	104
34:	Aufbau des Bildungswesens	108
35:	Wandel chinesischer Schriftzeichen	110
36:	Kulturrevolutionäres Ballett	112
37:	Bedeutende nationale Minderheiten	116
38:	Verlust von Gebieten und Einflußzonen	119
39:	China unter dem Kolonialismus	121
40:	Widersprüche zwischen den Weltlagern	122
41:	Chinas Drei-Welten-Modell	124
42:	Die Welt aus der Sicht Europas und Chinas	3. Umschlagseite

1. Einführung

Fragen

Jeder vierte vom Institut für Demoskopie Allensbach befragte Deutsche erwartete 1977, daß China bis zum Jahre 1985 „die stärkste Macht der Welt sein" werde. Was wissen wir über dieses Land, das viele für so bedeutsam halten? Unser China-Bild ist häufig noch geprägt von Vorurteilen (ein Volk „blauer Ameisen"), Spekulationen und Fragen. Fragen wie beispielsweise:
○ Wie hat es die einst gedemütigte Halbkolonie geschafft, zur Groß- und Atom-Macht aufzusteigen?
○ Wie ist es dem Entwicklungsland China gelungen, aus eigener Kraft voranzukommen und Hunger, Seuchen und Analphabetentum weitgehend zu beseitigen? Kann das „Modell China" Vorbild sein für andere Länder der Dritten Welt?
○ Ist die Volksrepublik China (VR) eine Gefahr für den Weltfrieden oder eine Ordnungskraft, will sie andere Länder erobern oder sich nur verteidigen?
○ Was ist *chinesisch*, was ist *kommunistisch* an der chinesischen Theorie und Praxis?
○ Was war die Kulturrevolution:
— Chaos, das das Land weit zurückgeworfen hat,
— oder Versuch, erstarrte Herrschaftsformen aufzulockern?
○ Beschreiten die chinesischen Kommunisten jetzt einen kapitalistischen Weg?
○ Die „chinesische Karte" — kann sie ein Trumpf für unsere Deutschlandpolitik sein, eine Hilfe bei der Wiedervereinigung?

Ziele dieser Schrift

Mit diesem Heft versuchen wir, die zum Verständnis der Volksrepublik China notwendigen
— *Tatsachen* zu vermitteln,
— *Zusammenhänge* sichtbar zu machen,
— *Hintergründe* zu erhellen.
Wir wenden uns nicht an China-Experten, sondern an politisch interessierte **Laien**. Die Kürze, um die wir uns bemühten, soll helfen, einen möglichst weiten Leserkreis zu erreichen.
Wer ein anderes Land kennenlernen will — zumal ein uns so fremdes und fernes wie China — sollte
— vom *Selbstverständnis* der dort lebenden Menschen, von *deren* Zielen und Werten ausgehen, nicht jedoch nur von *unseren* eigenen,
— Anspruch und Wirklichkeit gegenüberstellen,
— die Verhältnisse aber auch mit dem Maßstab der *Menschenrechte* beurteilen.
Deshalb wählten wir eine derartige **kritisch-systemimmanente Darstellung.**

Quellen Schwierig ist es oft, hieb- und stichfeste Informationen über China zu erhalten:
- Zeitweise kamen nur sehr wenige Nachrichten aus der Volksrepublik (das betraf vor allem statistische Daten).
- Viele sind „gefärbt" im Sinne z.B. der Propaganda
  - der antikommunistischen Regierung Taiwans
  - oder Pekings (diese sind wiederum selbst nicht einheitlich, sondern geben die Sicht der jeweils herrschenden politischen Gruppe wieder).
- Reisende sehen lediglich einige Teile des Landes und sprechen meist nicht chinesisch. Ihre Berichte sind nur eingeschränkt verwertbar.

Es ist deshalb wichtig, sehr kritisch den Aussagewert der Quellen zu betrachten, auf die sich China-Beobachter stützen und die auch wir benutzt und abgedruckt haben.

Fachlicher Rat Herrn Dr. Kuo Heng-yü, Professor am Ostasiatischen Seminar der Freien Universität Berlin, danken wir für seine fachkundige Unterstützung. Für alle Mängel jedoch bleiben die Autoren verantwortlich.

Umschrift Chinesische Namen und Begriffe sind in der *Pinyin*-Umschrift (siehe 6.8) wiedergegeben, die in der VR China offiziell ist. Wir weichen davon ab nur bei älteren Zitaten und bei hierzulande noch sehr gängigen früheren Schreibweisen (z.B. Peking statt Beijing).

Zitierweise Bei *Quellenangaben* verweisen Namen auf die Literaturauswahl, wo die Titel vollständig aufgeführt sind.

2. Ausgangslage

2.1 China – ein rückständiges Land

Die Chinesen sind eines der ältesten Kulturvölker der Erde. Seit über 2000 Jahren konnte China über alle Krisen hinweg immer wieder seine zentralstaatliche Einheit erhalten, während andere große Reiche in Europa und Asien untergingen und neuen Staaten Platz machen mußten. Wissenschaft und Technik, das Handwerk sowie staatliche und private Manufakturen (vor allem Waffen-, Keramik- und Textilfabriken), das Transportsystem, der Handel und das Geld- und Kreditwesen waren bis zum 14. Jahrhundert weiter entwickelt als in Europa. Es gelang China in der Neuzeit jedoch nicht, Anschluß an die Industrialisierung zu finden, die in Europa, in Nordamerika, aber auch im Nachbarland Japan stattfand.

Altes Kulturvolk

Was förderte Chinas zentralstaatliche Einheit und seine wirtschaftliche und kulturelle Blüte bis zum Mittelalter? Und warum endete die Entwicklung danach?

Das Kernland der chinesischen Kultur waren die fruchtbaren Lößgebiete am Mittel- und Unterlauf des Gelben Flusses. Seinen Namen verdankt dieser mächtige Strom der in großen Mengen mitgeführten, vor allem durch die heftigen Sommerregen aus dem Boden gewaschenen Lößerde. Der langsam fließende Fluß lagert diesen Schlamm ab und erhöht dadurch fortwährend sein Bett. Damit er nicht immer wieder das Land überfluten und sich einen anderen Lauf schaffen konnte, waren schützende Dämme über Hunderte von Kilometern nötig. Von kleinen Feudalstaaten, wie sie etwa in Europa bestanden, waren solche *überregionalen Wasserschutzmaßnahmen* nicht zu leisten. Dazu bedurfte es eines organisationsfähigen **Zentralstaates** mit einer wirksamen **Bürokratie**.

Wasserwirtschaft begünstigt Zentralstaat

Im Norden bedrohten kriegerische Nomaden (Hunnen, Mongolen) das Land. Um deren Angriffe besser abwehren zu können, bauten die Chinesen schon vor über 2000 Jahren erstmals die *„Große Mauer"*. Es verlangte gewaltige wirtschaftliche und militärische Anstrengungen, diesen mehrere tausend Kilometer langen Wall zu errichten und zu unterhalten. Auch dies förderte und stabilisierte den Zentralstaat.

Nomadenabwehr

Die großen staatlichen Projekte stellten aber nicht nur hohe Anforderungen, sondern trieben auch die Entwicklung voran:

○ Um Materialien für diese Bauten und Lebensmittel für die Arbeiter und die Soldaten an der Großen Mauer heranschaffen zu können, ließ das Kaiserreich leistungsfähige *Kanäle* zwischen den fruchtbaren Gebieten am Jangtse und dem Norden anlegen.

Wirtschaftliche und technische Entwicklung

○ Die *Landwirtschaft* mußte ertragreich sein, damit der Staat von den Bauern genug Steuern für seine kostspieligen Vorhaben einziehen konnte. Im 13. Jahrhundert war sie die am höchsten entwickelte in der Welt. Bodenbereitung, Bewässerungstechniken, Anbaumethoden und das Saatgut ermöglichten in den klimatisch günstigen Gebieten zwei Ernten jährlich.

Beamtenschaft statt Feudaladel

Das dynastische China war keine Feudalgesellschaft, sondern ein bürokratischer Zentralstaat. Eine nur dem Kaiser verantwortliche Beamtenschaft bildete die Spitze der gesellschaftlichen Hierarchie, gefolgt von den Bauern, Handwerkern und Kaufleuten.

Wer Beamter werden wollte, mußte in schweren staatlichen Prüfungen nachweisen, daß er die konfuzianischen ethisch-literarischen Schriften beherrsche. Keiner dieser Staatsdiener durfte
- seinen Titel vererben,
- in seiner Heimatprovinz arbeiten,
- länger als drei Jahre an einem Ort tätig sein.

Dies sollte die *Loyalität* der Beamten ihrem Kaiser gegenüber sichern helfen und verhindern, daß *lokale Machthaber* entstehen.

Keine industrielle Revolution

Der bürokratische Zentralstaat sicherte China über Jahrhunderte eine relative politische Kontinuität und ermöglichte einen großen wirtschaftlichen und technischen Aufschwung. Doch löste diese Entwicklung keine bürgerlich-industrielle Revolution wie später in Europa aus:

Soziale Stagnation

a) Die mächtige *Beamtenschaft*
- nahm Großgrundbesitzern wiederholt *Land* weg und gab es Kleinbauern, damit nicht Private durch übergroße Pachteinnahmen soviel Geld abschöpfen konnten, daß für den Zentralstaat nicht genügend übrig blieb,
- lenkte das *Wirtschaftsleben* und verhinderte durch hohe Steuern und willkürliche Auflagen gewinnbringende Kapitalanlagen von Händlern und Unternehmern,
- sicherte dem Staat das *Handelsmonopol* für wichtige Güter (Salz und Eisen).

Die Städte waren vor allem Sitze der kaiserlichen Behörden und Standorte kaiserlicher Garnisonen. In ihnen konnte nicht wie in Europa („Stadtluft macht frei") ein freies Bürgertum heranwachsen. Wohlhabende Familien legten deshalb ihr Geld nur selten in gewerbliche Vorhaben an, sondern finanzierten statt dessen lieber ihren Angehörigen eine Beamtenausbildung oder kauften Land, das sie dann verpachteten. Ein starkes, unternehmerisch engagiertes **Bürgertum und kapitalistische Verhältnisse konnten sich daher nicht entwickeln.**

Überkommene Werte

Auch die an der Vergangenheit orientierten Werte hemmten in der Neuzeit den industriellen Fortschritt. So galten
- die Landwirtschaft als der einzige produktive Wirtschaftszweig, der die Menschen ernähre und die Grundlage des Staates bilde,
- Handel und Gewerbe dagegen als untergeordnet.

Wie erstarrt das dynastische System war, zeigte sich auch in der formelhaften Sprache und den extrem reglementierten und ritualisierten Beziehungen zwischen den einzelnen Menschen und zwischen Untertanen und jeglicher Obrigkeit.

b) Dank der politischen Stabilität sowie einer ertragreichen, hochentwickelten *gartenbauartigen Landwirtschaft* stieg die Bevölkerungszahl. Als Folge davon hatten etwa seit dem 13. Jahrhundert die meisten Bauern nur noch eine sehr *kleine Scholle,* auf der sie bestenfalls soviel anbauen konnten, wie sie für ihre Familien brauchten. — **Bevölkerungs-Wachstum**

Die chinesische Landwirtschaft benötigte die gesamte nutzbare Fläche, um für die vielen Menschen Nahrungsmittel produzieren zu können. Bauern wandelten Wälder, Wiesen, Baumwoll- und Hanf-Gebiete in Getreidefelder um. Dadurch mangelte es bald an Brennstoffen, Naturfasern und Weiden für die Zugtiere. — **Rohstoffmangel**

Mit der traditionellen Landwirtschaft ließen sich seit der Neuzeit die Erträge nicht mehr erhöhen. Die *Preise* für Rohstoffe stiegen, die für Arbeitskräfte sanken. Die armen Bauern hatten kaum genügend Geld, um lebenswichtige, geschweige denn, um zusätzliche Güter kaufen zu können. Da die Nachfrage fehlte, war es nicht möglich, das Kapital *gewinnbringend* zu investieren. — **Keine Investitions-Möglichkeiten**

Mit Beginn des vorigen Jahrhunderts verringerte sich die Macht des Kaisertums (siehe 7.1.1). Damit vergrößerten sich die Freiräume für unternehmerisches Handeln. Doch wegen der schlechten wirtschaftlichen Lage des Landes und den allmählich beginnenden ausländischen Einflüssen gelang es dem Bürgertum nicht, aus eigener Kraft eine moderne nationale Volkswirtschaft aufzubauen. — **Zentralgewalt geschwächt**

Die innere Schwäche Chinas erleichterte es fremden Mächten im 19. Jahrhundert – England und Frankreich, später auch Rußland, Japan und Deutschland –, das Land weitgehend zu beherrschen und auszubeuten (siehe 7.1.1). Ausländische Kapitalgeber entwickelten die Industrie, das Bankwesen, den Verkehr usw. nach ihren eigenen Interessen und nicht nach denen Chinas. — **Äußerer Einfluß**
○ Wichtige Gebiete, vor allem die Küstenregionen, waren *chinesischem Einfluß entzogen.* In diesen Enklaven (z.B. Vertragshäfen) mit autonomer Verwaltung waren die ausländischen Unternehmen weder der chinesischen Justiz noch der Zoll- und Steuerbehörde unterstellt.
○ Fremde Firmen genossen große *Privilegien.* So
  – entfielen die hohen Inlandszölle bei ausländischen Waren (was die Konkurrenzfähigkeit der ohnehin rückständigen chinesischen Wirtschaft noch verringerte),
  – konnten westliche Schiffahrtsunternehmen frei auf chinesischen Gewässern operieren und die einheimische Binnenschiffahrt verdrängen (und damit auch den Binnenhandel kontrollieren).
○ Ein *Wirtschaftsgefälle* entstand zwischen der *Küste,* wo ausländisches Kapital moderne Industrien und Dienstleistungs-Gewerbe schuf, und dem Landesinneren, das noch stärker verarmte.
○ Die einheimische Volkswirtschaft litt auch darunter, daß
  – nach militärischen Niederlagen oder Zwischenfällen hohe „*Entschädigungen*" an die Kolonialmächte zu zahlen waren (z.B. nach dem Boxeraufstand – siehe 7.1.1 – 450 Millionen Silberdollar),

- für die eigene Entwicklung wichtige *rohstoffreiche* Gebiete verloren gingen (vor allem die von Japan besetzte Mandschurei),
- die fremden Firmen mehr Waren nach China ein- als ausführten *(Import-Überschüsse).*

O Mit der Industrialisierung in den Enklaven entstand dort auch eine Bourgeoisie, die **Kompradoren:** Unternehmer, die ursprünglich japanischen, amerikanischen oder europäischen Firmen als chinesische Agenten gedient hatten. Sie waren in das ausländische Kapital- und Handels-Netz einbezogen und identifizierten sich auch mit diesem System. Dies trug mit dazu bei, daß sich kein starkes *nationales Bürgertum* entwickeln konnte, das fähig gewesen wäre, eine *eigenständige* moderne Volkswirtschaft zu errichten.

2.2 Warum siegten die Kommunisten?

Erneuerungs-Bewegung

Das wachsende Nationalbewußtsein und die Auflehnung gegen die Fremdherrschaft um die Jahrhundertwende verhalfen der von Sun Yat-sen gegründeten „Nationalen Volkspartei" **(Kuo Min Tang,** KMT) zum Erfolg. Aber trotz Reformen – hauptsächlich in den Jahren von 1927 bis 1937 – erwies sich diese vorwiegend bürgerlich-städtische Erneuerungsbewegung als unfähig, die immer drängenderen Probleme des Landes zu lösen, da sie

Warum die KMT scheiterte

- insgesamt mehr die Kräfte vertrat (Großbürgertum und Großgrundbesitzer), die nicht daran interessiert waren, für sie vorteilhafte Verhältnisse zu ändern,
- keine befriedigende Bodenreform durchsetzte, die Kleinbauern sie deshalb auch nicht unterstützten,
- belastet war mit inneren Kämpfen gegen regionale Militärmachthaber („warlords"), die die staatliche Einheit bedrohten,
- einen kräftezehrenden, das Land verwüstenden Krieg gegen Japan führen mußte
- und nach dem Sieg über diesen Feind 1945 weder Korruption noch Inflation eindämmen konnte.

Kommunisten als Alternative

Der **Kommunistischen Partei** (KPCh) dagegen gelang es, viele Bauern, aber auch Bürgerliche, Intellektuelle und Soldaten für sich zu gewinnen – nicht nur, weil die KMT sie enttäuschte, sondern vor allem, weil die KPCh eine konsequente Politik betrieb:

a) In den von ihr beherrschten Gebieten verwirklichte sie die *Bodenreform,* verbesserte sie das *Gesundheitswesen* und begann sie mit der *Alphabetisierung.*

b) Als in den dreißiger Jahren die japanische Aggression wuchs, betonte die KPCh die gemeinsame Landesverteidigung mit allen national gesinnten Kräften, ohne deshalb ihre revolutionären Ziele aufzugeben. Damit konnte sie sich als eine *patriotische Kraft,* als Anwalt der nationalen Sache darstellen. 1937 brachte sie die Kuo Min Tang zu einem Bündnis gegen Japan. Bis dahin hatte Chiang Kai-shek, der Nachfolger Sun Yat-sens, vorrangig die Kommunisten bekämpft. Dieses, wenn auch nur lose Zusammengehen hielt die KMT-Führung davon ab, die KPCh weiterhin – und möglicherweise vernichtend – anzugreifen.

Langer Marsch

Als die Regierungstruppen die Sowjetrepublik von Kiangsi zu überwältigen drohten, zog sich die Rote Armee 1934 zurück in das Bergland von Shensi. Dort, mit dem Hauptquartier in Yenan, errichtete die KPCh erneut ein „befreites Gebiet". Dieser legendäre „Lange Marsch" über rund 12 500 km forderte große Opfer: Von den etwa 100 000, die aufbrachen, überlebte nicht einmal ein Viertel. Aber er stärkte die Partei:
○ Es entstanden eine feste Gemeinschaft und eine nach außen meist geschlossen auftretende Führung.
○ Die Revolutionäre konnten Millionen von Chinesen erstmals kommunistische Ideen nahebringen.
○ Anders als Regierungstruppen, die teilweise plünderten und schändeten, verhielten sich die roten Soldaten meist diszipliniert und gewannen so viele Sympathien.

Abbildung 2: **Der Lange Marsch 1934/35**

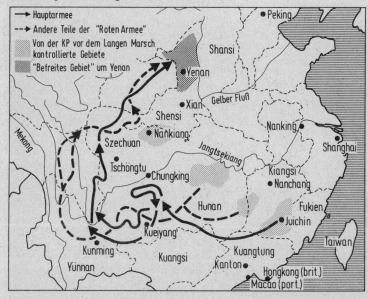

c) In den „befreiten Gebieten" ließen die Rotarmisten auch Kleinbürger und Mitglieder der nationalen Bourgeoisie in wichtigen Entscheidungsgremien mitwirken. Durch eine derart geschickte *Bündnispolitik* erreichte es die KPCh, daß auch nichtkommunistische Bevölkerungsgruppen ihr vertrauten und mit ihr zusammenarbeiteten.

Revolutionäre Tradition

Chinesen hatten sich schon häufig gegen soziale Mißstände, Unterdrückung und Fremdherrschaft erhoben und sich nationalistischen oder sozialrevolutionären Bewegungen angeschlossen. Die kommunistischen Füh-

rer verstanden und bezeichneten ihren Kampf als Fortsetzung früherer Aufstände und Reformbestrebungen. Dazu gehörten vor allem:
○ Die **Taiping Rebellion** (1850-1864). Sie gilt als größter Bürgerkrieg des 19. Jahrhunderts und forderte etwa 30 Millionen Tote. Die Anhänger der Taiping (=Himmlischer Friede), einer anfangs religiösen Sekte, wollten eine neue, auf allgemeiner Gleichheit sich gründende Sozialordnung verwirklichen.

<small>Sie verlangten unter anderem,
– das Privateigentum an den Produktionsmitteln aufzuheben,
– eine Landreform durchzuführen,
– Frauen gleiche Rechte einzuräumen.
Die KPCh würdigt diese Rebellion als ein wichtiges revolutionäres Ereignis.</small>

○ Die **Bewegung vom 4. Mai** 1919. Sie war ein Protest von Studenten, Journalisten und anderen Intellektuellen gegen jene Bestimmungen des Versailler Vertrages, die die ehemals deutschen Pachtgebiete in China nicht den Chinesen, sondern dem japanischen Kaiserreich übertrugen. Arbeiter und Kaufleute schlossen sich an, streikten und boykottierten japanische Waren. Mao Zedong: „Die 4. Mai-Bewegung ist ein Teil der proletarischen Revolution".

Erfolg aus eigener Kraft

Die Unterstützung, die die KPCh von der Sowjetunion erhielt, war gering. Sie begann in nennenswerter Größe erst nach dem Zweiten Weltkrieg und erreichte auch nicht annähernd den Umfang der amerikanischen Militär- und Wirtschafts-Hilfe an die Kuo Min Tang-Regierung. Die Kommunisten und ihre Verbündeten siegten im Bürgerkrieg weitgehend aus eigener Kraft.

2.3 Hunger – Armut – Krankheit

Kriegsschäden

Das Land war arm und ausgeplündert, als die Kommunisten 1949 die Macht übernahmen und erstmals nach rund 100 Jahren wieder ein geeintes, zentral kontrolliertes China schufen. Der achtjährige Kampf gegen Japan (1937-1945) und der anschließende Bürgerkrieg hatten große Schäden hinterlassen:
○ Millionen *Menschen* verloren ihr Leben.
○ Nach dem Sieg der KPCh flohen *Fachleute* (Wissenschaftler, Ärzte usw.) ins Ausland.
○ Die *Wirtschaft* war zerrüttet.

<small>Die Produktion war gegenüber dem Vorkriegsstand stark zurückgegangen, z.B. in der
– Schwerindustrie und Energiewirtschaft schätzungsweise auf weniger als ein Drittel,
– Textilindustrie auf 40 Prozent,
– Maschinenbau- und Leichtindustrie sogar auf nur 10 v.H.
Die Sowjets hatten die von den Japanern in der Mandschurei aufgebauten Industrieanlagen demontiert und nach 1949 weder zurückgegeben noch Entschädigung dafür gezahlt.</small>

○ Die *Inflationsraten* nahmen astronomische Größen an.
○ Weite Teile der *Infrastruktur* waren zerstört oder vernachlässigt, vor allem die Verkehrswege, das Damm- und Deichsystem, die Be- und Entwässerungs-Anlagen.

Nationalchinesische Truppen sprengten 1938 Dämme des Gelben Flusses, um die vorrückenden Japaner aufzuhalten. Durch die folgenden Überschwemmungen ertranken Hunderttausende von Chinesen.

1949 war nur noch die Hälfte des Schienennetzes betriebsfähig. Auch 1952, nach den Reparaturen, hatte das Land nur 25 000 km Schienen – halb soviel wie das dreimal kleinere Indien.

Leben in Not

Zwar hatten der chinesisch-japanische Kampf und der Bürgerkrieg das Leid der Menschen vergrößert, doch
- gehörten bereits lange vorher Hunger und Armut zum Alltag der meisten Chinesen,
- mußte die Bevölkerung schon seit über 100 Jahren ähnliche militärische Auseinandersetzungen ertragen.

Zu den schlimmsten **Katastrophen** der jüngeren Vergangenheit zählen die von
- 1876-79, als eine dreijährige Dürre in Nordchina 9 bis 13 Millionen Tote forderte,
- 1919-21, als nach größeren Überschwemmungen und darauffolgender Trockenheit eine halbe Million Chinesen verhungerten,
- 1929-32, als in der Provinz Hunan während einer Hungersnot drei bis sechs Millionen Bauern starben,
- 1942-43, als nach einer Dürre in der Provinz Henan drei Millionen Menschen umkamen.

Soziale Lage

Für Notleidende gab es im republikanischen China keine ausreichende Fürsorge. Familien ohne eigene Einkünfte – und das waren wegen der großen *Arbeitslosigkeit* viele – lebten im Elend. Der *Gesundheitszustand* der meisten Chinesen war schlecht. Wiederholt traten Seuchen auf. Noch 1935 betrug die durchschnittliche Lebenserwartung lediglich 28 Jahre. Das Gesundheitswesen war zu unterentwickelt, um die Probleme meistern zu können. So entfielen beispielsweise 1922 auf eine Million Einwohner nur ein Arzt und 37 Krankenhausbetten.

Schmerzhafte Erinnerungen

„Als ich zwanzig Jahre alt war, kam die große Hungersnot. Das war im Jahre 1928. Einer meiner Brüder starb. Da gingen ich und der Vater und die drei anderen Brüder nach Shansi. Dort war es besser. Wir verkauften meine zwei jüngsten Brüder. Wir mußten es tun, um am Leben zu bleiben. Wir bekamen 28 Silberdollar für den einen und 20 Silberdollar für den anderen. Was aus ihnen geworden ist, weiß ich nicht. Ich habe seitdem nie wieder etwas von ihnen gehört."

„Nun waren wir Tagelöhner bei einem Grundbesitzer, und in manchen Jahren bekamen wir das gleiche Essen wie die Tiere. Sogar Gras mußten wir essen. Achtmal war ich in dieser Ehe schwanger. Vier Kinder starben."

„Als ich zweiundzwanzig Jahre alt war, wurde ich verkauft. (Weint.) Mein Mann kam eines Tages und holte mich und meine Tochter und brachte mich zu einem Sklavenhändler, der Yang hieß. (Weint.) ... Nachdem ich zwei Tage beim Sklavenhändler gewesen war, wurde ich wieder verkauft. Yang verkaufte mich und meine Tochter für 220 Silberdollar an einen Ackerbauern ..."

„1929 zogen wir als Bettler durch die Gegend. Wir hatten nichts zu essen. Vater ging nach Chaochuan, er wollte Brennmaterial sammeln und um Essen betteln. Aber er bekam nichts. Er trug Ulmenblätter und etwas Brennmaterial, stürzte aber am Wegrand tot zu Boden ... Er war nicht krank gewesen, sondern ganz einfach verhungert ... Dies ist meine früheste Kindheitserinnerung. Ich war immer hungrig, und Vater lag tot am Wege."

(Jan Myrdal: Berichte aus einem chinesischen Dorf, Deutscher Taschenbuch Verlag, dtv 591, München 1971, S. 116, 190, 186, 125. Myrdal, schwedischer Journalist, lebte 1964 mehrere Wochen in einer Volkskommune und befragte deren Bewohner.)

3. Grundlagen und Ziele des chinesischen Kommunismus

3.1 Mao Zedong-Ideen

Sinisierung des Marxismus

Die offizielle Bezeichnung der in der Volksrepublik China herrschenden Ideologie lautet nicht – wie bei uns üblich – „Maoismus", sondern **„Marxismus-Leninismus-Mao Zedong-Ideen"**. Mao hat keine neue Lehre geschaffen. Er bemühte sich, die marxistisch-leninistische Theorie weiterzuentwickeln und zu verbinden mit
– der chinesischen *Tradition* und den nationalen Werten
– sowie den *Erfahrungen* der eigenen Revolution.

Abstrakter und konkreter Marxismus
„Unsere Nation blickt auf eine mehrtausendjährige Geschichte zurück, weist ihre Besonderheiten auf, hat eine reiche Schatzkammer von Werten gesammelt ...
Das heutige China ist das Entwicklungsprodukt der chinesischen Geschichte; wir sind Anhänger des marxistischen Historismus, wir dürfen den Faden der geschichtlichen Kontinuität nicht abschneiden. Wir müssen unsere Geschichte von Konfuzius bis Sun Yat-sen zusammenfassen und von diesem wertvollen Erbe Besitz ergreifen. Das wird uns in bedeutendem Maße helfen, die große Bewegung der Gegenwart zu lenken. Die Kommunisten sind internationalistische Marxisten, aber wir können den Marxismus nur dann in die Praxis umsetzen, wenn wir ihn mit den konkreten Besonderheiten unseres Landes integrieren und ihm eine bestimmte nationale Form geben. Die große Stärke des Marxismus-Leninismus liegt gerade in seiner Integration mit der konkreten revolutionären Praxis aller Länder. Für die Kommunistische Partei Chinas bedeutet das, die Anwendung der Theorie des Marxismus-Leninismus auf die konkreten Verhältnisse Chinas zu erlernen. Für die chinesischen Kommunisten, die ein Teil der großen chinesischen Nation, deren eigenes Fleisch und Blut sind, ist jedes von den Besonderheiten Chinas losgelöste Gerede über Marxismus bloß ein abstrakter, hohler Marxismus. Daher wird die konkrete Anwendung des Marxismus in China in der Weise, daß er in jeder seiner Äußerungen die erforderlichen chinesischen Charakterzüge aufweist, d. h. eine Anwendung des Marxismus im Lichte der Besonderheiten Chinas, zu einem dringenden Problem, das die ganze Partei verstehen und lösen muß. Man muß die ausländischen Schemata beseitigen, weniger hohle, abstrakte Phrasen dreschen und den Dogmatismus ruhen lassen; an ihre Stelle sollen der frische, lebhafte chinesische Stil und die frische, lebhafte chinesische Manier treten, die bei den einfachen Menschen Chinas beliebt sind."
(Mao Tse-tung: Der Platz der KP Chinas im nationalen Krieg, 1938, Ausgewählte Werke, Band II, S. 245 f.)

Keine geschlossene Lehre

Die Aussagen Maos in all den Jahren sind nicht einheitlich. Neue Erfahrungen in der Praxis sowie politische Richtungsänderungen (z.B. durch das wechselnde Verhältnis zur Komintern-Politik) spiegeln sich auch in seinen Reden und Aufsätzen wider. Die KPCh-Führung hat öfter seine Schriften umgeschrieben neu herausgegeben – je nachdem, welche politische Position erwünscht war.

Heute gelten die Mao Zedong-Ideen in der Volksrepublik nicht mehr als das alleinige Werk Maos, sondern als „Kristallisation der kollektiven Weisheit der Kommunistischen Partei Chinas", geschaffen und entwickelt durch „viele hervorragende Führer unserer Partei" (siehe 4.2.4).

Zu den wichtigsten „Gedanken Mao Zedongs" gehören:

a) Während die kommunistischen Klassiker internationalistisch waren, betonte und bejahte Mao den Nationalismus. China müsse seinen Weg unabhängig gehen, nicht geführt vom „internationalen Proletariat" (damit war die sowjetische KP gemeint), sondern selbständig und im Vertrauen auf die eigene Kraft und dürfe dabei die eigene Geschichte und die eigenen Werte nicht vernachlässigen. **Nationalismus**

b) Abweichend von Lenin erklärte Mao oft, vor allem die Bauern – und nicht in erster Linie die Arbeiter – hätten die Revolution durchzuführen. Diese, aus der Praxis entwickelte und in die Praxis umgesetzte, Überlegung entsprach **Bauernschaft**
- sowohl der chinesischen Tradition (die Landbevölkerung hatte in der Vergangenheit häufig rebelliert)
- als auch den Gegebenheiten (80 Prozent der Chinesen waren Bauern; das ohnehin kleine Proletariat in den Städten war von den Regierungstruppen zerschlagen).

Verdienste der Bauern
„Wenn wir zehn Punkte für die Durchführung der demokratischen Revolution redlich verteilen wollen, so verdiente die Leistung der Stadtbewohner und Soldaten nur drei Punkte; die übrigen sieben Punkte würden den Bauern und ihrer Revolution auf dem Lande zufallen ..."
(Mao Tse-tung: Untersuchungsbericht über die Bauernbewegung in Hunan (1927), in der Fassung von 1951 ist dieser Satz nicht mehr enthalten; nach: Schram, S. 221)

Die Revolution müsse auf dem Lande beginnen. Nach Maos Konzept sollte die Rote Armee
- erst die *Dörfer* erobern,
- dann dort ländliche Stützpunkte schaffen,
- schließlich die *Städte* umzingeln und einnehmen.

Als dies 1949 erreicht war, übernahm Mao das sowjetische Modell, nach dem
- das *Proletariat* als die revolutionärste Klasse gilt,
- die *Städte* das Land anzuleiten haben.

c) Nur militärisch, vor allem durch eine starke Armee, sei die Macht zu erobern und zu erhalten. Diese Erkenntnis gewann Mao aus vielen niedergeschlagenen Aufständen der Vergangenheit. Im Mittelpunkt stehe aber der *Mensch,* denn er und nicht die Militärtechnik entscheide Kriege und Revolutionen. **Betonung des Militärischen**

Macht aus den Gewehrläufen
„Jeder Kommunist muß diese Wahrheit begreifen: ‚Die politische Macht kommt aus den Gewehrläufen.' Unser Prinzip lautet: Die Partei kommandiert die Gewehre, und niemals darf zugelassen werden, daß die Gewehre die Partei kommandieren ... Vom Standpunkt der marxistischen Lehre vom Staat ist die Armee die Hauptkomponente der Staatsmacht. Wer die Staatsmacht ergreifen und behaupten will, der muß eine starke Armee haben."
(Mao Tse-tung: Probleme des Krieges und der Strategie, 1938, Ausgewählte Werke, Band II, S. 261 f.)

Widersprüche

d) Auch Mao sah die Triebkräfte der Entwicklung in den Widersprüchen. Dies sei ein allgemeingültiges Gesetz. In sozialistischen und kommunistischen Staaten werde es ebenfalls noch Widersprüche geben, und zwar *im Volke* und nicht, wie im Kapitalismus, zwischen dem Volk und seinen Feinden. Sie seien zu lösen nach der Methode „Einheit – Kritik – Einheit", d.h.
- „von dem Wunsch nach Einheit ausgehen,
- durch Kritik oder Auseinandersetzung Richtiges und Falsches klar unterscheiden
- und auf neuer Basis zu einer neuen Einheit gelangen".

Wegen der weiterbestehenden Widersprüche sei eine *permanente Revolution* nötig.

Widersprüche im Sozialismus
„Es wird weiter so sein: Ein Widerspruch löst den anderen aus; alte Widersprüche werden gelöst, neue entstehen. Manche Leute meinen, daß der Widerspruch zwischen Idealismus und Materialismus in der sozialistischen Gesellschaft oder in der kommunistischen Gesellschaft beseitigt werden könne. Diese Meinung ist selbstverständlich falsch. Solange noch ein Widerspruch zwischen Subjektivität und Objektivität, Fortschritt und Rückständigkeit, gesellschaftlichen Produktivkräften und Produktionsverhältnissen besteht, wird der Widerspruch zwischen Materialismus und Idealismus in der sozialistischen Gesellschaft und in der kommunistischen Gesellschaft noch weiterexistieren und in verschiedenen Formen zum Ausdruck kommen...". Es „wird selbst in der kommunistischen Gesellschaft nicht jeder Mensch frei von Fehlern sein. Auch dann werden sich unter den Menschen noch Widersprüche ergeben; es wird immer noch gute und schlechte Menschen, relativ richtig denkende und relativ falsch denkende Menschen geben. Darum wird es unter den Menschen immer noch Kämpfe geben, nur werden Wesen und Form dieser Kämpfe anders sein als in den Klassengesellschaften."
(Mao Tse-tung: Die historische Erfahrung der Diktatur des Proletariats, 1956, nach: Schram, S. 268)

Umerziehung

e) Mao glaubte – ganz im Sinne der chinesischen Tradition –, daß der Mensch umformbar und umerziehbar sei, daß Bewußtsein sich durch Propaganda und Arbeit wandeln ließe. Kritisierte und Angeklagte müßten die Chance erhalten umzukehren. Dies solle nicht nur für Bauern und Arbeiter, sondern sogar für Reaktionäre gelten – solange sie nicht Unruhe stiften oder sabotieren. Liquidierungen seien deshalb nur in Ausnahmefällen nötig.

Ausbeuter zu neuen Menschen erziehen
„Nach dem Sturz der Herrschaft der reaktionären Klassen und Cliquen wird man deren Angehörigen ... ebenfalls Boden oder Arbeitsplätze geben, damit ... sie sich durch ihre Arbeit zu neuen Menschen ummodeln können ...". Auch Propaganda und Erziehung seien nötig. „Wenn diese Arbeit mit Erfolg geleistet wird, werden die hauptsächlichen Ausbeuterklassen Chinas – die Grundherrenklasse und die bürokratische Bourgeoisie, d.h. die Klasse der Monopolkapitalisten – ein für allemal beseitigt sein."
(Mao Tse-tung: Über die demokratische Diktatur des Volkes, 1949, Ausgewählte Werke, Band IV, S. 446 f.)

Diktatur des Volkes

f) Anders als in der marxistischen Theorie vorgesehen, sollte nach der siegreichen Revolution nicht die reine „Diktatur des Proletariats" herrschen. Vielmehr wollte Mao zunächst ein breites *Bündnis* fast aller Volksschichten schließen: einen „Block aus vier Klassen" (Arbeiter, Bauern, Kleinbürger, nationale Bourgeoisie), geführt freilich von der kommunistischen Partei.

Diese Bündnispolitik drücken auch das chinesische Nationalemblem und die Nationalfahne aus: Der große Stern stellt die KPCh dar, um die sich die vier Partner scharen.

Abbildung 3:
Staatswappen der VR China

Weiß bedeutet im Original gold, Raster rot.

g) Auch Mao propagierte Lenins „demokratischen Zentralismus" und die führende Rolle der Partei. Doch meinte er damit   **Massenlinie**
- nicht die Elite der Berufsrevolutionäre als Avantgarde des Proletariats, die das Volk zu dessen Wohle zu leiten habe,
- sondern die enge Verbindung zwischen der Partei und den Massen.

Die Funktionäre (Kader) sollen in die Produktions- und Wohnstätten der Arbeiter und Bauern gehen, deren Lage kennenlernen und ihnen die Parteilinie vermitteln. Mao glaubte an die revolutionäre Kraft der Massen: „Die wahren Helden sind die Massen, wir selbst aber benehmen uns oft naiv bis zur Lächerlichkeit". Er wollte überzeugen und Zustimmung nicht erzwingen. Denn ohne die Massen oder gegen deren Willen könne die Partei nicht erfolgreich arbeiten. Initiativen und Kritik von unten sollen „üble Erscheinungen wie Dogmatismus, Empirismus, Kommandoregime, Sektierertum, Bürokratismus und Überheblichkeit" verhindern. Dies widerspricht nicht dem Führungsanspruch der Partei, denn Massenlinie
- heißt nicht, daß die Bevölkerungsmehrheit die Politik zu bestimmen habe,
- sondern ist eine Methode, die helfen soll, daß die Massen die Parteilinie *unterstützen* und sie zu ihrer eigenen Sache machen.

Die Massenlinie – Alle Erkenntnis kommt aus der Praxis
„In der gesamten praktischen Arbeit unserer Partei muß eine richtige Führung stets ‚aus den Massen schöpfen und in die Massen hineintragen', das heißt: die Meinungen der Massen (vereinzelte und nicht systematische Meinungen) sind zu sammeln und zu konzentrieren (sie werden studiert und in konzentrierte und systematisierte Form gebracht) und dann wieder in die Massen hineinzutragen, zu propagieren und zu erläutern, bis die Massen sie sich zu eigen gemacht haben, sich für sie einsetzen und sie verwirklichen; dabei wird die Richtigkeit dieser Meinungen in den Aktionen der Massen überprüft. Dann gilt es, die Meinungen der Massen erneut zusammenzufassen und sie erneut in die Massen hineinzutragen, damit diese sie beharrlich verwirklichen. Und so geht es unendlich spiralförmig weiter, wobei diese Meinungen mit jedem Mal richtiger, lebendiger und reicher werden."
(Mao Tse-tung: Einige Fragen der Führungsmethoden, 1943, Ausgewählte Werke, Band III, S. 137 f.)

„Erst dann, wenn durch unsere Arbeit den Massen in ihrer Mehrheit das betreffende Bedürfnis zum Bewußtsein gekommen ist, wenn sie ihren Entschluß gefaßt haben und selbst den Wunsch hegen, die Reform durchzuführen, können wir an diese Arbeit schreiten; sonst könnten wir uns von den Massen loslösen. Jede Tätigkeit, bei der die Teilnahme der Massen erforderlich ist, wird zu einer bloßen Formsache werden und Schiffbruch erleiden, wenn das Bewußtsein und der Wille der Massen fehlen. ‚Mit Eile gelangt man nicht ans Ziel'."
(Mao Tse-tung: Die Einheitsfront in der Kulturarbeit, 1944, Ausgewählte Werke, Band III, S. 217)

Sowjetische Kritik

Sowjetische Ideologen bezeichnen die Mao Zedong-Ideen als eine „*besondere kleinbürgerlich-nationalistische Strömung in der revolutionären Weltbewegung*". Sie kritisieren vor allem, daß Mao
- den Kommunismus zuerst in den Dörfern aufbauen wolle, die Bauernschaft als konsequenteste revolutionäre Kraft ansehe und damit die „historische Mission der Arbeiterklasse" leugne,
- die objektiven Entwicklungsgesetze der sozialistischen Wirtschaft mißachte und subjektivistische und voluntaristische (den menschlichen Willen hervorhebende) Methoden anwende,
- revolutionäre Aktionen überbewerte, ohne die Bedingungen dafür zu berücksichtigen,
- sich zu stark auf das Militär stütze und zwischen den Klassen und sozialen Gruppen schwanke,
- ebenso wie Konfuzius davon träume, eine „Gesellschaft der Gerechtigkeit" durch Erziehung des Volkes „im Geiste der Askese und der Entbehrung zu schaffen" und nicht durch „die Lösung ökonomischer Fragen",
- dem Chauvinismus huldige, China zum Menschheitserlöser und zum „Zentrum der Weltrevolution" erhebe.

(Diese Vorwürfe sind entnommen einer Monographie der Institute für Philosophie und für den Fernen Osten der Akademie der Wissenschaften der UdSSR: Kritik der theoretischen Auffassungen Mao Tse-tungs, Dietz Verlag Berlin (Ost) 1973).

3.2 Ziele

Große Harmonie

Die chinesischen Kommunisten haben keine über die marxistischen Vorstellungen hinausgehende Utopie einer zukünftigen Ordnung entwickelt. Auch ihr Ziel ist entsprechend dieser Ideologie die **kommunistische Gesellschaft,** in der die Klassen und die Werkzeuge des Klassenkampfes (Staatsapparat, Parteien usw.) beseitigt sind. In ihr sehen sie die „Große Harmonie" verwirklicht. „Über die Volksrepublik zum Sozialismus und Kommunismus, zur Aufhebung der Klassen und zu einer Welt der Großen Harmonie" – diesen Weg zeichnete Mao 1949, noch vor Ende des Bürgerkrieges.
Die „*neuen", vollkommenen Menschen* in dieser Gesellschaft würden
- nicht egoistisch und feindlich gegeneinander leben, sondern solidarisch miteinander, ohne daß einer über den anderen herrsche,
- universell gebildet, „Experten", vor allem aber „rot" sein und sowohl geistige wie körperliche Arbeit verrichten können.

„Welt der Großen Harmonie"
„Nach einer Reihe von Jahren, wenn das Sozialprodukt wesentlich gestiegen ist, sich das kommunistische Bewußtsein und die Moral des ganzen Volkes bedeutend erhöht haben und allumfassende Bildung institutionalisiert und entwickelt ist, werden die Unterschiede zwischen Arbeitern und Bauern, Stadt und Land, geistiger und körperlicher Arbeit – Überbleibsel der alten Gesellschaft, welche unvermeidbar in die sozialistische Zeit übertragen wurden – und die Reste des ungleichen bürgerlichen Rechts, das diese Unterschiede widerspiegelt, allmählich verschwinden. Der Staat wird seine Funktion darauf begrenzen, das Land vor Aggressionen von außen zu schützen, im Inneren jedoch keine Rolle mehr spielen. Dann wird die chinesische Gesellschaft in das kommunistische Zeitalter eintreten, in dem das Prinzip praktiziert wird: ‚Jeder nach seinen Fähigkeiten, jedem nach seinen Bedürfnissen'."
(Aus dem ZK-Beschluß zur Gründung der Volkskommunen vom 29. August 1958, nach: Albert P. Blaustein: Fundamental Legal Documents of Communist China, Fred B. Rothmann & Co., South Hackensack, New Jersey 1962, S. 448 f.)

Doch wann erreicht China dieses Stadium? Mao hat immer wieder darauf hingewiesen, „auch nach 10 000 Jahren" werde es noch keine konfliktfreie, paradiesische Ordnung geben, sondern weiterhin Widersprüche und Revolutionen. An einer so fernen Zukunft war er jedoch weniger interessiert als an der Gegenwart.

Aus den Erfahrungen der Vergangenheit (siehe 7.1) formulierte Mao 1949 anläßlich der Gründung der Volksrepublik: „China wird nie wieder ein gedemütigtes Land sein". Nationale Sicherheit und Unabhängigkeit sind die vorrangigen außenpolitischen Ziele (siehe 7). **Sicherheit und Unabhängigkeit**

In der Vergangenheit hat China sich als Zentrum der Menschheit betrachtet. Nicht eindeutig zu ersehen ist, ob heute die Volksrepublik *beansprucht*, Führer der Weltrevolution sowie der Länder der sogenannten Dritten Welt zu sein. **Führungsanspruch**
○ Chinesische Politiker haben einerseits behauptet,
  – ihr Staat und ihr Modell seien *Vorbilder* für alle abhängigen und halbabhängigen Länder,
  – *das Sturmzentrum der Weltrevolution* habe sich nach China verlagert (so am Vorabend der Kulturrevolution, siehe 4.2.2).
○ Andererseits erklären sie immer wieder, China werde nie eine *Supermacht* werden und niemals nach *Hegemonie* streben. Vor allem gegenüber kleineren Ländern der Dritten Welt betont die chinesische Führung bei jeder Gelegenheit, alle Nationen seien gleichberechtigt.
Offensichtlich ist: Die Volksrepublik China lehnt den Führungsanspruch der Sowjetunion ab.

Die gesellschafts- ebenso wie die außenpolitischen Ziele lassen sich nach Ansicht der chinesischen Kommunisten nur durch wirtschaftliches Wachstum, Industrialisierung und Modernisierung erreichen. **Industrialisierung**

Nationalbewußtsein und Euphorie prägen Maos Zukunfts-Vision, die er bereits 1919 niederschrieb: „Eines Tages wird die Reform des chinesischen Volkes tiefgreifender sein als die jedes anderen Volkes, und die Gesellschaft des chinesischen Volkes wird strahlender sein als die jedes anderen Volkes". **Vision**

4. Das politische System

4.1 Die Kommunistische Partei

Führende Kraft

Die Kommunistische Partei hat die Entwicklung der Volksrepublik entscheidend geprägt. Sie beherrscht das gesamte politische Leben des Landes und beansprucht, „die Vorhut der chinesischen Arbeiterklasse, die treue Vertreterin der Interessen der Volksmassen aller Nationalitäten Chinas und der führende Kern für die Sache des Sozialismus in China" zu sein (so im KP-Statut): Sie
- faßt bedeutsame politische Beschlüsse allein und immer vor den förmlich zuständigen staatlichen Stellen,
- besetzt alle wichtigen Posten in Staat, Armee, Wirtschaft, Gesellschaft mit Leuten ihres Vertrauens.

Gründung

Zwölf Delegierte, die 57 Mitglieder vertraten, gründeten am 1. Juli 1921 in Shanghai die KP Chinas. Mao Zedong war einer von ihnen. Die Partei bestand anfangs hauptsächlich aus Intellektuellen, Anhängern „westlicher Ideen", Mitgliedern von marxistischen Studiengruppen, Anarchisten, Syndikalisten, Sozialdemokraten, unzufriedenen Militärs und Führern der Gewerkschafts- und Bauernbewegung.

Mitglieder

Die KP Chinas ist mit etwa 39 Millionen Mitgliedern (1983) die **stärkste kommunistische Partei der Welt.** „Jeder chinesische Arbeiter, Bauer, Armeeangehörige, Intellektuelle oder andere revolutionäre Mensch" kann ihr beitreten (Artikel 1 des Statuts). Dazu benötigt er zwei ordentliche Parteimitglieder, die ihn *empfehlen*. Außerdem muß er eine einjährige *Kandidatenzeit* durchlaufen. Dann erst kann die zuständige Parteizelle den überprüften Bewerber aufnehmen. Das nächsthöhere Gremium muß dies allerdings bestätigen. Von den in der KP organisierten Chinesen sind
- über zwei Drittel Bauern,
- etwa 15 Prozent Arbeiter,
- ein Zehntel Intellektuelle.

Der Anteil der *Frauen* ist auch in dieser Partei mit zehn Prozent gering. Diese Zahlen stammen aus dem Jahre 1961, neuere sind nicht verfügbar.

Viele Arbeiter, die der KPCh angehören, haben Karriere gemacht, sind jetzt in der *Verwaltung* beschäftigt: „Dies hat zu der ernsten Situation geführt, daß die Zahl der Parteimitglieder im Produktionsbereich abgenommen hat und dort, wo die Arbeit härter ist, um so weniger Parteimitglieder zu finden sind" (Generalsekretär Hu Yaobang in seinem Bericht vor dem XII. Parteitag 1982, aus: Beijing Rundschau vom 14. September 1982, S. 39).

Die Mitglieder sind in ihren *Arbeits-* und *Wohn*-Einheiten organisiert – dort, wo sie am besten erreichbar, beeinflußbar und kontrollierbar sind. Die

Volksbefreiungsarmee hat einen eigenen Parteiapparat, der nicht den regionalen KP-Instanzen untersteht, sondern nur der zentralen Führung in Peking.

Auch für die chinesische KP ist die organisatorische Grundlage der **demokratische Zentralismus:**
- hierarchischer und zentralistischer Partei- und Staatsaufbau,
- Wahlen von unten nach oben,
- Verbindlichkeit oben gefaßter Beschlüsse,
- Verbot, innerhalb der Partei Gruppen zu bilden (Fraktionsverbot) und nach einer Entscheidung Minderheitsmeinungen weiter zu diskutieren.

Organisationsprinzip

Parteidisziplin
„Jedes Parteimitglied hat sich der Parteiorganisation unterzuordnen, die Minderheit hat sich der Mehrheit unterzuordnen, die unteren Organisationen haben sich den höheren Organisationen unterzuordnen, und sämtliche Organisationen und alle Mitglieder der Partei haben sich dem Landesparteitag und dem Zentralkomitee der Partei unterzuordnen."
(Artikel 10 des Parteistatuts)

Ein wichtiges Kontroll-Instrument ist die **Disziplinarkommission.** Sie überprüft das Verhalten der Parteimitglieder und bewirkt den Ausschluß derer, die gegen „Disziplin und Arbeitsstil" der KPCh verstoßen. Als neues Kontrollorgan tagte erstmals im Januar 1981 eine Disziplinarkommission für Angehörige der Streitkräfte mit ähnlichen Aufgaben und Befugnissen. Die Loyalität der Armee ist für die Parteiführung ebenso wichtig wie die Ordnung in den eigenen Reihen.

Kontrolle

Kritik an der Partei
Generalsekretär Hu Yaobang lobte in seinem Bericht auf dem XII. Parteitag 1982 nicht nur die „vorbildlichen Taten" und die „glanzvollen Errungenschaften", die die KPCh erbracht habe, sondern übte auch deutlich Kritik:
„Der Arbeitsstil der Partei hat sich noch nicht wesentlich verbessert. Die Schwäche und Schlaffheit in der Leitungsarbeit einiger Parteiorganisationen haben ernste Ausmaße. Manchen Grundorganisationen der Partei fehlt es an der notwendigen Kampfkraft, und manche sind sogar völlig gelähmt. Eine kleine Anzahl Parteimitglieder und Parteikader sind äußerst unverantwortlich und in hohem Maß bürokratisch; oder sie führen ein privilegiertes Leben und mißbrauchen ihre Befugnisse, um nach persönlichen Vorteilen zu streben; oder sie begehen Akte des Anarchismus und Ultra-Individualismus und untergraben die Parteidisziplin; oder sie betreiben hartnäckig Fraktionstätigkeiten und schaden damit sehr den Interessen der Partei. Einige wenige Parteimitglieder und Parteikader sind so stark degeneriert, daß sie sich sogar auf Unterschlagung, Korruption und andere Übeltaten einlassen und sogar schwere Wirtschaftskriminalität begehen."
(Aus: Beijing Rundschau vom 14. September 1982, S. 41)

Wo liegt innerhalb der Partei die Macht? Nach allen bisherigen Statuten und auch nach dem neuen von 1982 soll das höchste Organ der Parteitag sein. Doch kann er diese Aufgabe nicht erfüllen:
○ Schon laut Satzung tritt er nur alle fünf Jahre zusammen. In Wirklichkeit waren die *Abstände* oft noch länger (z.B. 13 Jahre zwischen dem VIII. und, 1969, dem IX. Parteitag).
○ Die Teilnehmer waren nur selten gewählt, wie vorgeschrieben, sondern häufig vom Zentralkomitee oder den Provinzführungen *berufen.*
Ob einige Reformen von 1980 – z.B. bei Wahlen mehr Bewerber als Plätze – die Bedeutung des Parteitages stärken, erscheint auch uns fraglich.

Parteitag

Abbildung 4: **Parteiaufbau nach Statut**

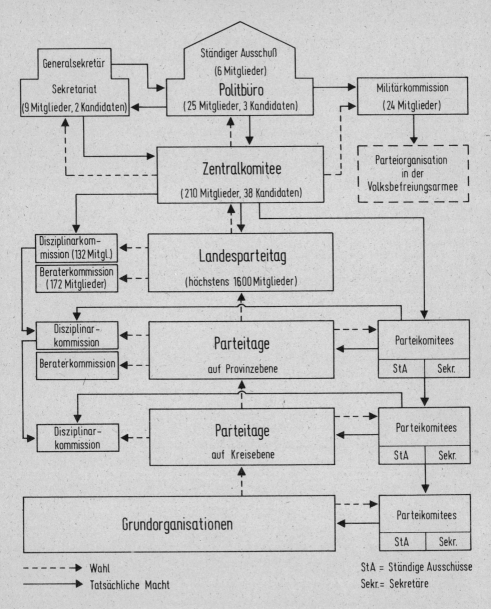

Beraterkommission = Ältestenrat ohne Entscheidungsbefugnis, durchgesetzt 1982 von Deng Xiaoping, um Greisen den Abgang aus den Führungsorganen ohne Gesichtsverlust zu ermöglichen.

Von den Delegierten des XI. Parteitages 1977 waren
- 72,4 Prozent Arbeiter, Bauern, Soldaten und andere Werktätige,
- 6,7 Prozent Intellektuelle,
- 20,9 Prozent Parteifunktionäre.

Fast ein Fünftel waren Frauen.

Auch das im Statut als nächsthöheres Organ vorgesehene Zentralkomitee (ZK) hat in der Praxis nur *begrenzten* Einfluß: Es soll jährlich bloß mindestens einmal tagen, blieb in der Vergangenheit jedoch häufig selbst dahinter zurück. **Zentralkomitee**

Das eigentliche **Machtzentrum** ist aber nicht das ZK, sondern das Politbüro. Es bestimmt die Richtlinien der Politik und hat zwischen den ZK-Tagungen alle Führungsbefugnisse. Innerhalb dieses Gremiums wiederum fällen die nur sechs Mitglieder des *„Ständigen Ausschusses"* alle wichtigen Entscheidungen. **Politbüro**

Einer von ihnen hat eine besonders starke Stellung, weil er den bürokratischen Apparat der Partei beherrscht: der Generalsekretär (seit 1980: Hu Yaobang). Das *Sekretariat* **Generalsekretär**
- erledigt die laufenden Arbeiten aller Spitzen-Organe,
- bereitet deren Sitzungen vor,
- entscheidet, welche Vorgänge es selbst erledigt oder an die anderen Führungsgremien weiterleitet.

1982 hat die KPCh das Amt des *Parteivorsitzenden* abgeschafft und seine Aufgaben dem Generalsekretär übertragen.

4.2 Macht- und Richtungskämpfe

4.2.1 Kampf zweier Linien

Die Entwicklung der Volksrepublik China seit 1949 verlief nicht gradlinig. Sie war geprägt von den in den höchsten Parteigremien ausgetragenen Richtungskämpfen. Im wesentlichen standen sich dort zwei Gruppen mit stark voneinander abweichenden Positionen gegenüber, von denen – je nach den Kräfteverhältnissen – einmal diese und einmal jene den politischen Kurs bestimmte:

a) Mao betonte, daß auch nach dem Sieg im Bürgerkrieg die Revolution, der **Klassenkampf** vorrangig sei („Vergeßt niemals den Klassenkampf"). Man müsse **Politik an erster Stelle**
- das **revolutionäre Bewußtsein** der Bevölkerung fördern,
- die Massen mobilisieren,
- das Land entwickeln im *Vertrauen auf die eigene Kraft.*

Solche gesellschaftspolitischen und ökonomischen Grundvorstellungen hat Mao 1964 in Weisungen ausgedrückt:
1) *„In der Landwirtschaft – lernt von Dazhai!"*
Damit lobte der Parteivorsitzende die vorbildliche Aufbauarbeit einer Produktionsbrigade aus der Provinz Shansi. Die Bauern von Dazhai hätten das Konzept der „Drei Weigerungen" verwirklicht – weder Geld noch Lebensmittel noch Material vom Staat anzunehmen. Vielmehr hätten sie auf die eigene Kraft vertraut.

2) „In der Industrie – lernt von Daqing!"
Entgegen dem Rat von Fachleuten und ohne ausländische Hilfe, wieder ganz auf die eigene Kraft vertrauend, erschlossen Chinesen das riesige Ölfeld von Daqing im Norden des Landes.

Wirtschaft an erster Stelle

b) Nach Ansicht des ehemaligen, 1969 verstorbenen Staatspräsidenten Liu Shaoqi, zu dessen Anhängern auch der heutige „starke Mann" Deng Xiaoping gehörte, waren in der VR China die feindlichen Klassengegensätze bereits beseitigt. Vertreter dieser Gruppe sahen und sehen als *vorrangige* Aufgaben,
- das Land schnell aufzubauen,
- **hohe Wachstumsraten** zu erzielen (dafür auch materielle Anreize einzusetzen),
- die Wirtschaft zu **modernisieren**,
- die gestiegenen Bedürfnisse der Menschen zu befriedigen.

Erst wenn sich die materiellen Grundlagen der Volksrepublik verbessert hätten, ließen sich auch die sozialistischen Ziele (siehe 3.2) erreichen.

Wie wenig ideologisch, wie pragmatisch und erfolgsorientiert Befürworter dieses Entwicklungsweges denken, zeigt ein Ausspruch Deng Xiaopings: „Es ist gleichgültig, ob eine Katze schwarz oder weiß ist – Hauptsache, sie fängt Mäuse".

4.2.2 Vorrang der Politik: Beispiel Kulturrevolution

Ziel

Die „Große Proletarische Kulturrevolution" (1966-1969) war der Versuch Maos und seiner Anhänger, mit Hilfe der „revolutionären Massen" und Teilen der Streitkräfte,
- die *Herrschaft* der den „kapitalistischen Weg gehenden" Gruppe um den Staatspräsidenten Liu Shaoqi und um Deng Xiaoping zu beenden und selbst wieder die Macht in der Partei zu übernehmen,
- die *revolutionäre* Entwicklung voranzutreiben, zu den Grundlagen des „Großen Sprunges" (siehe 5.2.3) zurückzukehren, die Gedanken Maos (siehe 3.1) in der Praxis zu verwirklichen und den „Überbau" (Ideen und Organisationen) von „reaktionären bürgerlichen Ideologien" zu befreien.

Fortsetzung des Klassenkampfes

Sie entsprach den Mao Zedong-Ideen, nach denen es auch im Sozialismus noch Widersprüche gibt (siehe 3.1). Deshalb sei der Kampf der „Zwei Linien" zu führen. Mit dieser Kulturrevolution sei er aber noch nicht entschieden und beendet, weitere würden folgen.

Rote Garden

Träger der Kulturrevolution waren vor allem die Roten Garden, „revolutionäre Schüler, Studenten, Lehrer und Intellektuelle". Deren Aktionen, von selbstgeschriebenen Wandzeitungen (siehe 4.7) bis zum Terror, richteten sich hauptsächlich gegen die Partei- und Staatsbürokratie, gegen Privilegierte und als bürgerlich verunglimpfte Lebensformen. Die Roten Garden gerieten immer mehr außer Kontrolle. Unsicherheit und Chaos verbreiteten sich im Lande. Teilweise rebellierte die Bevölkerung gegen die kulturrevolutionären Aktionen.

Kulturrevolutionäre Aktionen

„Rote Garden streiften durch die Stadt, um die ‚Vier Alten'* auszurotten. Junge Männer in Röhrenhosen, einer von chinesischen Studenten aus dem Ausland mitgebrachten Mode, wurden angehalten und mußten zusehen, wie ihre Anstoß erregenden Hosen in den Nähten aufgerissen wurden. Mädchen mit langen Zöpfen wurden aufgefordert, sie sich abzuschneiden und eine anständige Bubikopffrisur zu tragen ... Restaurants erhielten die Aufforderung, ihre Speisekarten zu vereinfachen. Unterdessen strömten Hunderttausende von Roten Garden nach Peking, um mit ihren dortigen Genossen revolutionäre Erfahrungen auszutauschen, und sie wollten Nudeln ... statt teurer Peking-Ente. Geschäfte wurden besetzt und daran gehindert, frivole Artikel wie Kosmetika zu verkaufen.
Einige Stunden lang verkündete das Klirren von Glas die Zertrümmerung feudalistischer und kapitalistischer Lichtreklamen unter dem Beifall von Abteilungen der Roten Garden. Schließlich erregte sogar der Straßenname Anstoß ... Ganze Massen von Jugendlichen marschierten die Straße entlang, in der die sowjetische Botschaft steht, und änderten ihren Namen jubelnd in ‚Anti-Revisionistenstraße' um.
„Manchmal legten ganze Banden jugendlicher Ganoven rote Armbinden an und nahmen das Gesetz selbst in die Hände. Wie wir später erfuhren, kam in unserem Büro eines Abends ein aufgeregter junger Mann hereingestürzt und erklärte fünf Kumpanen: ‚Ich hab' einen Kapitalisten gefunden!' Sie ‚organisierten' sich ein Auto und stürmten das Haus des Pechvogels, der vor Angst nicht zu protestieren wagte. Was sie bei dieser Gelegenheit stahlen, wurde erst Monate später wieder beigebracht. Solche Vorfälle wurden den Roten Garden in ihrer Gesamtheit zugeschrieben, was nicht gerecht war. Wie es überall gute und schlechte Menschen gibt, gab es auch gute und schlechte Rote Garden."
*: Alte Ideen, alte Kultur, alte Sitten, alte Gebräuche.

(Jack Chen, der als Auslandschinese viele Jahre in der Volksrepublik lebte und arbeitete und aktiv an der Kulturrevolution teilgenommen hat: Chinas Rote Garden, Ernst Klett Verlag Stuttgart 1977, S. 229 und 231)

Abbildung 5: **Rote Garden**

Rote Garden fahren Gegner der Kulturrevolution durch Peking. Ihre Opfer schmähen sie durch umgehängte Schrifttafeln und Papierhüte als Zeichen der Schande (Foto: Ullstein Bilderdienst Berlin).

Programm der Pekinger Roten Garden vom 23. August 1966

„ 1. Jeder Bürger soll manuelle Arbeit verrichten.

2. In allen Kinos, Theatern, Buchhandlungen, Omnibussen usw. müssen Bilder Mao Tse-tungs aufgehängt werden.

3. Überall müssen Zitate Mao Tse-tungs an Stelle der bisherigen Neonreklamen angebracht werden.

4. Die alten Gewohnheiten müssen verschwinden.

5. Die Handelsunternehmungen müssen reorganisiert werden, um den Arbeitern, Bauern und Soldaten zu dienen.

6. Eine eventuelle Opposition muß rücksichtslos beseitigt werden.

7. Luxusrestaurants und Taxis haben zu verschwinden.

8. Die privaten finanziellen Gewinne sowie die Mieten müssen dem Staat abgegeben werden.

9. Die Politik hat vor allem den Vorrang.

10. Slogans müssen einen kommunistischen Charakter aufweisen.

11. Die revisionistischen Titel haben zu verschwinden.

12. In allen Straßen sollen Lautsprecher aufgestellt werden, um der Bevölkerung Verhaltensmaßregeln zu vermitteln.

13. Die Lehre Mao Tse-tungs muß schon im Kindergarten verbreitet werden.

14. Die Intellektuellen sollen in Dörfern arbeiten.

15. Die Bankzinsen müssen abgeschafft werden.

16. Die Mahlzeiten sollen gemeinsam eingenommen werden, und es soll zu den Sitten der ersten Volkskommunen im Jahr 1958 zurückgekehrt werden.

17. Auf Parfüms, Schmuckstücke, Kosmetik und nichtproletarische Kleidungsstücke und Schuhe muß verzichtet werden.

18. Die Erste Klasse bei den Eisenbahnen und luxuriöse Autos müssen verschwinden.

19. Die Verbreitung von Photographien von sogenannten hübschen Mädchen soll eingestellt werden.

20. Die Namen von Straßen und Monumenten müssen geändert werden.

21. Die alte Malerei, die nicht politische Themen zum Gegenstand hat, muß verschwinden.

22. Es kann nicht geduldet werden, daß Bilder verbreitet werden, die nicht dem Denken Mao Tse-tungs entsprechen.

23. Bücher, die nicht das Denken Mao Tse-tungs wiedergeben, müssen verbrannt werden."

(Nachrichtenagentur Xinhua – siehe 4.7 – vom 23. August 1966, nach: Machetzki, S. 35)

Armee stützt Mao

Etwa Mitte 1967 war der Partei- und Staatsapparat weitgehend zerstört. Nur die Organisation der Volksbefreiungsarmee blieb intakt. Die vom Verteidigungsminister Lin Biao geführten Streitkräfte unterstützten Mao Zedong. Als *Ordnungsfaktor* übernahmen sie jetzt fast alle wichtigen Funktionen in Partei und Verwaltung, disziplinierten die Roten Garden und ermöglichten eine ruhigere Entwicklung.

Ergebnisse

Mit dem IX. Parteitag 1969 endeten die heftigen und gewaltsamen Auseinandersetzungen (nach heutiger parteiamtlicher Darstellung war die Kulturrevolution aber erst mit der Verhaftung der „Viererbande" – siehe 4.2.3 – abgeschlossen). Die „alten Kader", Liu Shaoqi, Deng Xiaoping und deren Anhänger, waren entmachtet. Mehr als zehn Jahre später, am 2. Dezember

1980, berichtete die „Beijing Rundschau" in einer *„Statistik des Schreckens"* über die Opfer der Kulturrevolution:
- zu Unrecht Beschuldigte: 729.511,
- ums Leben Gekommene: 34.800.

4.2.3 Vorrang der Wirtschaft: Beispiel Kampf um Reformkurs

Bereits Anfang der siebziger Jahre bildeten sich in den Provinzen Koalitionen aus Militärs und alten Parteikadern, die   **Ökonomisten erstarken**
- die Kulturrevolution weitgehend ablehnten (auch wenn sie das noch nicht offen äußerten),
- zu einer modernen, von Fachleuten geleiteten und leistungsfähigen Wirtschaft zurückkehren wollten.

In Ministerpräsident Zhou Enlai, dessen Einfluß sich nun auch durch Erfolge seiner Wirtschaftspolitik vergrößerte, hatten sie einen wichtigen Verbündeten in Peking. Der Sturz des Verteidigungsministers Lin Biao 1971, der als Maos Nachfolger vorgesehen war, zeigte, daß die „kulturrevolutionäre Linke" bereits einen beträchtlichen Teil ihrer Machtpositionen in Partei, Verwaltung und Wirtschaft wieder eingebüßt hatte.   **Lin Biaos Tod**

Nach offizieller Darstellung habe Lin Biao Mao ermorden und eine Militärdiktatur errichten wollen. Dieser sogenannte „Plan 571" sei aber gescheitert. Das Flugzeug, mit dem er und einige seiner Anhänger in die Sowjetunion haben fliehen wollen, sei jedoch über der Mongolischen Volksrepublik abgestürzt.

Vom Nachfolger zum Verräter

„Genosse Lin Piao hat ständig das große Rote Banner der Gedanken Mao Tse-tungs hochgehalten. Er hat außerordentlich loyal und fest entschlossen die proletarische revolutionäre Linie des Genossen Mao Tsetung durchgeführt und verteidigt. Genosse Lin Piao ist der nächste Kampfgefährte des Genossen Mao Tse-tung und sein Nachfolger."
(Kapitel 1 des Parteistatuts vom April 1969)

„Mit Empörung verurteilt der Parteitag die parteifeindliche Clique Lin Piaos wegen ihrer Verbrechen. Alle Delegierten unterstützen entschlossen den folgenden Beschluß des ZK der Kommunistischen Partei Chinas:
Schließt Lin Piao, den bourgeoisen Karrieremacher, Verschwörer, konterrevolutionären Betrüger, Renegaten und Verräter, ein für alle Mal aus der Partei aus!"
(Aus dem Kommuniqué des X. Parteitages vom 29. August 1973)

Die Reformpolitiker um Zhou Enlai (der 1973 Deng Xiaoping rehabilitierte) benutzten zwar häufig Mao-Zitate und kulturrevolutionäres Vokabular, doch versuchten sie, vor allem   **Ökonomie wieder vorrangig**
- wieder mehr *Sachlichkeit* auf allen Gebieten zu erreichen,
- die Wirtschaft durch das 1975 beschlossene Programm der *„Vier Modernisierungen"* zu entwickeln (von Landwirtschaft, Industrie, Militärwesen sowie Wissenschaft und Technik, siehe 5.2.6),
- die außenpolitische *Selbstisolierung* zu beenden, das Land besonders dem Westen zu öffnen (siehe 7.4.3),
- eine *wirksame Verwaltung* aufzubauen.

Widerstand der Linken

Diesem Kurs widersetzte sich die auf revolutionäre Grundsätze dogmatisch eingeschworene Partei-Linke. Auch Mao, der längst nichts mehr bestimmte, auf den man sich aber immer noch berief, warnte, die „Vier Modernisierungen" bedeuteten einen Rückfall in den Kapitalismus.
Hauptkritiker der Reformpolitik von Zhou Enlai war die kulturrevolutionäre sogenannte **Viererbande,** zu der auch Maos Ehefrau, Jiang Qing, gehörte. Sie beherrschte weitgehend den Propagandaapparat. Alle vier waren Mitglieder des „Ständigen Ausschusses" des Politbüros.

Kurs nach Maos Tod

Nach dem Tod Maos, am 9. September 1976, konnte die Partei-Linke sich nur kurze Zeit behaupten: Die Macht übernahm schon bald Deng Xiaoping. Ihm gelang es schrittweise,
– seine politischen Vorstellungen, seinen produktions- und leistungsorientierten Kurs immer stärker durchzusetzen,
– ehemals verfemte Anhänger in Führungspositionen zu bringen.

1979 rehabilitierte die Partei auch Liu Shaoqi, der 1969 in Gefangenschaft an einer Lungenentzündung gestorben sein soll. Die damals gegen Liu erhobenen Anschuldigungen (z. B. er sei ein Revisionist, er beschreite den „kapitalistischen Weg") seien „die größte Intrige, die unsere Partei jemals in ihrer Geschichte erlebt" habe.

Prozeß gegen „Viererbande"

Als sie stark genug waren, begannen Deng Xiaoping und seine Gruppe mit ihren Gegnern aus der Zeit der Kulturrevolution abzurechnen, ja mit der Epoche seit 1957 schlechthin. Ein *Sondergericht* verurteilte 1981 zehn Angeklagte, „konterrevolutionäre Cliquen um Lin Biao und Jiang Qing", zu hohen bis lebenslangen Gefängnisstrafen, die Mao-Witwe und den ehemaligen Vize-Ministerpräsidenten Zhang Chunqiao sogar zum Tode – ohne sie allerdings hinrichten zu lassen (1983 wandelte die Führung die Todesurteile in lebenslängliche Haft um).

4.2.4 Ent-Maoisierung?

Verdienste und Fehler Maos

Die Delegierten der 6. Plenartagung des XI. ZK verabschiedeten am 27. Juni 1981 eine *„Resolution über einige Fragen in unserer Parteigeschichte seit Gründung der Volksrepublik China".* Mit diesem Dokument versuchte die Partei, Fehler der Vergangenheit zu analysieren und Richtlinien für die zukünftige Politik zu entwerfen. Darin bewertete sie auch Mao Zedong neu:
○ Er gilt weiterhin als großer Marxist, Revolutionär, Stratege und Theoretiker und bleibt „der geliebte und große Führer und Lehrer des chinesischen Volkes". Die Mao Zedong-Ideen, die er allerdings nicht allein entwickelt habe, sollen ideologische Grundlage der Parteipolitik bleiben.
○ Doch sei zwischen seiner Lehre und seinen Handlungen in den letzten Jahren zu unterscheiden. Er habe sich von der Wirklichkeit und den Massen gelöst und sei eingebildet geworden. Vor allem für die Kulturrevolution, „ein Fehler von beträchtlichem Ausmaß und langer Dauer, trägt Genosse Mao Zedong die Hauptverantwortung".
Kurz: **„Seine Verdienste sind zweifellos primär, seine Fehler sekundär".**

Wenige Jahre nach Maos Tod begann die Partei, die meisten der überall hängenden Bilder des „großen Vorsitzenden" zu entfernen. Das im September 1982 beschlossene Parteistatut verbietet „jegliche Form von Personenkult". Kader sind nicht mehr berechtigt, „ihren Posten lebenslang innezuhaben". Auch damit wollen die chinesischen Kommunisten verhindern, daß sich wieder jemand als ein gottähnlicher Führer über die Menschen erheben kann.

Die Partei 1981 über Mao Zedong

Person und Politik

„Genosse Mao Zedong war ein großer Marxist und ein großer proletarischer Revolutionär, Stratege und Theoretiker. Obwohl er in der ‚Kulturrevolution' schwere Fehler beging, überwiegen alles in allem seine Verdienste für die chinesische Revolution. Seine Verdienste sind zweifellos primär, seine Fehler sekundär. Hinsichtlich der Gründung und Entwicklung unserer Partei und der Volksbefreiungsarmee, der Befreiung aller Nationalitäten Chinas, der Errichtung der Volksrepublik China und der Entwicklung des Sozialismus in unserem Land hat er sich unvergängliche Verdienste erworben. Er hat einen großen Beitrag zur Befreiung aller unterdrückten Nationen der Welt und zum Fortschritt der Menschheit geleistet."

„Hätte er die chinesische Revolution nicht wiederholt aus Krisen gerettet, hätte das von ihm geführte Zentralkomitee der Partei der gesamten Partei, allen Nationalitäten und der Volksarmee nicht die korrekte politische Richtung gewiesen, wäre es durchaus möglich, daß unsere Partei und das Volk noch länger nach einem Ausweg hätten suchen müssen. Ebenso wie die Kommunistische Partei Chinas anerkannt wird als führender Kern aller Nationalitäten, wird Genosse Mao Zedong als der große Führer der Kommunistischen Partei Chinas und aller Nationalitäten Chinas anerkannt ..."

„Er wurde allmählich eingebildet und löste sich von den Massen, und Subjektivismus und persönliche Willkür bestimmten in ernstem Maße seinen Arbeitsstil; er stellte sich über das Zentralkomitee der Partei, wodurch die Prinzipien der kollektiven Führung und der demokratische Zentralismus im politischen Leben von Partei und Staat ständig geschwächt und untergraben wurden."

„... sein eigenmächtiger Arbeitsstil untergrub mehr und mehr den demokratischen Zentralismus in der Partei, und der Personenkult griff immer weiter um sich."

Mao verabsolutierte „den Klassenkampf, der in der sozialistischen Gesellschaft nur noch in einem bestimmten Umfang existiert, übertrieb ihn und ging über seine bereits im Jahre 1957 aufgestellte These, daß der Widerspruch zwischen dem Proletariat und der Bourgeoisie nach wie vor der Hauptwiderspruch in der chinesischen Gesellschaft sei, noch hinaus. Er behauptete sogar, die gesamte Geschichtsperiode des Sozialismus hindurch existiere die Bourgeoisie und strebe eine Restauration des Kapitalismus an; von daher sei die Wurzel des Revisionismus innerhalb der Partei zu suchen."

„Für diesen ernsten ‚linken' Fehler der ‚Kulturrevolution', ein Fehler von beträchtlichem Ausmaß und langer Dauer, trägt Genosse Mao Zedong die Hauptverantwortung."

Ideen

„Die Maozedongideen sind ein wertvoller geistiger Reichtum unserer Partei, sie werden auch langfristig der Leitfaden für unsere Tätigkeit bleiben."

„Die Maozedongideen haben die theoretische Schatzkammer des Marxismus-Leninismus bereichert. Es wäre völlig falsch, den wissenschaftlichen Wert der Maozedongideen zu verneinen und ihre anleitende Bedeutung für unsere Revolution und unseren Aufbau zu leugnen, nur weil Genosse Mao Zedong in seinen späteren Jahren Fehler begangen hat. Es wäre ebenso falsch, an die Worte des Genossen Mao Zedong dogmatisch heranzugehen und alles, was er gesagt hat, für eine bleibende Wahrheit zu halten, die man mechanisch anwenden müsse. Ein Fehler wäre ferner, nicht sachlich anzuerkennen, daß Genosse Mao Zedong in seinen späteren Jahren Fehler begangen hat, und sogar zu versuchen, auch bei unseren neuen Aktivitäten auf diesen Fehlern zu beharren. Beide Auffassungen ziehen keinen Trennungsstrich zwischen den Maozedongideen, einer wissenschaftlichen Theorie, die sich in einer langen historischen Periode herausbildeten und überprüft wurden, und den Fehlern, die Genosse Mao Zedong in seinen späteren Jahren beging."

Die „falschen ‚linken' Theses des Genossen Mao Zedong, die dann zur Initiierung der ‚Kulturrevolution' führten, wichen merklich von den Maozedongideen als Verbindung der allgemeinen Prinzipien des Marxismus-Leninismus mit der konkreten Praxis der chinesischen Revolution ab und müssen von den Maozedongideen unterschieden werden."

Kulturrevolution
„Die ‚Kulturrevolution' vom Mai 1966 bis zum Oktober 1976 hat Partei, Land und Volk die schwerwiegendsten Rückschläge und Verluste seit Gründung unserer Volksrepublik gebracht. Sie wurde vom Genossen Mao Zedong initiiert und geführt."
„Die Praxis hat bewiesen, daß die ‚Kulturrevolution' keine Revolution war und sein konnte und daß sie keinerlei gesellschaftlichen Fortschritt gebracht hat, daß sie nicht ‚den Feind durcheinandergebracht' hat, sondern nur uns selbst, und nicht von ‚landesweitem Chaos' zu ‚landesweiter Ordnung' führte oder führen konnte." „Die Geschichte hat bereits das Urteil gefällt: Die ‚Kulturrevolution' war eine innere Unruhe, die von ihrem Führer fälschlicherweise initiiert und von konterrevolutionären Cliquen ausgenutzt wurde und für Partei, Staat und alle unsere Nationalitäten verheerende Konsequenzen hatte."

(Aus der „Resolution über einige Fragen in unserer Parteigeschichte seit 1949", nach: Beijing Rundschau vom 7. Juli 1981, S. 11, 19, 20, 21, 23, 25, 27, 29, 35)

Grundlagen beibehalten

Ungeachtet aller Kritik will die Partei festhalten an **„vier grundsätzlichen Prinzipien"**, die auch Maos Politik bestimmt haben:
– am Ziel einer sozialistischen Gesellschaft (siehe 3.2),
– an der Diktatur des Proletariats (siehe 3.1),
– an der Führung durch die Kommunistische Partei (siehe 4.1),
– am Marxismus-Leninismus und an den Mao Zedong-Ideen (siehe 3.1).

4.3 Die nichtkommunistischen Parteien

„Koalitions-Parteien"

1949 bis 1952, in der Phase der „Neuen Demokratie", gingen die Kommunisten ein Bündnis ein – unter ihrer Führung – mit Gruppen des nationalgesinnten Bürgertums gegen Großgrundbesitzer und Kompradoren-Bourgeoisie (siehe 2.1). Die acht damaligen „Koalitions-Parteien" bestehen noch heute. Sie bilden gemeinsam mit den Massenorganisationen und den Vertretungskörperschaften der nationalen Minderheiten und der Auslandschinesen die **Volksdemokratische Einheitsfront**.

Acht nichtkommunistische Parteien

○ *Demokratische Bauern- und Arbeiterpartei:* Älteste der acht nichtkommunistischen Parteien (1928). Ihre Mitglieder sind vor allem Techniker, kleine Kaufleute und Ärzte.
○ *Demokratischer Bund:* 1941 gegründet von „kleinbürgerlichen" Beamten, Technikern, Intellektuellen und Studenten. Er kämpfte an der Seite der Kommunisten gegen die Alleinherrschaft der Kuo Min Tang (siehe 2.2).
○ *Chih Kung Tang:* 1944 aus einer alten Geheimgesellschaft hervorgegangen. Sie soll in erster Linie unter den Auslandschinesen Sympathiewerbung für die Volksrepublik betreiben.
○ *Gesellschaft des Dritten September:* 1944 als Diskussionsforum gegründet. Ihre Mitglieder sind auch heute noch hauptsächlich Wissenschaftler, deren parteipolitische Arbeit sich auf die Universitäten beschränkt.
○ *Vereinigung zur Förderung der Demokratie:* Nach Ende des Krieges 1945 von Lehrern, Künstlern und Intellektuellen gebildet.
○ *National-Demokratische Aufbauvereinigung:* Ende 1945 sammelten sich in ihr Angehörige des Großbürgertums, Industrielle und Kaufleute.
○ *Liga für die Demokratische Selbstverwaltung Taiwans:* 1947 von der KPCh geschaffen, um den Widerstand der Taiwanesen gegen Chiang Kai-shek zu verstärken. Viele Mitglieder gehören gleichzeitig der Kommunistischen Partei an.

○ *Revolutionäres Komitee der Kuo Min Tang:* Zusammenschluß (1948) innerparteilicher Gegner Chiang Kai-sheks und ehemaliger nationalistischer Militärs.

Diese Parteien haben Programme, die in ihrem ideologischen Gehalt dem der KP Chinas gleichen. In den ersten Jahren stellten sie Minister, einen Vize-Vorsitzenden der Volksrepublik und Mitglieder im Ständigen Ausschuß des Nationalen Volkskongresses.

Die acht nichtkommunistischen Parteien hatten nur zeitweise und dann nur geringen Einfluß: vor allem in der Anfangszeit der Volksrepublik und während der „Hundert-Blumen-Bewegung" (siehe 4.8). Meist aber waren sie bedeutungslos. Die Säuberungsaktionen während der Kulturrevolution erfaßten besonders sie und ihre Mitglieder hart. Es war ihnen verboten,
– unter den Arbeitern und Bauern zu werben,
– Jugendorganisationen zu unterhalten,
– sich untereinander zusammenzuschließen,
– bei der Armee und den Staatsorganen Zellen zu organisieren.
Die Abteilung „Einheitsfront" beim ZK der KP Chinas kontrollierte diese Parteien.

Bedeutung

Nach Maos Tod suchte die neue Führung für ihre Politik der „Vier Modernisierungen" (siehe 5.2.6) auch die Mitarbeit jener Teile der Intelligenz, die – in der Kulturrevolution geschmäht und unterdrückt – der KP und deren Programm mißtrauten. Um diese für den Aufbau wichtige Schicht zu gewinnen und deren alte Auslandskontakte nutzbar zu machen, spannte sie die nichtkommunistischen Einheitsfront-Parteien ein. Jetzt gelten sie wieder als „den Sozialismus unterstützende politische Zusammenschlüsse des arbeitenden sozialistischen und patriotischen Volks".

Ansatzweise Wiederbelebung

1979 durften die acht Parteien und auch die *Nationale Vereinigung der Industriellen und Kaufleute* erstmals seit 20 Jahren wieder nationale Kongresse abhalten. Während es ihnen längere Zeit nicht erlaubt war, neue Mitglieder aufzunehmen, stellten 1980 über 5000 Chinesen einen Beitrittsantrag.

4.4 Staat

4.4.1 Volkskongresse und Regierungen

Die Volksrepublik China versteht sich als ein „sozialistischer Staat unter der demokratischen Diktatur des Volkes (siehe 3.1/f), der von der Arbeiterklasse geführt wird und auf dem Bündnis der Arbeiter und Bauern beruht". Soweit Artikel 1 der Verfassung. In Theorie und Praxis bedeutet dies:
○ Die kommunistische Partei übt letztlich alle Macht aus.
○ Es gilt der „demokratische Zentralismus" (siehe 4.1), das heißt im wesentlichen, die Willensbildung geht von oben nach unten.
○ Der Staat lenkt und kontrolliert zentral fast die gesamte Wirtschaft, womit er über viele Lebensbereiche herrscht.

Grundsätze

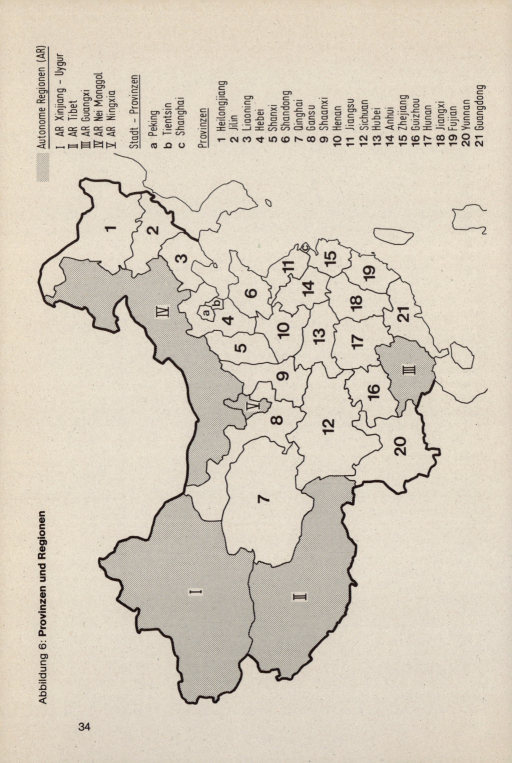

Abbildung 6: **Provinzen und Regionen**

Nach der Verfassung vom Dezember 1982 sind Verwaltung und Volksvertretung Chinas in mehrere Stufen unterteilt: **Mehrere Ebenen**
1. 21 *Provinzen,* fünf autonome Regionen (siehe 6.11) und drei regierungsunmittelbare Städte,
2. diese in *Kreise* und *Städte,*
3. die Kreise in *Gemeinden,* manche (größere) Städte in *Stadtbezirke.*

Jede dieser Einheiten hat einen eigenen Volkskongreß und eine eigene Volksregierung.

Höchstes Staatsorgan ist, der Form nach, der Nationale Volkskongreß, ein Einkammer-**Parlament** mit einer Legislaturperiode von fünf Jahren. Laut Verfassung soll er vor allem **Nationaler Volkskongreß**
– „grundlegende" Gesetze verabschieden,
– Wirtschafts- und Haushaltspläne bestätigen,
– den Vorsitzenden der Volksrepublik (das seit 1982 wieder vorgesehene Staatsoberhaupt) wählen,
– über die Ernennung des Ministerpräsidenten und der übrigen Staatsrats-Mitglieder entscheiden.

Zwischen den Sitzungen nimmt ein zweihundertköpfiger **Ständiger Ausschuß** seine Aufgaben wahr.

In Kreisen, Städten, Gemeinden und Stadtbezirken wählen Frauen und Männer (vom 18. Lebensjahr an) *unmittelbar* die Volksvertreter. Die Abgeordneten für Provinzen und Gesamtstaat dagegen erhalten ihr Mandat nur *mittelbar* von dem jeweils nächstniedrigen Volkskongreß. Gewählte sind abwählbar. Der Armee, den nationalen Minderheiten und den Auslandschinesen steht eine bestimmte Zahl von Parlamentssitzen zu. **Wahlen**

Tabelle 1: **Zusammensetzung des VI. Nationalen Volkskongresses Mitte 1983**

Gruppe (in offizieller Bezeichnung)	Mandate	Prozent
Arbeiter und Bauern	791	26,6
Intellektuelle	701	23,5
Kader	636	21,4
Vertreter der demokratischen Parteien und parteilose patriotische Persönlichkeiten	543	18,2
Repräsentanten der Volksbefreiungsarmee	267	9,0
zurückgekehrte Auslandschinesen	40	1,3
Insgesamt	2978	100,0
Frauen	632	21,2
Angehörige nationaler Minderheiten	403	13,5

(Aus: Beijing Rundschau vom 31. Mai 1983, S. 5)

Das Wahlgesetz von 1979 fordert: Gemessen an der Einwohnerzahl sollen die *Städte* wesentlich mehr Delegierte stellen als die *ländlichen* Gebiete. Die Bauern sind dadurch benachteiligt, wohl weil die Partei das Proletariat als die „führende Kraft" stärker berücksichtigen will. Anders als bisher

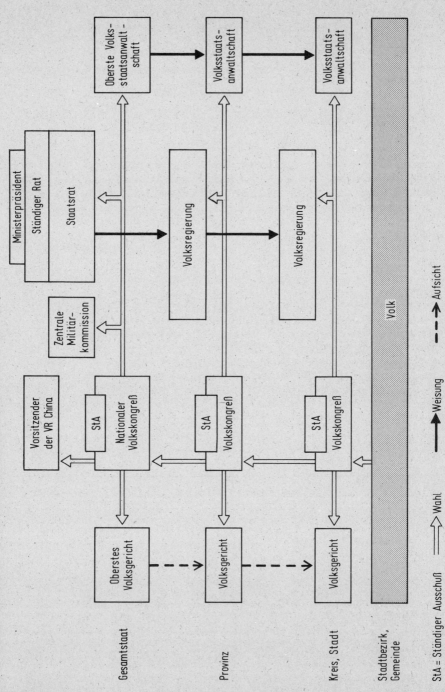

Abbildung 7: **Staatsorgane nach der Verfassung** (vereinfachtes Schema)

- dürfen jetzt auch *alle* Parteien, und nicht mehr allein die KP, sowie Massenorganisationen und sogar kleine Gruppen von Bürgern Kandidaten vorschlagen,
- muß es nun *mehr* Bewerber geben als zu wählende Abgeordnete.

Die politische Bedeutung des Nationalen Volkskongresses ist sehr *gering*, schon weil er
- mit 2978 Abgeordneten (Juni 1983) für praktische Parlamentsarbeit zu groß ist,
- jährlich nur einmal tagen soll und bis vor kurzem häufig noch seltener zusammentrat,
- von der Kommunistischen Partei gesteuert wird.

Anders als westlich-demokratische Parlamente ist er weder das Forum der politischen Auseinandersetzung noch tatsächlicher Gesetzgeber, noch kontrolliert er die ausführende Gewalt. Vielmehr dient er dazu, *symbolisch* die Einheit von Führung und Massen zu verkörpern, das heißt, durch seine Zustimmung sichtbar zu machen, wie vollkommen der Staat im wahren Sinne des Volkes handele.

Bedeutung des Volkskongresses

Die zentrale **Volksregierung** ist der Staatsrat. Gestützt auf einen umfangreichen Verwaltungsapparat versucht er, Wirtschaft und Gesellschaft weitestgehend zu planen, zu lenken und zu kontrollieren. Zwar kritisierte die Parteispitze immer wieder den *Bürokratismus* (Aufblähung der Ämter und deren Entfernung von den Massen). Doch alle Reformansätze blieben weitgehend wirkungslos – wie auch schon früher in der chinesischen Geschichte.

Die meisten der zahlreichen Ministerien befassen sich nur mit eng begrenzten Fachgebieten, überwiegend der Wirtschaft (z.B. Ministerium für Textilindustrie). Ihre Chefs nehmen in der Regel sehr wenig an ressortübergreifenden politischen Entscheidungen der Regierung teil. Die wichtigsten Beschlüsse faßt denn auch nicht der – fast sechzigköpfige und nur selten tagende – Staatsrat, sondern der **Ständige Rat**. Ihm gehören die politisch bedeutendsten Kabinettsmitglieder an, darunter der Ministerpräsident und dessen vier Stellvertreter.

Staatsrat

Die Behörden der Provinzen, Kreise, Städte, Gemeinden und Stadtbezirke haben
- regionale bzw. lokale Aufgaben möglichst *selbständig* und mit ihren Mitteln zu erfüllen, z.B. auch Beschlüsse ihrer Volkskongresse auszuführen,
- vorrangig aber den *Anweisungen* der Zentralregierung zu folgen.

Regional- und Lokalverwaltung

Aus dieser doppelten Verantwortlichkeit entstehen mitunter Spannungen zwischen unterschiedlichen Interessen. Wie Parteichef Hu Yaobang auf dem XII. Parteitag 1982 beklagte, setzen lokale Verwaltungen und Betriebe nicht selten Gelder und Arbeitskräfte für örtliche Bedürfnisse ein anstatt für Schlüsselprojekte, die nach Ansicht Pekings für das ganze Land vordringlich sind.

Ungeachtet solcher Ausnahmen ist die VR China ein zentralistischer Einheitsstaat ohne Selbstverwaltung, wie wir sie in der Bundesrepublik kennen. Hier leben alte Traditionen fort (siehe 2.1). Die regionalen und lokalen

Zentralismus

Organe sind in erster Linie Statthalter der Zentralregierung. In der Praxis jedoch haben manche hohe Partei- und Staatsfunktionäre von Provinzen und Großstädten eine starke Stellung in Peking, sei es weil sie
- durch außerordentliche Leistungen auf sich aufmerksam machen,
- Mitglied der nationalen Parteispitze sind
- oder enge Beziehungen zu ihr unterhalten.

Danwei

Bürger können an öffentlichen Angelegenheiten mitwirken nur in ihrer *unmittelbaren* Umgebung: Ähnlich wie schon im alten China gehört jeder Chinese immer und überall in seiner näheren Wohngegend und an seiner Arbeitsstelle einer überschaubaren Basisgruppe an, einer Danwei (= „Organisations-Einheit"). Ihre Mitglieder
- führen in ihr ein traditionell sehr enges Gemeinschaftsleben, wo jeder jeden kennt und einer sich um den anderen kümmert,
- schaffen sich darin weitreichende Daseinsfürsorge, z.B. Kindergarten, Sanitätsstation, Vergabe von Kino- und Theaterkarten,
- bilden Ausschüsse, die Streit bis hin zum Ehezwist zu schlichten versuchen.

Die Danweis sind **gesellschaftliche Einrichtungen** und kein Teil des Staatsapparates. Mit Hilfe gewählter Verantwortlicher erfüllen sie ihre Aufgaben selbständig – allerdings nur in den Grenzen, die die Partei jeweils absteckt. Darüber hinaus sollen sie Einwohner-Wünsche an Behörden weiterleiten. In bestimmten Fällen sind sie auch tätig als eine Art *Hilfsorgan* der politischen Führung. So etwa
- veranstalten sie verordnete Schulungen und Massenkampagnen (z.B. gegen Mückenplage, gegen ungenehme Musik und Literatur),
- weisen sie Wohnungen zu und Bezugsscheine für Lebensmittel und Fahrräder,
- vermitteln sie Ehen,
- unterstützen sie die Familienplanung (siehe 6.1), indem sie beraten, Verhütungsmittel abgeben, teils – westlichen Berichten zufolge – sogar indem sie anhand von Gebärlisten entscheiden, ob und wann Eheleute Kinder haben dürfen.

Einerseits also bietet die Danwei dem einzelnen Sicherheit und Geborgenheit, andererseits dient sie dem Staat als Mittel der Kontrolle.

Einfluß der Partei

Wie setzt die KP-Führung Chinas ihre Vorherrschaft über den Staat durch? Gleich anderen regierenden kommunistischen Parteien nutzt sie klassische Wege des Einflusses, vor allem:

○ Sie allein bestimmt auf allen Ebenen über die *Personalpolitik*.

○ In sämtlichen Behörden bestehen *Parteigruppen*. Sie sollen die Linie der KP überzeugend darstellen und durchsetzen, die Beschäftigten anleiten und kontrollieren.

○ Die Spitzen des Staatsapparates gehören den Leitungsgremien der KP an *(Personalunion)*.

Arbeitsteilung Partei – Staat
„Es ist notwendig, eine angemessene Arbeitsteilung zwischen der Partei und der Regierung und zwischen der Parteiarbeit und der Verwaltungs- und Produktionsarbeit in den Unternehmen und Institutionen zu erreichen. Die Partei ist weder ein Machtorgan, das Befehle erläßt, noch eine Verwaltungs- oder Produktionsorganisation. Die Partei muß natürlich die wirtschaftliche Produktion, den Wirtschaftsaufbau und die Arbeit auf allen anderen Gebieten leiten, und um diese Leitung sehr wirksam zu praktizieren, muß sie in Verbindung mit der Berufsarbeit von beruflich qualifizierten Kadern ausgeführt werden. Die Führung der Partei bezieht sich aber hauptsächlich auf die politische und ideologische Führung und die Führung hinsichtlich der Richtlinien und der Politik sowie auf die Beförderung, Einsetzung, Überprüfung und Kontrolle der Kader. Sie soll nicht mit der Verwaltungsarbeit der Regierungsorgane und der Produktionsleitung der Unternehmen gleichgestellt werden, und die Parteiorganisationen sollten nicht alles selbst in die Hand nehmen. Nur auf diese Weise kann die Partei gewährleisten, daß die Regierungsorgane und die Unternehmen ihre Arbeit selbständig und wirksam leisten, und nur so auch kann sie selbst ihre Kraft voll auf das Studium und die Ausarbeitung wichtiger politischer Richtlinien, auf die Kontrolle der Durchführung dieser Richtlinien und auf die Stärkung der ideologischen und politischen Arbeit unter den Kadern und den Massen innerhalb und außerhalb der Partei konzentrieren. Aus Gründen der Geschichte vieler Jahre sind manche unserer Genossen, die Mitglieder von Parteikomitees sind, der Meinung, daß sie nichts zu tun haben, wenn sie sich nicht mit den konkreten administrativen Angelegenheiten befassen – eine falsche Auffassung, durch die der Aufbau der Partei beeinträchtigt und die Führungsrolle der Partei geschwächt wird."
(Aus dem Bericht des ZK-Vorsitzenden Hu Yaobang an den XII. Parteitag der KPCh am 1. September 1982, aus: Beijing Rundschau vom 14. September 1982, S. 38)

4.4.2 Rechtswesen

Elemente der chinesischen Rechtstradition sind auch heute noch im Justizsystem der Volksrepublik sichtbar: **Rechtstradition**
○ Die Gerichte sind *nicht unabhängig,* sondern – wie die Staatsanwaltschaften – der politischen Macht untergeordnet.
○ Einfachere Zivilstreitigkeiten und kleinere Vergehen bringt man nicht vor Gericht, sondern behandelt sie im *Schlichtungs*ausschuß der Danwei (siehe 4.4.1).

1980 bestanden allein in Peking 9500 Nachbarschafts-Schlichtungsausschüsse mit über 52 000 Mitgliedern. Sie lösten 54 000 Zivilrechtsfälle, vor allem Eigentums-, Familien- und Nachbarschafts-Auseinandersetzungen, auch Ehekrach. (Nach Oskar Weggel in: China aktuell vom Oktober 1981, S. 673)

○ Ein Urteil soll nicht nur die *Tat* bewerten, sondern auch die Persönlichkeit des *Täters,* seine Herkunft, seine Lebensführung, seine Umwelt.
○ Belehrbare Rechtsbrecher sind weniger zu bestrafen, vielmehr zu *erziehen* – heute z. B. durch eigens bestellte Paten oder in Lagern durch Schulung und Arbeit. Bei schweren Verbrechen soll die Strafe *abschrecken* (Pranger, Hinrichtung).

Während der Kulturrevolution griffen die „Roten Garden" (siehe 4.2.2) auch die Justiz an: Sie jagten unzählige Richter und Polizisten aus ihren Ämtern. Gerichte und Staatsanwaltschaft mußten vielerorts ihre Arbeit einstellen. Die kulturrevolutionäre Gewalt zerstörte die Rechtsordnung. **Kulturrevolution**

Die Nachfolger Maos bauen das Justizwesen wieder auf, vor allem, um für ihre Modernisierungs-Politik (siehe 5.2.6) die notwendige Rechtssicher- **Wiederbelebung der Justiz**

heit zu gewährleisten und eine Wiederkehr kulturrevolutionärer Willkür zu verhindern: Sie
- regeln mehr Fragen als früher rechtlich, schufen z.B. ein neues Strafrecht und eine neue Strafprozeßordnung,
- bilden nun verstärkt Juristen aus,
- erweitern die Befugnisse der Gerichte.

Ein Beispiel für neue Tendenzen bietet der **Prozeß gegen die „Viererbande"** (siehe 4.2.3): Mit den für das kulturrevolutionäre Chaos Verantwortlichen rechnete die Führung nicht allein in einem Machtkampf hinter verschlossenen Türen ab, sondern stellte sie vor ein Gericht, dessen Verhandlungen das Fernsehen teilweise übertrug. Zwar hielt das Verfahren rechtsstaatlichen Maßstäben nicht stand. So durften die Angeklagten keine Entlastungszeugen benennen und gegen das Urteil keine Revision einlegen. Doch sollte der Prozeß helfen,
- der Justiz Selbstvertrauen zu geben,
- der Bevölkerung zu zeigen, daß auch höchste politische Führer sich zu rechtfertigen haben.

Mehr Rechtssicherheit
„Kein Bürger darf ohne Genehmigung oder Entscheidung einer Volksstaatsanwaltschaft oder ohne Entscheidung eines Volksgerichts verhaftet werden, und Verhaftungen müssen durch ein Organ für öffentliche Sicherheit vorgenommen werden."
„Alle Verhandlungen der Volksgerichte sind mit Ausnahme der gesetzlich definierten Sonderfälle öffentlich durchzuführen. Der Angeklagte hat das Recht auf Verteidigung."
(Verfassung von 1982, Artikel 37 und 125)

Wachsende Kriminalität

Auch in der Volksrepublik China nimmt die Kriminalität zu, nicht zuletzt Wirtschaftsverbrechen und sogar Bandenbildung. Vor allem Jugendliche, besonders in den Großstädten, begehen in den letzten Jahren häufiger Straftaten. *Ursachen* sind, nach Ansicht westlicher Fachleute, in erster Linie
- die Arbeitslosigkeit (siehe 5.3.6),
- beengte Wohnverhältnisse,
- Mangel an Freizeiteinrichtungen,
- aber auch Werbung, die unerfüllbare Konsumwünsche erzeugt.

Die Regierung versucht, nicht nur durch verstärkte Erziehung und Aufklärung diese Entwicklung zu bremsen, sondern auch durch härtere *Kontrollen* und *Strafen:*
○ Mehr und besser ausgerüstete Polizeihelfer beobachten die Bevölkerung.
○ Im Schnellverfahren und ohne Berufungsmöglichkeiten kann die Polizei Täter in „Umerziehungslager" einweisen.
○ Schwere Strafen und öffentliche Hinrichtungen sollen abschrecken (Experten sprechen von jährlich über tausend Vollstreckungen).

4.5 Volksbefreiungs-Armee und Miliz

Aufgaben

Die Volksbefreiungs-Armee (VBA) hat nicht nur die klassischen Pflichten des Militärs, sondern weitere Aufgaben: Sie soll
- Krieg führen können (siehe 7.6),
- aber auch das Land aufbauen helfen
- und nicht zuletzt die Bevölkerung erziehen.

Die VBA betreibt Landwirtschaft und unterhält kleinere Betriebe, versorgt sich dadurch zum Teil selbst. Außerdem leisten Militär-Einheiten häufig Arbeitseinsätze in Volkskommunen, beim Straßen- und Dammbau usw. Die Armee beteiligt sich an Propagandaaktionen, indem sie etwa ihre Lautsprecherwagen zur Verfügung stellt. Soldaten unterrichten mitunter in Schulen. So bringen beispielsweise Stabsärzte Kindern medizinische Grundkenntnisse bei (z.B. Akupunktur).

Rekrutierung

Mit 4,2 Millionen Soldaten (1982) ist die Volksbefreiungs-Armee die *größte Armee der Welt*. Für alle wehrfähigen Männer ab 18 Jahren besteht **Wehrpflicht** (im Heer drei, bei der Luftwaffe vier und bei der Marine fünf Jahre). Aber nur rund 12 Prozent der betroffenen Jugendlichen kann die VBA einziehen, da nicht genügend Ausbildungs- und Unterbringungs-Möglichkeiten vorhanden sind. Das erlaubt andererseits, hohe Maßstäbe bei der Auswahl der Rekruten zu setzen – auch an ihre politische Zuverlässigkeit. So sind beispielsweise drei von vier Soldaten in der Kommunistischen Partei oder im Jugendverband organisiert. Seit aber der Lebensstandard gestiegen ist (siehe 6.6), bleiben Bauernsöhne lieber in ihren Dörfern, als zur Armee zu gehen. *Wehrdienstverweigerung* ist in der Volksrepublik China nicht gestattet. 1965 schaffte die Führung alle *Rangabzeichen* ab. Sie wollte damit mehr Gleichheit und Demokratie in der Armee erreichen.

Beziehung zur KPCh

Gemäß der Mao-Weisung, daß „die Partei dem Gewehr befehlen" müsse, galt bis 1982:

○ Die KPCh führt die Volksbefreiungs-Armee.
○ Der Vorsitzende des ZK ist der Oberste Befehlshaber der VBA.

In der neuen Verfassung von 1982 ist diese enge Beziehung zwischen Partei und Armee nicht mehr erwähnt. Jetzt heißt es: „Die Streitkräfte der Volksrepublik China gehören dem Volk" (Artikel 29). Der Nationale Volkskongreß (siehe 4.4.1) bestimmt die Mitglieder der *Zentralen Militärkommission,* die die VBA zu leiten hat. Formal ist die Streitmacht dem Staat und nicht mehr der Partei zugeordnet. Aber auch weiterhin fällt die KP die wichtigen Entscheidungen, vor allem die von Deng Xiaoping geführte *Militärkommission des ZK*.

Nicht nur während der Kulturrevolution (siehe 4.2.2) hat das Militär den Staats- und Parteiapparat durchdrungen. Auch heute noch, wenn auch in geringerem Maße, sind viele hohe Soldaten Mitglied in wichtigen politischen Gremien.

Tabelle 2: **Anteil der Volksbefreiungs-Armee an den Führungsorganen von Partei und Staat** (in Prozent)

Organe	1965	1971	1975	1979
Ständiger Ausschuß des NVK	17,4	–	14,4	17,3
Staatsrat	25,4		33,3	16,3
Provinzsekretariate KPCh	10,5	62,0	35,2	22,9
Erste Provinzsekretäre	10,7	72,4	48,3	17,2
ZK (Vollmitglieder)	34,0	50,0	37,5	34,0
Politbüro insgesamt	25,0	56,0	34,6	40,0
Politbüro (Vollmitglieder)	33,3	57,1	36,4	42,8

NVK = Nationaler Volkskongreß; ZK = Zentralkomitee
(Nach: Jürgen Domes: Politische Soziologie der Volksrepublik China. (Systematische Politikwissenschaft 14) Akademische Verlagsgesellschaft Wiesbaden 1980, S. 146)

Miliz

Die Milizen sind die bewaffneten *Reserve- und Hilfstruppen* der Volksbefreiungsarmee. Ihre Ausbildung untersteht den Streitkräften. Die Milizionäre bleiben in ihrem zivilen Beruf tätig. Wie viele es gibt, ist nicht bekannt. 1958, in der Periode des „Großen Sprungs" (siehe 5.2.3), soll die Partei unter der Parole „Jeder ein Soldat" 200 Millionen mobilisiert haben. Westliche Beobachter schätzen die Zahl auf 10 bis 60 Millionen, von denen allerdings nur wenige bewaffnet sind.

4.6 Massenorganisationen

Zwei Aufgaben

Massenorganisationen in der Volksrepublik China streben nicht wie Verbände in pluralistisch-demokratischen Systemen danach, Interessen einer Gruppe gegen andere Gruppen oder den Staat durchzusetzen. Wie in allen kommunistisch regierten Ländern sollen sie in erster Linie der KP als **„Transmissionsriemen"** dienen. Für jeden auch nur einigermaßen wichtigen Teil der Bevölkerung gibt es eine – aber auch nur eine – zugelassene Vereinigung. Mit ihrer Hilfe versucht die Partei, die gesamte Gesellschaft zu erfassen, zu kontrollieren, zu erziehen und zu mobilisieren.

Als zum Beispiel die Mehrheit der Parteiführung „die Massen" aufforderte, den als Feind abgestempelten ehemaligen Verteidigungsminister Lin Biao zu kritisieren (siehe 4.2.3), veranstalteten auch die Massenorganisationen Kundgebungen. Die Teilnehmer spendeten den Angriffsreden der Funktionäre Beifall, einige trugen sogar selbst Vorwürfe vor.
Solche Mobilisierungen gelten allerdings nicht nur hochpolitischen Angelegenheiten, sondern ebenso alltäglichen Fragen – etwa, als die Parteispitze dazu aufrief, für Umweltschutz und Stadtbildpflege Bäume zu pflanzen.

Massenlinie

Andererseits haben Massenorganisationen auch **Interessen ihrer Mitglieder** gegenüber höheren Instanzen zur Sprache zu bringen – freilich nur, soweit solche Wünsche sich mit der Parteilinie vereinbaren lassen.
Aus dieser Doppelaufgabe – von *oben* nach unten und zugleich von *unten* nach oben zu wirken – können sich Spannungen ergeben. Deshalb entstanden manchmal Konflikte auch mit der Partei, obwohl die Massenorganisationen vorwiegend von KP-Funktionären geleitet sind.

So unterstützten zeitweise Gewerkschaften Forderungen von Arbeitern *einzelner* Betriebe, Verhältnisse *hier und heute* zu verbessern, auch wenn solche Wünsche *längerfristigen* übergeordneten Zielen des *nationalen* Wirtschaftsplans widersprachen.

Die Mehrheit der Bevölkerung ist in einer Massenorganisation oder in mehreren erfaßt. Das erleichtert es der KP, Maos Konzepte der Massenlinie (siehe 3.1) zu verwirklichen: *„Aus den Massen schöpfen und in die Massen hineintragen"*. Ungeachtet dessen sind auch diese Verbände streng hierarchisch aufgebaut, getreu dem Demokratischen Zentralismus (siehe 4.1).

Verbände

Die wichtigsten Massenorganisationen sind heute:
○ Der **Allchinesische Gewerkschaftsbund** hat 61 Millionen Mitglieder, das sind über 95 Prozent der Arbeiter und Angestellten. Sein höchstes Organ, der Allchinesische Gewerkschaftskongreß, soll alle vier Jahre

zusammentreten und den Exekutivrat wählen, der die Geschäfte in der Zwischenzeit wahrzunehmen hat. Dieser wiederum bestimmt ein Präsidium und ein Sekretariat. Vorrangige Aufgabe der Gewerkschaften ist es, die Produktion steigern zu helfen. Sie sollen sich aber auch darum bemühen, die Lebenssituation der Arbeiter und ihrer Familien zu verbessern.

Gewerkschaften als Transmissionsriemen
„Die chinesischen Gewerkschaften sind die Massen-Organisation der Arbeiterklasse. Sie werden durch die Partei geleitet und sind der Transmissionsriemen zwischen der Partei und den Massen."
(Aus der Präambel zur Verfassung des Allchinesischen Gewerkschaftsbundes)

Als in Polen die „Solidarität" sich Freiraum und Einfluß erkämpfte, wurde auch in der Volksrepublik China der Ruf nach Gewerkschaften laut, die von Partei und Staat *unabhängig* sind. Nach Äußerungen hoher Partei- und Regierungsfunktionäre handele es sich dabei lediglich „um sehr junge Leute mit falschverstandenen Ideen" und um Kräfte, „die das Land ins Chaos stürzen wollen". Doch zeugen die auch in China vorkommenden *Streiks* nicht nur davon, daß die Arbeiter unzufrieden sind mit dem Lohnsystem, den Arbeitsbedingungen usw., sondern daß sie auch mehr von ihrer Interessenvertretung erwarten.

○ Dem **Allchinesischen Jugendverband,** einer Einheitsfront-Organisation mit etwa 170 Millionen Mitgliedern, gehören vor allem an
  – die *Kommunistische Jugendliga,* die Nachwuchsorganisation der KPCh, die helfen soll, Kinder und Jugendliche zu erziehen zur „Liebe zum Vaterland, Liebe zum sozialistischen System, Liebe zur Partei",
  – der *Allchinesische Studentenverband.*
○ In den **Jungen Pionieren** (Kleine Rote Soldaten) sind etwa 90 Millionen Jugendliche zwischen 7 und 14 Jahren organisiert.
○ Der **Allchinesische Demokratische Frauenbund,** 1949 gegründet, soll die Emanzipation der Frauen voranbringen (siehe 6.2).

Weiterhin gibt es noch viele Verbände und Gesellschaften mit kulturellen, wissenschaftlichen und auch sportlichen Zielsetzungen.

Bauernvereinigungen

In der Zeit kurz vor und nach der Machtübernahme waren die Vereinigungen der Bauern sehr wichtig. Als Bündnispartner der Arbeiterklasse bilden sie nach Maos Konzeption die Massenbasis der kommunistischen Partei. Besonders in der Landreform-Bewegung (siehe 5.2.1) standen sie in vorderster Reihe, verloren danach aber an Bedeutung. Viele lösten sich auf und schlossen sich der KPCh oder anderen Organisationen an. In mehreren Provinzen gibt es aber weiterhin bzw. wieder *„Vereinigungen der armen Bauern und unteren Mittelbauern".*

Auflösung

Während der Kulturrevolution standen auch die Massenorganisationen unter starker Kritik. Revisionismus, Abweichung von der Massenlinie, Bürokratismus – das waren die schwersten Vorwürfe. Ende 1966 lösten sich die Verbände auf.

... und Neubeginn

Anfang der siebziger Jahre begann erst vereinzelt, seit Maos Tod fast überall die Wiederbelebung der Massenorganisationen. Die Partei erwartet von ihnen, daß sie mithelfen beim Aufbau des Landes im Rahmen des Programms der „Vier Modernisierungen" (siehe 5.2.6).

4.7 Massenmedien

Instrument der Partei

Die 1949 *verstaatlichten* Massenmedien haben in der Volksrepublik China die Aufgabe, die Bevölkerung
- zu **informieren,**
- zu **mobilisieren,**
- politisch und fachlich zu **schulen.**

Die Verfassung gewährt die Pressefreiheit (Artikel 35). Doch ist dieser Begriff so zu verstehen, daß die Presse befreit sei von Einflüssen kapitalistischer Interessengruppen.
Die Propagandaabteilung des ZK kontrolliert die Kommunikationsmittel, bestimmt die wichtigen zu behandelnden Themen und erteilt Weisungen.

Abbildung 8: **Bildmanipulation**

(Foto: Das Neue China 14 vom 1. Dezember 1976, S. 11. China-Studien- und Verlagsgesellschaft Frankfurt a. M.)

Offizielle chinesische Aufnahme von der Trauerfeier für Mao in Peking am 18. September 1976. Das obere Foto erschien unmittelbar nach der Veranstaltung in der chinesischen und ausländischen Presse, das untere nach dem Sturz der „Viererbande" (siehe 4.2.3): Die Verhafteten sind wegretuschiert (aus der amtlichen Zeitschrift „China im Bild" vom November 1976, S. 12 f.).

Jede Provinz hat eine eigene Rundfunkstation und Zeitung, die aber ihrer jeweiligen Zentrale in Peking unterstehen. Bis auf unbedeutende Lokalmeldungen liefert die amtliche Agentur „Neues China" *(Xinhua)* die Nachrichten.

Zeitungen und Zeitschriften

Es gibt eine lokale, eine regionale und eine zentrale Presse. Derzeit erscheinen etwa 1700 Zeitungen und Zeitschriften mit einer Gesamtauflage von jährlich rund 16 Milliarden Exemplaren. Sie sind nicht an Kiosken erhältlich, sondern nur zu abonnieren. Wesentlich häufiger als bei uns liegen sie aus in Betrieben, Büchereien und vielen anderen öffentlichen Einrichtungen. Überall, in Gebäuden und im Freien, findet man Schaukästen, in denen die neuesten Ausgaben angeschlagen sind.

Die „Volkszeitung" *(Renmin Ribao)* ist das *Zentralorgan der KPCh* mit täglich etwa sechs Millionen Exemplaren. Als Sprachrohr des ZK gilt auch die alle zwei Wochen erscheinende Zeitschrift „Rote Fahne" *(Hong Qi)*. Funktionäre können einen Informationsdienst beziehen, *Cankao Ziliao*, der ausgewählte, aber unkommentierte Meldungen internationaler Nachrichtenagenturen enthält (in chinesischer Übersetzung). Außer den KP-Zeitungen gibt es noch
– Blätter der Massenorganisationen und nicht-kommunistischer Parteien,
– die Lokal- und Fachpresse,
– eine eigene Zeitung der Armee,
– Organe der chinesischen Selbstdarstellung im Ausland, z.B. *Beijing Rundschau, China im Bild, China im Aufbau.*

Kritikmöglichkeit

In den chinesischen Zeitungen ist trotz Reglementierung und Kontrolle Kritik in Grenzen möglich. Besonders seit Maos Tod hat – wie in der Zeit der „Hundert-Blumen-Bewegung" (siehe 4.8) – die Zahl der abgedruckten kritischen *Leserbriefe* und *Berichte* zugenommen. Die Redaktionen veröffentlichen beispielsweise Beschwerden über Wohnungsprobleme, Korruptionsfälle, schlechte Nahrungsmittelversorgung und politische Repressalien.

Wandzeitungen

Wandzeitungen *(Dazibao)* haben eine lange Tradition in China. Jeder Schreibkundige soll hier durch Artikel, Glossen, Gedichte usw. seine Meinung äußern oder Stellungnahmen durch „Gegendarstellungen" überkleben können. Vor allem während Massenkampagnen sind sie weit verbreitet (auch z.B. bei der „Hundert-Blumen-Bewegung", Kulturrevolution, Verurteilung der „Viererbande"). Oppositionelle nutzen häufig dieses demokratische Massenkommunikationsmittel. Ende der siebziger Jahre war die „Demokratiemauer" in Peking besonders anziehend für politisch engagierte Wandzeitungs-Schreiber.

Die Verfassung von 1978 erlaubte das „Anschlagen von Wandzeitungen". Doch da die Zahl der Dazibao zu groß wurde und die kritischen Stimmen überhandnahmen, beschloß die Partei 1980, dieses Recht wieder zu streichen, da es sich nicht mehr „in Übereinstimmung mit den Interessen des Volkes" befinde. Wandzeitungen erscheinen aber weiterhin, jedoch jetzt vorsichtiger in ihren Äußerungen aus Furcht vor politischer Verfolgung.

Abbildung 9: **Wandzeitung**

Wandzeitung in einer chinesischen Großstadt 1975 (Foto: Eckhardt Barthel)

Hörfunk

Der Hörfunk ist wohl das wichtigste Massenmedium. Der Staat besitzt die Funkhoheit. Er erreicht über die derzeit 114 Radiostationen
- nicht nur die große Mehrheit der Chinesen,
- sondern speziell die mit dem geschriebenen Wort nicht bzw. schwer ansprechbaren Analphabeten und nationalen Minderheiten (viele Sendungen sind in Lokalsprachen abgefaßt).

Vorherrschend, vor allem auf dem Lande, ist der *Drahtfunk* (ein Gerät mit mehreren Lautsprecheranschlüssen, meist an zentralen Plätzen).

Die Programme bestehen hier aus den auch sonst gesendeten nationalen und internationalen Nachrichten, die Radio Peking übermittelt, vermischt mit lokalen Meldungen (über Versammlungen, Termine für Zuteilung von Saatgut, Dünger usw.).

Der Hörfunk ist in China *gebührenfrei,* doch sind Radios bei den Sicherheitsbehörden *anzumelden.* Viele Chinesen, besonders in den größeren Städten und an der Küste, hören ausländische Sender, meist BBC und die „Stimme Amerikas". Aber auch Radio Peking strahlt auf dem Kurzwellenband fremdsprachige Programme ins Ausland aus.

Fernsehen

In der Volksrepublik gibt es seit 1958 Fernsehen. Aber noch immer ist China auch auf diesem Gebiet ein „Entwicklungsland". Von den schätzungsweise zwanzig Millionen Geräten – überwiegend schwarz/weiß – stehen etwa
- 70 Prozent in Einzelhaushalten,
- 30 Prozent in Gemeinschaftsräumen.

Zu sehen sind zwei zentrale und eine größere Anzahl regionaler Programme aus heute 38 Fernsehstationen. Der Empfang ist *gebührenfrei*, doch ist der *Kaufpreis* eines Apparates hoch: Für ein kleines Schwarz-Weiß-Gerät muß ein Chinese etwa drei, für einen importierten Farbfernseher fast zwanzig durchschnittliche Monatslöhne aufbringen. Zwar sind nur etwa ein Viertel der Sendungen rein politisch (Nachrichten, Kommentare usw.), doch haben auch die Unterhaltungs-, Kultur- und Wissenschaftsprogramme *politische* Inhalte. Seit Beginn hat das Fernsehen auch eine wichtige Erziehungsaufgabe. Fernsehuniversitäten sind anerkannte Bildungseinrichtungen.

Das Programmangebot ist in den letzten Jahren abwechslungsreicher geworden. Die Eigenproduktionen herrschen weiterhin vor, doch ist die Zahl der ausgestrahlten ausländischen Filme und Meldungen ausländischer Agenturen gestiegen. Sogar Werbesendungen für eigene, aber auch fremdländische Produkte (vor allem japanische) laufen über den Bildschirm.

In den zwanziger und dreißiger Jahren besaß China eine blühende Filmindustrie. Nach 1949 hatte auch der Film die Politik der KP-Führung zu propagieren und die Bevölkerung zu erziehen. Auch heute noch zeigen *Wandertrupps* mit tragbaren Projektoren vor allem der Landbevölkerung Filme. Während der Kulturrevolution filmten die Regisseure lediglich die revolutionären Modellopern ab, die auf Druck von Maos Gattin Jiang Qing damals die Bühnen beherrschten (siehe 6.9). Seit dem Sturz der „Viererbande"
— entstehen wieder mehr Spielfilme, von denen sich viele kritisch mit der jüngsten Vergangenheit auseinandersetzen,
— experimentieren Regisseure und Kameraleute mit neuen Stilmitteln,
— sind auch ausländische Filme (z.B. von Charly Chaplin) in den Kinos zu sehen.

Film

4.8 Opposition und Säuberung

Auch in China duldet die kommunistische Partei keine offene und erst recht keine organisierte Opposition. Dennoch gibt es nicht nur innerhalb der KP, sondern auch außerhalb von ihr Kritik und abweichendes Verhalten zur jeweils herrschenden Meinung. Vor allem Intellektuelle widersetzen sich Unfreiheiten, besonders dann, wenn die Machtverhältnisse in der Partei nicht eindeutig entschieden sind.

Opposition trotz Verbot

Um ungefährdeter gegenwärtige Zustände und führende Politiker kritisieren zu können, bedienen sich Literaten mitunter historischer Ereignisse oder Personen. In Theaterstücken oder Erzählungen beschreiben und bewerten sie vergangene Zeiten. Die Leser wissen aber, wer und was gemeint ist, durchschauen die Anspielungen: Wu Han verfaßte das Theaterstück „*Die Entlassung Hai Ruis*", das die Pekinger Oper 1961 aufführte. Mit Hai Rui (1515-1587), einem Heerführer aus der Ming-Zeit (1368-1644), war in Wirklichkeit der 1959 abgesetzte Verteidigungsminister Peng Dehuai gemeint, dem die Sympathien der intellektuellen Oppositionellen galten.

Kritik zwischen den Zeilen

Der Autor schilderte Hai Rui als einen Helden mit gutem Charakter, der sich gegen Mißstände, Korruption und falsche Gerichtsurteile wandte und sich außerdem dafür einsetzte, daß die Bauern ihr Land zurück bekamen. Er verlor sein Amt, weil er für die Interessen der Bevölkerung eintrat. Zum Kaiser sagte er: „Früher hast du noch manches Gute getan, aber was machst du jetzt? Berichtige die Fehler und laß das Volk in Glück leben. Du hast viele Fehler gemacht, meinst aber, daß du in allem Recht hast und lehnst deshalb die Kritik ab" – eine nicht zu überhörende Anspielung auf Mao.

Umgang mit Oppositionellen

Die chinesische Führung schaltet Opponenten vorwiegend durch **Massenkampagnen** und **Umerziehung** politisch aus. Häufig berücksichtigt sie aber teilweise deren Kritik. Schauprozesse, vergleichbar denen unter Stalin in der Sowjetunion, sind nicht bekannt. Doch hat es Übergriffe, Ausschreitungen, willkürliche Verhaftungen Andersdenkender usw. gegeben, nach denen viele Opfer zu beklagen waren (z. B. während der Kulturrevolution, siehe 4.2.2).

Hinrichtungen

In den ersten Jahren nach dem Bürgerkrieg richteten die Kommunisten Hunderttausende Großgrundbesitzer und „Konterrevolutionäre" hin. Mao befürwortete aber schon bald, auch Gegnern dieser Art eine Chance zur Umerziehung zu geben.

Behandlung von Konterrevolutionären
„Bei jeder Kampagne zur Unterdrückung der Konterrevolutionäre ist eine Anzahl von Leuten hingerichtet worden. Was waren das für Leute? Sie waren Konterrevolutionäre, die große Blutschuld auf sich geladen hatten und von den Volksmassen bitter gehaßt wurden. Bei einer großen Revolution, die 600 Millionen erfaßt, könnten sich die Massen nicht erheben, würden jene „Östlichen Himmelsdespoten" und „Westlichen Himmelsdespoten" nicht von uns hingerichtet. Ohne eine Unterdrückungsbewegung hätte die Bevölkerung nicht unserer jetzigen Politik der Milde zugestimmt." Aber von nun an sollte es „bei der Unterdrückung von Konterrevolutionären in der Gesellschaft weniger Verhaftungen und Hinrichtungen geben … die meisten von ihnen sollten den landwirtschaftlichen Genossenschaften zur Produktionsarbeit unter Überwachung übergeben und durch Arbeit umerzogen werden."
Denn: „Wenn ein Kopf irrtümlich abgeschnitten wurde, kann man den Fehler nicht mehr korrigieren, selbst wenn man dies wünscht."
(Rede Mao Zedongs „Über die Zehn Großen Beziehungen" vom 25. April 1956, nach: Werner Pfennig und Klaus Voll (Hg.): Entwicklungsprobleme und Lösungsversuche in der Volksrepublik China, dialogus mundi, Berlin 1977, S. 289 ff.)

Umerziehung

Die „Reinigung und Umerziehung" geschah nicht selten unter Zwang, körperlichem und seelischem Terror. Oppositionelle verbrachten oft viele Jahre in Lagern unter erniedrigenden Lebens- und Arbeitsbedingungen. Diese Maßnahmen sollten nicht nur das *Handeln,* sondern auch das *Denken* der Menschen verändern („Reform der Gedanken"), damit „Einsicht in die Notwendigkeit" und die „richtige" Überzeugung zukünftig Zwang überflüssig machten. Chinesische Kommunisten bestreiten nicht, daß diese „Säuberungen" zahlreiche Opfer gefordert haben, sehen darin aber eine unvermeidliche Begleiterscheinung revolutionärer Kämpfe. Die Folterun-

---

Gefängnis-Spruch
Informiere dich über die Lage
Beschleunige deine Umformung
Studiere mit Fleiß
Arbeite mit Begeisterung
Erneuere dich durch und durch
Deine Zukunft wird herrlich sein.
(Bao Ruo-wang, der sieben Jahre in chinesischen Straflagern und Gefängnissen verbracht hat, S. 143)

gen und Morde während der Kulturrevolution (siehe 4.2.2) gelten heute allerdings als Verbrechen.

Bericht aus einer „Kaderschule vom 7. Mai"
Die während der Kulturrevolution geschaffenen „Schulen" hatten die Aufgaben, bei Funktionären, Beamten, Managern usw. „erstens das revolutionäre Bewußtsein zu fördern, zweitens das Verständnis für die Arbeitenden zu entwickeln, drittens zu schwierigen Leistungen anzuspornen".
„Wir hatten hier den Stellvertretenden Stadtdirektor von Peking-Ost. Ihn kannte dort natürlich jedes Kind. Daher war es für ihn besonders peinlich, in seinem alten Stadtbezirk, zu dessen Spitzenkadern er gehört hatte, nach einem Dreißig-Kilometer-Marsch, verstaubt und verschwitzt, die Latrinen auszuschöpfen. Er fürchtete, sein Gesicht ganz und gar zu verlieren. Aber er überwand sich und machte es wie die anderen; er leerte Latrinen und schob die übelriechenden Kübel auf seinem Karren die dreißig Kilometer hierher zurück, auf die Felder der Schule. Denn er hatte erkannt, daß Latrinenleeren nicht eine schmutzige Sache ist, sondern eine glorreiche. Auf diese Weise trug er dazu bei, die finsteren Pläne des Schuftes Liu Schaotschi zunichte zu machen."
(Aus: Klaus Mehnert: China nach dem Sturm, Bericht und Kommentar, Deutsche Verlags-Anstalt Stuttgart 1971, S. 74 f.)

Die Grenzen öffentlicher Kritik und oppositionellen Verhaltens waren nicht immer gleich eng bzw. weit gezogen. Nach Phasen größerer Liberalisierung steuerte die Partei jeweils einen Gegenkurs an, da sie ihre Herrschaft und die ideologischen Grundlagen des Systems gefährdet sah. Am deutlichsten zeigte sich dies in der zweiten Hälfte der fünfziger Jahre und nach dem Sturz der „Viererbande" (siehe 4.2.3):

Liberalisierungs-Phasen

a) Im Mai 1956 verkündete Mao Zedong: *„Laßt 100 Blumen blühen, laßt 100 Gedankenschulen miteinander wettstreiten".* Jedermann sollte offen Kritik üben dürfen an Partei, Staat und Verwaltung, um so die „Drei Übel" aufdecken und bekämpfen zu können: Bürokratismus, Sektierertum und Subjektivismus. Ziele dieses Liberalisierungs-Kurses waren auch,
– die *Intellektuellen* für den Staat zu gewinnen,
– der Bevölkerung Gelegenheit zu geben, angestaute *Unzufriedenheit* kontrolliert abzureagieren.

„Hundert-Blumen-Bewegung"

Mao hielt die Massen für in seinem Sinne so gefestigt, daß er offene Kritik für ungefährlich, ja für fruchtbar erachtete. Liu Shaoqi warnte: Nicht die Massen dürften die Politik der KPCh beanstanden, dies sei lediglich der Partei selbst vorbehalten.

Was als „leichte Brise und sanfter Regen" gedacht war, nahm systembedrohende Formen an. Besonders Jugendliche beteiligten sich an Demonstrationen, Streiks und Unruhen. Opponenten kritisierten die führende Stellung der KPCh sowie Mao Zedong und stellten sogar das gesamte politische System der Volksrepublik in Frage.

b) Die Parteiführung antwortete auf diese Bewegung mit einer „Anti-Rechtsabweichler-Kampagne". Die Massen sollten „Gegenkritik" üben. Zwischen 300 000 und 550 000 „Rechtsabweichler" (nach Zeitungsberichten aus der VR China) kamen im Winter 1957/58 in Arbeitslager, viele prominente Oppositionelle verloren ihren Posten und mußten demütigende Selbstkritik üben.

„Anti-Rechts-abweichler-Kampagne"

Grenzen der Kritik
„Worte und Taten sind richtig, wenn sie:
1. dazu beitragen, das aus verschiedenen Nationalitäten bestehende Volk zu einigen und es nicht spalten;
2. die sozialistische Umgestaltung und den Aufbau des Sozialismus fördern und nicht schädigen;
3. dazu beitragen, die demokratische Diktatur des Volkes zu festigen, und sie nicht unterminieren oder schwächen;
4. dazu beitragen, den demokratischen Zentralismus zu stärken, und ihn nicht unterminieren oder schwächen;
5. dazu beitragen, die Führung durch die Kommunistische Partei zu stärken, und sie nicht abschütteln oder schwächen;
6. die internationale sozialistische Einheit und die internationale Solidarität aller friedliebenden Völker fördern und nicht schädigen.

Die wichtigsten dieser sechs Kriterien sind der sozialistische Weg und die Führung durch die Partei."
(Mao Zedong: „Über die richtige Behandlung der Widersprüche im Volk" (Juni 1957), Fünf Philosophische Monographien, Peking 1976, S. 132)

Sozialistische Moral

c) Die chinesische Führung propagiert heute, spätestens seit dem XII. Parteitag vom September 1982, die „positiven Werte der sozialistischen Moral":
– harte Arbeit,
– sinnvolle Freizeitgestaltung,
– Kollektivgeist,
– selbstlose, dem Volke und dem Staat dienende Funktionäre.

Die Massen müßten „bürgerlichen Liberalismus" und „Individualismus" bekämpfen und **Disziplin wahren.** Für Oppositionelle bleiben somit wenig Freiräume. Die Partei hat ihre liberale Einstellung, die den „Pekinger Frühling" ermöglichte, wieder eingeschränkt.

„Pekinger Frühling"

Nach dem Sturz der „Viererbande" (siehe 4.2.3) gewährte die Parteispitze unter Deng Xiaoping größere Freiheiten und mehr kulturelle – und auch religiöse – Entfaltungsmöglichkeiten (siehe 6.9 und 6.10). In Diskussionen, in Publikationen oppositioneller Gruppen oder auf Wandzeitungen (siehe 4.7) äußerten sich Chinesen freimütig oder erhoben Forderungen, die häufig weit von der offiziellen Parteilinie abwichen. In China entstand eine **Demokratiebewegung,** an der sich besonders Opfer der Kulturrevolution und der „Viererbande" beteiligten. Sie war allerdings keine Massenbewegung. Ihr oppositionelles Spektrum reichte von punktueller Kritik an Institutionen bis zur offenen Systemverneinung. Als die Partei durch diesen „Pekinger Frühling" ihre Politik gefährdet sah, setzte sie wieder engere Grenzen: Im Herbst 1980 strich sie aus der erst 1978 verabschiedeten Verfassung das Recht, unkontrolliert Wandzeitungen anzubringen. Damit wollte sie
– einerseits die Opposition eindämmen,
– andererseits verhindern, daß Diffamierungskampagnen wie zu Zeiten der Kulturrevolution erneut aufkommen.

Begründung der Grenzziehung
Es sei zwar unbeirrbare Politik der Partei, die sozialistische Demokratie auszubauen und die Massen zu Meinungsäußerungen und Kritik aufzurufen, „doch die Erfahrung zeigt, daß die Praxis, sich frei auszusprechen, seine Ansichten voll und ganz publik zu machen, große Debatten abzuhalten und Wandzeitungen zu verfassen, keinen geeigneten Weg darstellen, dies zu erreichen. Diese Praxis hat in ihrer Gesamtheit nie eine positive Rolle bei der Sicherung der demokratischen Rechte des Volkes gespielt, sondern im Gegenteil das Volk bei der normalen Ausübung seiner demokratischen Rechte behindert."
(Volkszeitung vom 11. September 1980, S. 3)

5. Wirtschaft

5.1 Die natürlichen Grundlagen

5.1.1 Boden und Klima

Mit 9,6 Millionen Quadratkilometern (entspricht etwa der Gesamtfläche Europas) ist die VR China nach der Sowjetunion und Kanada das drittgrößte Land der Erde. In ihr leben rund eine Milliarde Menschen.   **Größe**

Noch immer ist China überwiegend ein Agrarland. Doch bieten Böden, Klima und Oberflächengestalt **keine guten Voraussetzungen für den Ackerbau:**

○ Weniger als 15 Prozent der Gesamtfläche sind landwirtschaftlich nutzbar (zur Zeit sind etwa zehn Prozent bearbeitet). Vor allem durch Wohnungs- und Industrie-Bauten hat sich das Ackerland sogar von 112 Millionen Hektar (1957) auf 100 Millionen verringert.   **Wenig Nutzfläche**

Abbildung 10: **Anbaufläche und Bevölkerung**

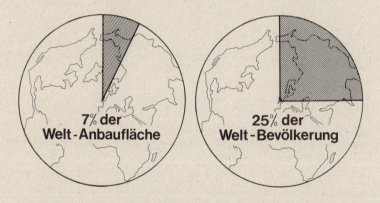

○ Die meiste Zeit über herrscht in vielen Regionen Trockenheit, da es vorwiegend nur im Sommer regnet. Ohne *künstliche Bewässerung* wächst in weiten Gebieten überhaupt nichts oder nur wenig.   **Zu wenig Regen**

○ Für die Landwirtschaft schädlich sind die häufigen *Dürreperioden* und *Überflutungen* weiter Gebiete, die *Taifune* in den Küstenregionen und die *Sandstürme* im Nordwesten Chinas.   **Naturkatastrophen**

○ Um die fruchtbaren Berg- und Hügelhänge des Nordens und Südens zu bepflanzen, müssen die Bauern mühsam *Terrassenfelder* anlegen.   **Schwieriges Gelände**

Der notwendigerweise komplizierte und intensive, geradezu gartenbaumäßige Ackerbau in China brachte einen in „höchstem Maße umsichtigen, überlegenen und intelligenten Bauerntypus" hervor (so der Sozialwissenschaftler und China-Forscher Wittfogel).

Abbildung 11: **Terrassenfelder am Gelben Fluß**

(Foto: Eupra/Ullstein Bilderdienst Berlin)

Abfallverwertung vor Großviehzucht

Wegen des knappen nutzbaren Bodens gibt es in China
- weniger Großtierhaltung (stärker lediglich in den dünner besiedelten Gebieten des Nordens und Westens),
- dafür vor allem in den bevölkerungsstarken Provinzen reichhaltig „Abfallverwerter" wie Schweine, Hühner und Enten, um den größten Teil der Ernte direkt für die menschliche Ernährung verwenden zu können.

Die Chinesen haben gegenwärtig etwa fünfmal so viele Schweine wie die USA oder die Sowjetunion, aber nur halb so viele Rinder wie die beiden Vergleichsländer.

Fischreichtum

Neben den Flüssen, vor allem dem Jangtse und seinen Flutungsseen, bieten die zahlreichen Reservoire und Kanäle der landwirtschaftlichen Bewässerungsanlagen günstige Voraussetzungen für die Fischzucht.

Die Fangerträge der chinesischen Fischerei sind nach denen Japans und der Sowjetunion die dritthöchsten in der Welt. Daran sind besonders die Binnenfischer beteiligt.

Wenig Wald

Jahrhundertelang haben die Chinesen große Mengen Holz geschlagen, ohne neue Bäume anzupflanzen. Deshalb verfügen sie heute nur noch über verhältnismäßig wenig Wald (ähnlich einem anderen alten Kulturraum der Erde, dem Mittelmeergebiet). Die Führung fordert: Aufforstung muß noch lange vor Nutzung stehen.

5.1.2 Bodenschätze und Energiereserven

Vor 1949 war China noch ein geologisch weithin unerforschtes Land. Seine Bodenschätze lagen größtenteils brach. Seither haben chinesische Wissenschaftler Vorkommen in großer *Menge* und *Vielfalt* entdeckt. Die Volksrepublik gehört heute zu den rohstoffreichsten Ländern der Erde und kann auf dieser Grundlage eine unabhängige Industrie aufbauen.

Späte Erschließung

China besitzt die *größten Vorkommen* der Welt an Wolfram, Zinn, Wismut, Molybdän, Magnesium, Quecksilber, Antimon und Anthrazit, die *zweitgrößten* an Eisenerz, Mangan und Blei. *Mangel* herrscht dagegen vor allem an Kupfer, Nickel und Chrom. Doch sind die Bodenuntersuchungen noch nicht beendet, so daß neue Funde durchaus möglich sind.

Auch mit Energievorräten ist das Land reich ausgestattet. Zwar liegen – wegen der strategischen Bedeutung – über *Uran* keine Zahlen vor, doch vermutet man auch hier große Mengen. Ähnliches gilt für *Erdöl* und *Erdgas*.

Große Energiereserven

Westliche Experten sehen in China einen der größten Erdölförderer der Zukunft. Von 1949 bis 1981 ist die Jahresproduktion von lediglich 120 000 auf bereits 101 Millionen Tonnen gestiegen.

Die *Wasserkraftreserven* Chinas gehören zu den reichsten der Welt. Zusammen mit den riesigen *Kohlevorkommen* (den drittgrößten nach SU und USA) statteten sie das Land mit einem Energiepotential aus, das auch bei rascher Industrialisierung **Selbstversorgung** ermöglicht.
Die chinesische Führung setzt längerfristig auf *Kernenergie*. Bis 1991 sind sechs Atomkraftwerke geplant.

Damit lassen sich sicher nicht die gegenwärtigen Energie-Engpässe (siehe 5.3.6) bewältigen. Wohl aber dürften die vorgesehenen zahlreichen – kleinen und daher finanzierbaren – Wasserkraftwerke mehr Strom liefern. China experimentiert auch mit Alternativ-Energie. In den Dörfern einiger Provinzen produzieren schon in größerem Umfang Biogas-Meiler Methan.

5.2 Kampf um die Wirtschaftspolitik

5.2.1 Periode des Wiederaufbaus (1949-1952)

Nach ihrem militärischen Sieg sahen die chinesischen Kommunisten ihre vorrangige Aufgabe darin, ein **schnelles wirtschaftliches Wachstum** zu schaffen. Für Mao Zedong und seine Partei
- als *Marxisten* war dies – auf der Grundlage vergesellschafteter Produktionsmittel – die Voraussetzung für eine politische und soziale Revolutionierung und Entwicklung,
- als *Chinesen* sollte wirtschaftliche Stärke sichern, daß ihr Land nicht wieder von ausländischen Mächten abhängig wird.

Vor allem durch *Industrialisierung* wollten die Kommunisten dieses nationale Ziel erreichen.

Wirtschaftliche und nationale Unabhängigkeit

Zuerst galt es, die **Versorgung der Bevölkerung** zu sichern, die Schäden des Krieges und Bürgerkrieges zu beseitigen, zerstörte Deichsysteme und Verkehrswege (vor allem das Eisenbahnnetz) wieder herzustellen, Berg-

Erste Schritte

Abbildung 12: **Bodenschätze und Industriestandorte**
(Aus: Statistisches Bundesamt Wiesbaden: Länderbericht Volksrepublik China 1979, S. 12)
Neuere Erdölfunde siehe Abbildung 19 in 5.3.5

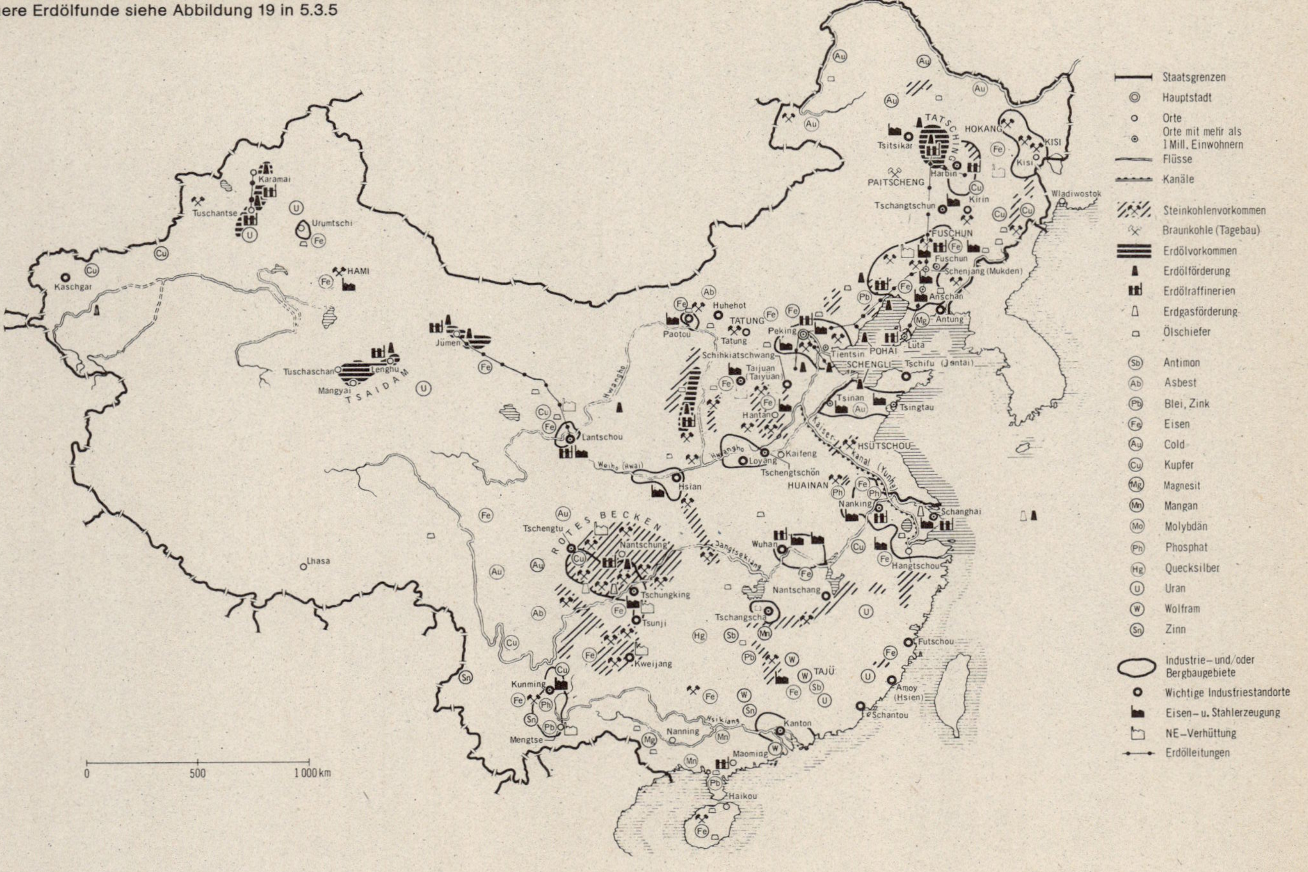

Optimistische Erwartungen
„China hat eine rückständige Wirtschaft, die als Erbe übernommen wurde. Doch das chinesische Volk ist mutig und arbeitsam. Mit dem Sieg der chinesischen Volksrevolution und der Gründung der Volksrepublik, mit der Führung durch die kommunistische Partei Chinas und dazu mit der Hilfe der Arbeiterklasse aller Länder der Welt, hauptsächlich mit der Hilfe der Sowjetunion, wird sich der Aufbau der Wirtschaft Chinas nicht sehr langsam, sondern wahrscheinlich recht schnell vollziehen. Der Tag kann nicht mehr fern sein, da China aufblühen und gedeihen wird. In der Frage des Wiederauflebens der chinesischen Wirtschaft besteht durchaus kein Grund zum Pessimismus."
(Mao am 15. März 1949, Ausgewählte Werke IV, S. 393)

werke und Unternehmen der Leichtindustrie (Textilfabriken, Mühlen usw.) wieder in Gang zu setzen. Die Führung beschloß unter anderem,
- daß die Bauern ihre Steuern in Naturalien abführen müssen, was das *Lebensmittelangebot* erhöhte,
- daß *Löhne* und *Gehälter* sich nach den Kosten der Güter des täglichen Bedarfs zu richten haben (später setzte sie die Preise der wichtigsten Agrar- und Industrieprodukte fest),
- *Preise* und *Währung* zu stabilisieren und den *Staatshaushalt* auszugleichen,
- ein einheitliches *Steuersystem* einzuführen,
- die staatliche *Planung* bis hin zu Jahresplänen zu erweitern,
- die Wirtschaft schrittweise zu **sozialisieren,** ohne sie allgemein zu verstaatlichen.

Sozialisierung war damals nicht nur ideologisch begründet. Vielmehr war sie auch eine Notmaßnahme, zum Beispiel um durch Flucht ihrer Eigentümer herrenlos gewordene Betriebe wieder in Gang zu bringen, um politische Gegner zu hindern, den Aufbau zu sabotieren und um ausländischen Einfluß zu unterbinden. Bis 1952 übernahm der Staat
- 80 Prozent der Schwerindustrie,
- die Hälfte der Leichtindustrie,
- den gesamten Außenhandel,
- die Banken,
- große Teile des Verkehrswesens.

Völlig nationalisierte er die Vermögen der Kompradoren-Bourgeoisie (siehe 2.1) und der Ausländer. Nicht belastete Unternehmer und Handwerker konnten zunächst in vielen Fällen noch über ihre Produktionsanlagen verfügen, verloren aber zunehmend an Selbständigkeit und Bedeutung für die Volkswirtschaft.

Bereits Anfang 1953 hatte – trotz des Koreakrieges – die Produktion den höchsten Stand der Vorkriegszeit (1937) wieder erreicht.
Die KP setzte mit der Bodenreform im Sommer 1950 (in Tibet erst 1959) ihre Agrarpolitik fort, die sie schon vor 1949 in den „befreiten Gebieten" (siehe 2.2) betrieben hatte: Sie **Landreform**
- enteignete entschädigungslos Großgrundbesitzer, bei reichen Bauern einen Teil ihres Besitzes,
- verstaatlichte diese Ländereien (43 v.H. der landwirtschaftlichen Nutzfläche) jedoch nicht, sondern gab sie als *privates* Eigentum an landlose und -arme Bauern, das heißt, an die Hälfte aller Familien in den Dörfern,
- verbot Pachtvorauszahlungen, senkte die Zinsen und strich alte Schulden, erlaubte allerdings weiterhin, Land zu verkaufen oder zu verpachten.

Durch diese Umverteilung hoffte die Partei, die Arbeitsproduktivität zu steigern und daraus Kapital zu gewinnen für die geplanten Investitionen in der Industrie. Überschüsse erwirtschaften konnten jedoch lediglich die reichen Bauern und manche der mittleren, die weiterhin mehr Boden besaßen. Die neugeschaffenen Parzellen armer Bauern waren aber zu klein, um mehr als den Eigenbedarf decken zu können.

Für die Partei war die Landreform mehr als eine rein wirtschaftliche Maßnahme; sie war auch Klassenkampf.

Klassenkampf auf dem Lande
„Verlaßt euch auf die armen Bauern und die Landarbeiter,
verbindet euch mit den Mittelbauern,
neutralisiert die reichen Bauern
und kämpft gegen die Grundherren!"
(Ein Leitspruch der Partei)

5.2.2 Der erste Fünfjahresplan (1953-1957)

5.2.2.1 Sowjetunion als Vorbild

Schwerpunkte

Der erste chinesische Fünfjahresplan ähnelte sehr stark dem ersten sowjetischen von 1928. Er sollte vor allem die **Industrie fördern.** Die staatlichen Investitionen hier waren schätzungsweise siebenmal größer als in der Landwirtschaft. Die Schwerpunkte waren:
1. Das industrielle Wachstum ist vorrangig. Im Mittelpunkt steht dabei die Schwerindustrie.
2. Neue Industrieanlagen sind dort anzusiedeln, wo auch die benötigten Rohstoffe vorhanden sind.
3. Die Arbeitsproduktivität soll sich mehr erhöhen als die Löhne, um das für das Wachstum nötige Kapital zu vermehren.
4. In der Landwirtschaft sind nur die notwendigsten Modernisierungen durchzuführen. Die – zu steigernde – agrarische Überschußproduktion soll die Industrialisierung finanzieren helfen.
5. Ein straff zentralisierter Planungsapparat ist aufzubauen.

Für China ungeeignet

Die Planziele, die die Schwerindustrie bevorzugten auf Kosten der Landwirtschaft, entsprachen jedoch nicht chinesischen Bedingungen:
○ Das unterentwickelte und ausgeblutete Land (siehe 2) hatte *nicht genügend Kapital*. Die Landwirtschaft, aus deren Überschüssen andere Länder ihre Industrialisierung finanzierten, konnte die benötigten Mittel nicht aufbringen, ohne daß der Lebensstandard der Bauern unter das Existenzminimum gesunken wäre.
○ Die wenigen, zudem meist kapitalintensiven, also ziemlich hochtechnisierten neuen Fabriken boten *nicht genügend zusätzliche Arbeitsplätze* für Chinas rasch wachsende Bevölkerung: Während des ersten Fünfjahresplanes nahm die Zahl der Erwerbsfähigen jährlich um acht Millionen zu. Aber nur eine Million von ihnen konnte in Schwer- und Leichtindustrie Beschäftigung finden.

Kaum eigene industrielle Basis

„1949 gab es in China praktisch keine Schwerindustrie. Alle Vergleiche mit Rußland machen nur diesen ungeheuren Mangel deutlich. Rußland produzierte 1917 4,1 Millionen Tonnen Stahl und 4 Millionen Tonnen Erdöl und verfügte über einen ziemlich umfangreichen Stab an technischem und verwaltungsmäßig geschultem Personal sowie über 5 Millionen gelernte Industriearbeiter für alle Branchen bei einer Bevölkerung von 130 Millionen.
Die chinesische Stahlproduktion betrug 1948 nur 40 000 Tonnen. Den Japanern war es gelungen, in der Mandschurei bis zu 1,34 Millionen Tonnen Stahl zu produzieren, diese Stahlwerke wurden jedoch 1945 von der Sowjetunion demontiert. China selbst hat nie mehr als 50 000 Tonnen produziert, nicht einmal genug für Nägel und Nadeln."
(Han Suyin, in China geborene, in Europa lebende Schriftstellerin: Das China Mao Tse-tungs, C.H. Beck'sche Verlagsbuchhandlung München 1968, S. 78)

Die Sowjetunion unterstützte damals den Aufbau der Volksrepublik. Zwar bestritten ihre Kredite – es handelte sich nie um Schenkungen – zwischen 1952 und 1957 nur drei Prozent der gesamten staatlichen Investitionen in China. Doch in dem ersten Jahrzehnt nach der Revolution, als China kaum über industrielle Erfahrung und eigene Fachkräfte verfügte, war die sowjetische Hilfe von großer, nicht allein in Geldbeträgen meßbarer Bedeutung:

Sowjetische Starthilfe

○ Zwischen 1950 und 1960 waren mehr als 10 000 sowjetische Spezialisten in China tätig.
○ Die Sowjetunion lieferte die Konstruktionsunterlagen für fast 150 große Industriebetriebe.
○ Sie bildete Tausende chinesischer Techniker und Studenten aus, da China seine Fach- und Hochschulen erst noch aufbauen mußte.

China war ohnehin fast ausschließlich auf die Sowjetunion angewiesen, denn während der frühen fünfziger Jahre hatten die USA die wirtschaftliche und politische Isolierung der Volksrepublik durchgesetzt (siehe 7.4.1).

5.2.2.2 Produktionsergebnisse

Wenn auch der chinesische Fünfjahresplan nicht überall auf die Verhältnisse des Landes zugeschnitten war, so entwickelte sich in dieser Zeit die Wirtschaft doch bemerkenswert gut: Die durchschnittlichen jährlichen Zuwachsraten der gesamten industriellen Produktion schätzten Experten auf etwa 18 Prozent.

Hohe industrielle Wachstumsraten

Inwieweit veröffentlichte Daten stimmen, ist allerdings umstritten. Selbst wenn die chinesischen Behörden nichts geschönt haben sollten, so bleiben doch die Schwierigkeiten, wie sie jedes vor-industrielle Land hat, zuverlässige statistische Daten zu ermitteln.

Tabelle 3: **Produktion wichtiger Industrie- und Bergbau-Erzeugnisse**

Jahr	Kohle Mio. t	Elektrizität Mrd. kWh	Rohöl Mio. t	Rohstahl Mio. t	Baumwollstoffe Mrd. m
1949	32,43	4,31	0,121	0,158	1,89
1952	66,49	7,26	0,436	1,349	3,83
1957	130,73	19,34	1,458	5,350	5,05

(Nach: Udo Weiss, S. 97)

Die Ergebnisse können sich durchaus mit denen der Stalinschen Industrialisierung messen. Doch der Preis, den Chinas Bevölkerung – und das sind vor allem die Bauern – für diese Errungenschaften zu zahlen hatte, war nicht so hoch wie in der Sowjetunion Stalins.

Westliches Chinabild

Trotzdem konnte man in jener Zeit des Kalten Krieges in den westlichen Medien immer wieder von Hungersnöten lesen, von großen chinesischen Volksmassen, die dem Hungertod ausgesetzt seien. Gegen dieses weitverbreitete China-Zerrbild wandte sich im Mai 1957 der kommunistischer Neigung unverdächtige Ökonomie-Professor an der Universität Michigan, Alexander Eckstein, in einem Brief an die New York Times:
„Alle verfügbaren Unterlagen lassen vielmehr die Schlußfolgerung zu, daß die Lebensmittelerzeugung auf dem chinesischen Festland in den letzten Jahren beträchtlich gestiegen ist. Gleichzeitig haben sich die Methoden der Lebensmittelverteilung sehr verbessert. Infolgedessen kann das chinesische kommunistische Regime örtliche Hungersnöte, die es in China immer gegeben hat, rasch lindern oder verhindern. Es gibt also keinen Beweis für die Richtigkeit der so oft gezogenen Schlußfolgerung, daß in den letzten Jahren wiederholt in China weitverbreitet Hungersnot geherrscht habe."
(Felix Greene: Listen, Lügen, Lobbies. China im Zerrspiegel der öffentlichen Meinung. Josef Melzer Verlag Darmstadt 1966, S. 136)

Überforderte Landwirtschaft

Zwar reichte die landwirtschaftliche Produktion offenbar, um größere Hungersnöte zu verhindern. Andererseits konnten die Bauern nicht genügend Überschüsse erzeugen, um ausreichend Kapital für die Industrialisierung bereitzustellen. Der Vorrang der Schwerindustrie, den der Plan vorsah, hemmte die Entwicklung der chinesischen Landwirtschaft:
○ Um höhere Erträge erzielen zu können, fehlte es an landwirtschaftlichen Geräten, Düngemitteln usw. – eine Folge der unterentwickelten Chemie- und Leichtindustrie.
○ Da der Staat auch die Konsumgüterindustrie vernachlässigte, mangelte es den Bauern an Anreizen, über die eigene Bedarfsdeckung hinaus Lebensmittel für den Austausch zu produzieren.

5.2.2.3 Kollektivierung der Landwirtschaft

Vorstufe

Bereits während der Landreform-Bewegung (siehe 5.2.1) hatten sich arme und mittlere Bauern – bis zu zehn Familien – in **„Organisationen für gegenseitige Hilfeleistung"** zusammengeschlossen, um rentabler produzieren zu können. 1952 gehörte bereits die Hälfte der Bauern-Haushalte derartigen Gruppen an.

Halbsozialistische LPG

Die Kollektivierung der Landwirtschaft geschah stufenweise. Der erste Schritt (Ende 1953) war die Umwandlung der loseren Hilfeleistungs-Organisationen in **Landwirtschaftliche Produktionsgenossenschaften** (LPG) *„niederen Typs"*, die bis zu 50 Haushalte umfaßten. Der einzelne Bauer behielt seine Eigentumsrechte an den von ihm eingebrachten und nun kollektiv genutzten Feldern und Produktionsmitteln. Die Höhe seines Einkommens richtete sich danach, wieviel
– Tage er *gearbeitet,*
– *Kapital* (Land, Geräte, Zugtiere) er der Genossenschaft zur Verfügung gestellt hatte.

Die Partei warb für *freiwilligen* Beitritt. Doch die Zahl der LPG nahm nicht so zu wie gewünscht: Im Frühjahr 1955 gehörten nur 14 Prozent der Bauern-Haushalte einer Genossenschaft an. Auch die Produktionsergebnisse enttäuschten, vor allem weil es an Fachkräften für Betriebe dieser Größe fehlte.

Voll-sozialistische LPG

Trotz des bisherigen Mißerfolges setzte Mao schon Ende 1955 den zweiten Schritt durch: den Übergang zu vollsozialistischen Genossenschaften. In ihnen
– waren bis zu 300 Familien zusammengeschlossen,
– gehörten alles Land und alle Produktionsmittel dem Kollektiv (lediglich ein kleines Privatgrundstück konnten die Mitglieder behalten),
– bezogen die Bauern ihren Lohn nur noch für ihre *Arbeit.*

In den Dörfern drängten die örtlichen Funktionäre und Propagandatrupps von außerhalb die Bauern in die neue, höhere Form der Kollektivwirtschaft. 1957, nach bloß einem Jahr, war die **Landwirtschaft fast völlig kollektiviert.**

Wie die Bauern sich während dieser Kampagne verhielten, ob sie sich überzeugen ließen oder widersetzten, wissen wir nicht. Allenfalls kann man gewisse Rückschlüsse ziehen aus dem – nicht einheitlichen – Vorgehen der Kommunisten:

Widersprüchliches Vorgehen

○ Einerseits bemühte sich die Partei zwar, die traditionellen Gegebenheiten zu berücksichtigen (so bildeten vielfach Großfamilien eine LPG) und den Bauern Vorteile zu bieten (z.B. verbessertes Sozial- und Gesundheitswesen, Nahrungsmittelhilfe).

○ Andererseits weckten die große Hast und auch der Druck, den die örtlichen Kader mitunter auf die Bauern ausübten, Widerstand. So sollen manche ihr Vieh geschlachtet haben, um es nicht der LPG übergeben zu müssen.

Die Kollektivierung brachte einige *Fortschritte:* Zum Beispiel ließen sich jetzt

Vor- und Nachteile

– zersplitterte Klein-Parzellen zu wirtschaftlichen Feldgrößen zusammenlegen,
– Menschen und Produktionsmittel rationeller einsetzen,
– Arbeitskräfte, die sonst nur in der Saison Beschäftigung fanden, für Gemeinschaftsaufgaben heranziehen (etwa zu Terrassierungs- und Bewässerungsarbeiten).

Dem standen jedoch erhebliche *Mängel* gegenüber, vor allem
– der Fünfjahresplan, der die Landwirtschaft vernachlässigte (siehe 5.2.2.2),
– Organisations-Schwächen in den LPG,
– bürokratische Gängelei.

All dies lähmte die Initiative von unten.

Insgesamt konnten die Vorteile diese Nachteile nicht ausgleichen. Die Folge: **Die landwirtschaftliche Erzeugung nahm kaum noch zu** – während die Bevölkerungszahl um über zehn Prozent stieg.

Ergebnis

5.2.3 „Der Große Sprung nach vorn" (1958-1960)

Entwicklungs-Alternativen

Seinen ersten Fünfjahresplan hatte China ganz nach sowjetischem Vorbild aufgestellt. Nach den teilweise schlechten Erfahrungen (siehe 5.2.2) diskutierte nun die Parteiführung heftig über den weiteren Weg und die neuen Schwerpunkte. Im wesentlichen standen drei Leitgedanken zur Debatte:
1. Die großen Projekte der **Schwerindustrie** haben weiterhin **Vorrang.** Die Landwirtschaft erarbeitet dafür das Investitionskapital, kommt aber selbst kaum voran.
2. Die **Konsumgüterindustrie muß wachsen,** um die Bevölkerung besser versorgen zu können. Materielle Anreize sollen helfen, die Leistung und damit die Produktion zu erhöhen.
3. Die Wachstumsraten der Schwerindustrie bleiben unverändert hoch. **Gleichzeitig** sollen Partei und Staat durch soziale Umwälzungen auf dem Lande
   - die Agrarerzeugung steigern,
   - massenhaft kleinere Industrien entwickeln.

Mao setzte schließlich seine, die *dritte* Vorstellung durch: die Politik des „Großen Sprunges nach vorn". Dies hieß:

Hohes Tempo

a) Der Aufbau des Sozialismus ist außerordentlich zu *beschleunigen,* um die Rückständigkeit des Landes in kürzester Zeit zu beseitigen.

„Gehen auf zwei Beinen"

„,Auf zwei Beinen' sollte dabei bedeuten, eine gleichzeitige Entwicklung der Industrie *und* der Landwirtschaft, der schweren *und* der leichten Industrie, der zentral *und* der lokal geleiteten Unternehmungen, unter Verwendung der modernen *und* der traditionellen (chinesischen) Technologie, der Führung durch die Zentrale Planung *und* der Teilnahme der Massen an den die nationale Produktion betreffenden Entscheidungen."
(Aus: Weiss, S. 45)

Massenlinie

b) Für ein derart ehrgeiziges Programm sind *alle Kräfte* aufs äußerste anzuspannen. Es läßt sich nicht verwirklichen allein durch hochkomplizierte Technik, auch nicht durch vom Volk abgehobenes Expertentum und ebensowenig durch bürokratische Bevormundung von oben her. Als Triebkraft sah Mao vielmehr den *„Enthusiasmus der Massen".* Er suchte die Menschen für diese schweren Aufgaben zu gewinnen – nicht durch materielle Anreize, sondern durch moralische und ideologische Appelle. Die Partei mobilisierte das Volk, weil sie
– mangels Kapital die ausreichend vorhandene *Arbeitskraft* besser *nutzen* wollte,
– erwartete, durch gemeinsames Arbeiten und gemeinsame Erfolge den „neuen Menschen" für die zu schaffende neue Gesellschaft *erziehen* zu können.

Überall in dem riesigen Land bauten Millionen von Chinesen mit einfachen Mitteln Feldwege und Straßen, Bewässerungssysteme für ihre Äcker sowie Kanäle und Staudämme usw. (berühmtes Beispiel: der „Rote-Fahne-Kanal" mit 1500 km Länge). Westliche Beobachter meinten, mindestens in den ersten Monaten hätten dabei sehr viele freiwillig und begeistert gearbeitet.

Andere hingegen bezeichneten die in langen Reihen schaufelnden und Körbe schleppenden, meist blau gekleideten Menschen abwertend als „blaue Ameisen". Dieses – im Grunde verunglimpfende – Wort, in dem sich Geringschätzung gegenüber Kollektivwesen mischt mit Angst vor der großen Zahl, beeinflußte viele Jahre unser China-Bild.

Das Ziel, einen „neuen Menschen" zu formen, ließ sich nur erreichen, wenn man auch die Lebens- und Arbeitsverhältnisse umwälzte.

Abbildung 13: **Massen-Mobilisierung**

Bau eines Staudammes am Jangtse-Fluß Ende der fünfziger Jahre (Foto: Deutsche Presse-Agentur/Ullstein Bilderdienst Berlin)

Volkskommune Als „Vorstufe einer kommunistischen Gesellschaft" propagierten und verwirklichten Mao Zedong und seine Anhänger die Volkskommunen. Diese Kollektive sollten mehr sein als durch Zusammenschlüsse stark vergrößerte Produktionsgenossenschaften (siehe 5.2.2.3). Sie waren als Wirtschafts- und Organisations-Einheiten geplant mit den *Aufgaben,*
– sowohl in kollektiver Arbeit die Landwirtschaft aus eigener Kraft zu modernisieren und die ländlichen Gebiete zu industrialisieren
– als auch das Erziehungs- und Gesundheitswesen, die Kulturarbeit und die Territorialverteidigung (Milizen) zu organisieren und zu verwalten.

Abbildung 14: **Aufbau der Volkskommunen**

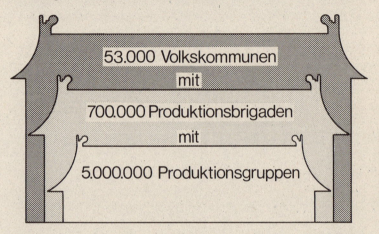

(Zahlen von 1979) Die einzelnen Kommunen haben unterschiedlich viele Produktions-Einheiten.

In und mit ihnen wollte die Partei die Barrieren auf dem Weg zur klassenlosen Gesellschaft abbauen, die „Drei Großen Differenzen" beseitigen, nämlich die Unterschiede zwischen
– Stadt und Land,
– Land- und Fabrikarbeiter,
– Kopf- und Handarbeit.

Klein-industrien Überall auf dem Lande entstanden Kleinindustrien. Sie sollten
– erst einfachere, dann weiterentwickelte Geräte fabrizieren, um die Landwirtschaft schrittweise mechanisieren zu können,
– der Leicht- und Schwerindustrie Rohstoffe, Ersatzteile, Verpackungsmaterial usw. liefern,
– das Verbrauchsgüterangebot erweitern,
– Gelder für Projekte der Kommune erwirtschaften helfen,
– der Landbevölkerung ermöglichen, auch andere als bäuerliche Berufe zu ergreifen.

Abbildung 15: **Bau kleiner Schmelzöfen**

(Foto: Ullstein Bilderdienst Berlin)

Alle Produktionsmittel waren *Eigentum* der Kommune, einschließlich des auch nach der Kollektivierung (siehe 5.2.2.3) den Bauern verbliebenen privat nutzbaren Hoflandes. Darüber hinausgehenden Enteignungen von Häusern oder Gebrauchsgütern – soweit Kader das versuchten – widersetzten sich die Betroffenen erfolgreich. Die Entlohnung richtete sich hauptsächlich nach der Arbeitszeit. Im November 1958 waren 99 Prozent der Landbevölkerung in Volkskommunen erfaßt.

Die Partei begann, auch in den Städten vergleichbare Großkollektive zu gründen. Sogenannte Straßengemeinschaften bauten und unterhielten kleine Fabrikationsanlagen. Durch Gemeinschaftseinrichtungen, z.B. Kindergärten, Küchen und Altersheime – wie sie auch die ländlichen Volkskommunen errichtet hatten, um Arbeitskräfte freizusetzen –, sollten Frauen mehr Zeit erhalten, um in der Produktion mitzuarbeiten. **Städtische Volkskommune**

Nicht nur die Arbeit – etwa 12 Stunden täglich, zur Erntezeit sogar 16 –, fast das gesamte Leben der Kommunemitglieder war kollektiviert. Auch wenn sich die einzelnen Kommunen voneinander unterschieden: in vielen **Kollektives Leben**
- aßen die Menschen gemeinsam in Kantinen,
- lebten die Alten in Heimen,
- waren Säuglinge und Kinder manchmal über die ganze Woche in Krippen bzw. Kindergärten untergebracht.

Der Tagesablauf vollzog sich nach militärischen Regeln.

Bericht aus einer Volkskommune
„In der Ch'aoying-Kommune wird bei Tagesanbruch geläutet und gepfiffen. In ungefähr einer Viertelstunde sind die Bauern zum Dienst angetreten. Auf Befehl der Zug- und Kompanieführer marschieren die Kolonnen mit Fahnen auf die Felder. Hier sieht man keine Bauern mehr, die in kleinen Gruppen von zwei oder drei Mann gemütlich und langsam auf die Felder gehen. Was man jetzt hört, sind Marschgesänge und abgemessene, militärische Schritte. Die vollkommen freizügigen Lebensgewohnheiten, welche die Bauern seit Jahrtausenden kannten, sind endgültig vorüber. Wie gewaltig ist doch der Wechsel! Um sich an die Gemeinschaftsarbeit und das Gemeinschaftsleben anzupassen, hat die Volkskommune eine Bewegung begonnen, in der ganze Dörfer miteinander verschmolzen werden und die Mitglieder von einer Behausung in die andere umziehen sollen. Die Bauern luden ihr Gepäck auf den Rücken und zogen in Gruppen in neue Wohnungen in der Nähe ihrer Arbeitsplätze. Wie wundervoll ist doch dieser Wechsel! Seit alters her haben die Bauern ihre von den Vorfahren ererbten Häuser mehr geschätzt als alles andere! Jetzt aber, da private Grundstücke, Häuser und teilweise auch die Viehbestände in das Eigentum der Volkskommune übergegangen sind, sind alle Bande, welche die Bauern noch an ihr Eigentum fesselten, zerbrochen, und sie fühlen sich viel freier und unbeschwerter als früher. Die Bauern sagen: ‚Es macht keinen Unterschied, wohin wir umziehen. In jedem Fall sind wir in unserer Ch'aoying-Heimat zu Hause.' Es gibt nichts mehr in ihren Häusern, wonach sie sich sehnen. Die Volkskommune ist ihre Heimat.
Jetzt sind in den Dörfern Kantinen und Kindergärten zu finden. Alle Häuser sind abgeschlossen, da alle Bewohner auf die Felder oder in die Werkstätten marschieren. Man kann nicht länger das altgewohnte Phänomen beobachten, daß in jeder einzelnen Familie gekocht wird oder die Kinder großgezogen werden. Der Rahmen der Einzelfamilie, die für Tausende von Jahren existierte, ist vollständig zerschlagen worden."
(Bericht einer chinesischen Jugendzeitung vom September 1958, nach: Jürgen Domes: Sozialismus in Chinas Dörfern, S. 43 f.)

Krise des „Großen Sprunges"

Bereits Ende 1958 setzten die ersten Rückschläge dieser Politik ein. Die Wirtschaft wuchs nicht wie erhofft. Der Partei gelang es immer weniger, den vorgesehenen „Enthusiasmus der Massen" zu entfachen. Im Gegenteil, Widerstand breitete sich aus.

Widerstand auf dem Lande
„Ab Mitte Oktober (1958 – die Verfasser) nahm dieser Widerstand in vielen Regionen den Charakter einer allgemeinen, wenn auch gewiß nicht koordinierten, Bewegung an. Die Bauern weigerten sich, in militärischen Formationen zur Arbeit zu gehen. Ohne Rücksicht auf die von den Kadern ausgesprochenen Verbote fuhren sie heimlich fort, in den Häusern zu kochen. Kinder wurden in großer Zahl aus den Krippen und Kindergärten abgeholt. Alte Leute verließen ohne Erlaubnis die Altersheime und kehrten, oft in beschwerlichen Märschen über weite Wegstrecken, zu ihren Familien zurück. Geerntetes Getreide kam in den Speichern der Kommunen nicht an, weil die dörflichen Arbeitseinheiten es unter sich aufteilten. In manchen Dörfern begannen die Bauern – ähnlich wie in der Sowjetunion während der frühen dreißiger Jahre -, Brunnen zu vergiften und nachts das Vieh auf der Weide abzuschlachten. Gelegentlich stürmten sie gewaltsam Vorratslager der Kommunen und verprügelten Kader. Als ein besonders wirksames Instrument des Widerstandes erwies sich auch die kollektive Auflösung von Bankguthaben durch die Bauern. Damit verloren die Kommunen einen Teil ihres finanziellen Operationsspielraumes."
(Aus: Jürgen Domes: Sozialismus in Chinas Dörfern, S. 48 f.)

Gründe

Die wichtigsten Gründe für das Scheitern des „Großen Sprunges nach vorn" waren:
- Die Ziele erwiesen sich als zu hoch gesteckt. Die geforderten Leistungen waren meist unzumutbar. Die Kader arbeiteten zu bürokratisch und unduldsam.
- Den Parteifunktionären auf dem Lande, zu Motoren des neuen Kurses bestimmt, fehlten Erfahrungen und Kenntnisse, um die Wirtschaft zu leiten.

○ Es gab keine ausreichende Planung.
○ Die überstürzte Einführung der Kommunen löste vielerorts ein organisatorisches Chaos aus. Während der Ernte z.B. mußten Bauern ihre Feldarbeit vernachlässigen, wenn sie zur gleichen Zeit beim Aufbau und Betrieb dörflicher Kleinschmelzöfen eingesetzt waren.
○ Viele Menschen widersetzten sich dem verordneten kollektiven Leben und suchten sich wieder private Freiräume zu schaffen.

Innerparteiliche Opposition

1959 verbreitete Verteidigungsminister Peng Dehuai, legendärer Heerführer des Bürgerkriegs und Marschall der VR China, ein an Mao gerichtetes Schreiben, in dem er gegen dessen Kurs opponierte:
„Das Volk fordert dringend eine Änderung der gegenwärtigen Verhältnisse... Kleinbürgerlicher Fanatismus bringt uns dazu, ‚linke' Fehler zu begehen... Aber wir führten keine Untersuchungen durch; wir versäumten es, die gegenwärtigen konkreten Bedingungen zu beachten und zu studieren, und wir versäumten es, auf einer positiven, sicheren und zuverlässigen Grundlage tätig zu werden. Einige Ziele wurden Stufe für Stufe angehoben, was zu Forderungen führte, daß Ziele, die in einigen Jahren oder mehr als zehn Jahren erreicht werden konnten, in einem Jahr oder in einigen Monaten erreicht werden sollten. Deshalb haben wir uns von der Wirklichkeit losgelöst, und es ist uns nicht gelungen, die Unterstützung der Massen zu gewinnen... Das ‚Politik-an-die-erste-Stelle-setzen' ist kein Ersatz für wirtschaftliche Grundsätze und noch weniger für die konkreten Maßnahmen bei der Wirtschaftstätigkeit." (Nach: Joachim Glaubitz: Opposition gegen Mao, Walter-Verlag Olten und Freiburg i.Br. 1969, S. 191 und 193 f.)
Der Verteidigungsminister hatte keinen Erfolg, auch wenn die Partei Kurskorrekturen vornahm. Sein Amt mußte er an Lin Biao abtreten. Das Zentralkomitee rehabilitierte ihn und andere prominente Parteiführer Ende 1978.

Nur Fehlschlag?

Es wäre trotz aller Probleme zu einseitig, den „Großen Sprung" lediglich als eine Periode der Fehler, Übertreibungen und Mißerfolge zu bewerten. Wie hätte wohl China die folgenden schwersten Jahre seiner nachrevolutionären Geschichte mit ihren Naturkatastrophen (siehe 5.2.4) überstehen können, ohne die während des „Großen Sprunges" gebauten Dämme und anderen Projekte?

5.2.4 „Berichtigung, Konsolidierung, Vervollständigung" (1960-1965)

Die schweren Jahre

Neben der Politik des „Großen Sprunges" (siehe 5.2.3) führten auch **Naturkatastrophen** zu der schweren wirtschaftlichen Krise der Jahre 1960 bis 1962. In einigen Provinzen extreme Trockenheit, in anderen Überschwemmungen, Viehseuchen (aufgrund unsachgemäßer Unterbringung und Fütterung nach der plötzlichen Bildung der Volkskommunen) und lokale Heuschreckenplagen verringerten die Agrarproduktion besorgniserregend. Wie groß die Not in dieser Zeit war, ist unklar. Zweifellos lebten in weiten Teilen des Landes die Menschen aber am Rande des Existenzminimums, und sicher waren Todesopfer zu beklagen. Doch
- strenge Rationierung,
- ein verbessertes Verkehrssystem, um lokale Überschüsse transportieren zu können,
- große Getreidekäufe im Ausland (Kanada und Australien),
- gewachsene gegenseitige Hilfe der Bauern über die Sippen hinaus

Abbruch der sowjetischen Hilfe	verhinderten Hungerkatastrophen, wie sie unter ähnlichen Bedingungen im vorrevolutionären China unvermeidbar gewesen wären. In dieser schwierigen wirtschaftlichen Lage stellte die Sowjetunion ihre Hilfe ein, weil die Gegensätze zwischen beiden kommunistischen Parteien (siehe 7.4.1) unüberbrückbar geworden waren. Weit über tausend sowjetische Spezialisten verließen im Sommer 1960 das Land und nahmen auch noch die Konstruktionsunterlagen für im Bau befindliche Anlagen mit. Dies alles hatte schwerwiegende Folgen: ○ Die Chinesen mußten eine Vielzahl großer und kleiner industrieller und wissenschaftlicher Projekte unterbrechen oder ganz einstellen. ○ Weiterhin schränkte die UdSSR den Handel mit Peking ein durch ein Ausfuhrembargo für wichtige Produkte und Ersatzteile.
Richtungskampf	Angesichts dieser Krise entbrannte in der Parteiführung wieder der Kampf zweier Linien (siehe 4.2.1). Diesmal ging es darum, inwieweit Ziele und Maßnahmen des „Großen Sprunges" zu ändern seien:
Vorrang der Wirtschaft	○ Der **rechte Flügel** (um Liu Shaoqi und Deng Xiaoping) forderte, jetzt auf rasches industrielles Wachstum zu verzichten und statt dessen das *Erreichte zu sichern*. Wohl aber habe man alle Kraft darauf zu konzentrieren, die *landwirtschaftliche* Erzeugung so schnell wie möglich zu erhöhen, auch indem man wieder dem einzelnen *materielle* Anreize biete. Wenn man die Menschen zu sozialistischem Bewußtsein erziehen wolle, müßten sie sich vorher satt essen können.
Vorrang der Politik	○ Die **Linken um Mao** hielten den bisherigen Weg weiterhin für den richtigen, meinten allerdings, man hätte ihn noch entschiedener gehen sollen. Zu rechtfertigen seien lediglich vorübergehende Kompromisse. Denn sozialistische Politik dürfe man nicht allein an hohen Produktionsziffern messen. Vielmehr gelte es vor allem, der *kommunistischen* Gesellschaft näherzukommen. Deshalb müsse man verhindern, daß soziale Unterschiede und Widersprüche sich vertieften.
Kurswechsel	Die Parteirechten setzten sich durch. Zwar hielten sie an vielen Absichten, Losungen und Organisationsformen aus der Zeit des „Großen Sprunges" fest. Doch durch die Summe ihrer einzelnen Entscheidungen kehrten sie Maos Generallinie von 1958 (siehe 5.2.3) *praktisch* um: **Aus dem Vorrang der Politik wurde nun der Vorrang der Wirtschaft.**
Reform der Volkskommune	Um die Bauern wieder zu Initiative und Leistung anzuspornen, übertrug die Partei den *Besitz* an Boden, Großvieh und Maschinen von den Volkskommunen zunächst auf die Produktionsbrigaden und später teilweise sogar auf die Produktionsgruppen. Das hieß: Die **Basiseinheiten** konnten nun **selbständiger** planen sowie freier über ihre Arbeit und die Erträge verfügen. Die Gruppen entsprachen etwa den ehemaligen Dörfern, wo das Gemeinschaftsgefühl noch stärker und die Partei schwach war. Bei dieser Dezentralisierung *verkleinerte* man auch die Kommunen: Aus bisher 26 000 entstanden 77 000. Im Schnitt umfaßte eine Kommune 1650 Haushalte, während zur Brigade 174 gehörten und zur Gruppe 17 bis 18. Die Menschen waren nicht mehr in Kollektive und zum Drill gezwungen, sondern konnten wieder **individueller leben.** So zum Beispiel durften sie

wieder ihre Mahlzeiten selbst kochen, statt mit den anderen zusammen im Gemeinschaftsraum zu essen.

Die KP erlaubte, **Land privat zu nutzen** (20 bis 50 qm für jedes arbeitsfähige Familienmitglied). Was sie dort ernteten, durften die Bauern auf neu zugelassenen **freien Märkten** zu ungebundenen Preisen verkaufen. 1961 war dies ein Viertel aller landwirtschaftlichen Erzeugnisse.

„Die Landwirtschaft ist die Grundlage, die Industrie der führende Faktor"
Die folgende offizielle Darstellung, wenn auch aus späterer Zeit, schildert die seit 1962 gültige Generallinie:
„Die Landwirtschaft zur Grundlage zu machen, heißt, die Entwicklung der Landwirtschaft an die erste Stelle zu setzen. Sie ist der Hauptzweig der Wirtschaft zur Ernährung und Bekleidung von Chinas Millionen Menschen. Löst China dieses Problem nicht zuerst, so wird es weder die Wirtschaft als Ganzes entwickeln noch den Aufbau des Sozialismus vorantreiben können ...
Die Getreide- und Rohstoffversorgung reicht noch nicht zur Förderung des Wachstums der Leicht- und Schwerindustrie aus. Aus diesem Grund werden größere und raschere Ergebnisse beim Aufbau der Industrie nur auf Grund großer Fortschritte in der Landwirtschaft erzielt.
Die Entwicklung der Landwirtschaft verschafft der Industrie größere Geldmittel; sie verwandelt die ländlichen Gebiete – den größten Absatzmarkt der Industrie – in einen größeren Abnehmer von Industriegütern. Sie setzt mehr Arbeitskräfte für die Industrie frei. Sie wird der Leichtindustrie auch mehr und bessere Rohstoffe liefern; etwa 70 Prozent der Rohstoffe kommen aus der Landwirtschaft.
Das Wachstum der Leichtindustrie wird seinerseits das Wachstum der Schwerindustrie fördern ...
Die Industrie übt ihre führende Rolle auf Grund der Tatsache aus, daß sie die Wissenschaften anregt, Technologie und Maschinen liefert, Elektrizität, Kunstdünger, Schädlingsbekämpfungsmittel und andere Produktionsmittel zur Verfügung stellt, die die Landwirtschaft für ihren Übergang von rückständigen manuellen Arbeitsweisen zur Mechanisierung benötigt ...
In China bildet die Landwirtschaft die Grundlage für die Entwicklung der Industrie. Die Weiterentwicklung der Landwirtschaft und der Anstieg der Arbeitsproduktivität sind nicht von der führenden Rolle der Industrie zu trennen. Beide sind voneinander abhängig und bedingen sich gegenseitig."
(Aus: China im Aufbau, ein für das Ausland bestimmtes offizielles chinesisches Magazin, vom Juli 1973, S. 20)

Reform in der Industrie

Die Führung hielt an dem Ziel fest, das Gefälle zwischen Stadt und Dorf einzuebnen. Dazu bemühte sie sich weiterhin, kleinere und mittlere Fabriken außerhalb der großen Städte und über das ganze Land verteilt anzusiedeln. In anderen Punkten jedoch änderte sie die Industrie-Politik des „Großen Sprunges": Sie

- wollte vorrangig nicht neue Anlagen aufbauen, sondern *bestehende* Kapazitäten besser auslasten,
- stellte *unwirtschaftliche* Versuche ein, z.B. die zahlreichen, von Laien rasch hochgemauerten und ohne Fachkenntnis betriebenen Klein-Schmelzöfen (siehe Abbildung 15 in 5.2.3), die nur minderwertigen Stahl lieferten,
- übertrug, ähnlich wie bei den Volkskommunen, mehr Befugnisse von zentralen auf *untere* Verwaltungen und teilweise sogar unmittelbar auf die *Betriebe.*

Abkehr von der Massenlinie

Die neue rechte Mehrheit in der Parteispitze stoppte weitgehend die von der Linken bisher so sehr geförderte „Massenmobilisierung" und damit auch die arbeitsintensiven *Großprojekte* (siehe Abbildung 13 in 5.2.3). Hauptgründe waren:

| | ○ Immer mehr Menschen lehnten die propagandistisch so vorangetriebenen Arbeitseinsätze ab; viele widersetzten sich dem Zwang.
| | ○ Geld und Arbeitskräfte sollten vor allem der Landwirtschaft zugute kommen.

Anreize

Während des „Großen Sprunges" hatte die Partei teilweise begonnen, in den Volkskommunen die Bauern annähernd *gleich* zu bezahlen. Jetzt beendete sie diese Experimente: Die Beschäftigten erhielten ihren **Lohn nun nach Leistung und Befähigung,** gestaffelt auch nach Schwere und Dauer der Arbeit.

Die Arbeitsproduktivität in der *Industrie* suchte man zu steigern durch Leistungslöhne und -prämien sowie Überstundenzahlungen. Betriebsleiter und Angehörige der technisch-wissenschaftlichen Intelligenz erhielten darüber hinaus weitgehende *Handlungsfreiheit* – als Motivation für mehr und bessere Arbeit.

Mit diesen Maßnahmen gestand die Partei ein: Die Wirtschaftskrise war nicht zu meistern durch
– bloße Appelle anstelle materieller Anreize,
– richtiges politisches Bewußtsein ohne Fachwissen,
– Zwang zum Kollektiv auf Kosten des Individuums.

5.2.5 Kulturrevolution (1966-1969)

Kampf zweier Linien

Seit 1962, nachdem die Krise überwunden war, ging es mit der chinesischen Wirtschaft in fast allen Bereichen deutlich aufwärts.

○ Doch stand in der von Liu Shaoqi und seiner Gruppe weitgehend durchgesetzten Politik nicht der Kampf für eine klassenlose kommunistische Gesellschaft im Vordergrund, sondern ökonomisches Wachstum („Ökonomismus").

○ Mao war nicht bereit, diesen Kampf aufzugeben, der für ihn bedeutete, gleichzeitig das Sein und das Bewußtsein der Menschen zu revolutionieren. Diese Veränderungen sollte die Kulturrevolution bewirken (siehe 4.2.2).

Revolution und Produktionssteigerung

Die Linke wollte auch während der Kulturrevolution die Wirtschaft entwickeln. Sie propagierte *zwei Ziele:* „Macht Revolution und treibt die Produktion voran". Beide suchte sie durch **Massenmobilisierung** zu erreichen.

Einheit von Hand- und Kopfarbeit

Eines der Hauptziele von Mao und seinen Anhängern war es, den Unterschied zwischen Hand- und Kopfarbeitern aufzuheben.

○ Mit Hilfe der „Roten Garden" (siehe 4.2.2) verjagten sie in den Betrieben die dem Liu-Kreis zugeordneten rechten Führungsgruppen, denen sie vorwarfen, sie
– seien für Bürokratismus und kapitalistische Methoden verantwortlich
– und unterdrückten die Initiativen der Massen.

> **„Die Revolution fest in der Hand haben, um die Produktion anzuregen"**
> „Das Ziel bei der großen Proletarischen Kulturrevolution ist die Revolutionierung der Ideologie der Menschen, damit die Arbeit auf allen Gebieten mehr, schneller, besser und wirtschaftlicher geleistet wird. Wenn die Massen restlos mobilisiert und entsprechende Vorkehrungen getroffen werden, ist es möglich, Kulturrevolution und Produktion weiterzuführen, ohne daß sie einander behindern, während die hohe Qualität aller unserer Arbeit garantiert ist. Die große Proletarische Kulturrevolution ist für die Entwicklung der gesellschaftlichen Produktivkräfte unseres Landes eine gewaltige treibende Kraft. Jede Ansicht, die große Kulturrevolution der Entwicklung der Produktion entgegenzusetzen, ist falsch."
> (Punkt 14 des Beschlusses des Zentralkomitees der KP Chinas über die Große Proletarische Kulturrevolution vom 8. August 1966, aus: Peking Rundschau vom 16. August 1966, S. 8)

Zugleich beseitigten sie überall die Befugnisse des bisher eigenverantwortlich entscheidenden Direktors und des Parteisekretärs. Deren Aufgaben übernahmen **Revolutionskomitees,** in denen Arbeiter und Bauern direkt an der Leitung ihrer Fabriken und Kommunen zu beteiligen waren.

○ Arbeiter, Techniker und „revolutionäre Kader" (also linke Funktionäre) sollten zusammenarbeiten und voneinander lernen. In solchen **„Dreierverbindungen"** hatten
  – die Techniker ihr *theoretisches* Wissen an die Arbeiter und Kader weiterzugeben,
  – die Arbeiter ihre *praktischen* Erfahrungen den Technikern und Kadern zu vermitteln,
  – die Kader und Techniker Standesdünkel zu überwinden und proletarische Tugenden, z.B. Solidarität, anzunehmen,
  – die Kader den anderen zu helfen, sozialistisch zu denken und zu handeln.

Erziehungsziel war, **„Rote Experten"** heranzubilden: fachlich qualifizierte Werktätige mit sozialistischem Bewußtsein.

○ Weiter mußten alle Verwaltungs- und Parteikader eine bestimmte Zeit im Jahr als einfache Produktionsarbeiter in den Betrieben tätig sein. Diese regelmäßige **körperliche Arbeit** sollte verhindern, daß sich eine von den Arbeitern abgehobene Bürokratenschicht entwickelt.

Ergebnisse

Die Revolutionskomitees waren keine Organe der Produzenten-Selbstverwaltung oder -Mitbestimmung. Vielmehr beriefen sich die politischen Kader auch in den Betrieben auf den „demokratischen Zentralismus" (siehe 4.1) und unterdrückten abweichende Meinungen. Die fast täglichen politischen Veranstaltungen dienten der *Propaganda* von oben nach unten und nicht angstfreier Diskussion. Wohl aber verschlangen sie Arbeitszeit und Energie der Beschäftigten.

Diese Politik schüchterte Leitungspersonal und wissenschaftliche Intelligenz ein und lähmte deren Initiative. Da es weder materielle Anreize noch wirksame Mitsprachemöglichkeiten gab, die die Arbeitsmotivation erhöhen konnten,
– sank die *Industrieproduktion,*
– brach teilweise das *Transportwesen* zusammen,
– kam es in den Städten zu *Versorgungsschwierigkeiten.*

5.2.6 Modernisierungs-Kurs (seit den siebziger Jahren)

Vorsichtiger Kurswechsel

Das wirtschaftliche Chaos, in das die Kulturrevolution das Land gestürzt hatte, schwächte – je länger, desto deutlicher – die Linke und stärkte in der Parteispitze jene Gruppe um Ministerpräsident Zhou Enlai, die weniger klassenkämpferisch und mehr technokratisch dachte. Zwar behielten die Gemäßigten vorerst noch kulturrevolutionäre Losungen und Einrichtungen bei. Doch *änderten* sie schrittweise die *Politik*. Sie kehrten behutsam zurück zu den wirtschaftspolitischen Leitlinien der frühen sechziger Jahre (siehe 5.2.4).

Modernisierungs-Politik statt Klassenkampf

1975 leiteten Teile der Führung, offener als bisher, einen neuen Kurs ein: Sie ließen den nationalen Volkskongreß (siehe 4.4.1) das Programm der **„Vier Modernisierungen"** verabschieden, die vorgesehen waren für
– Landwirtschaft,
– Industrie,
– Militärwesen,
– Wissenschaft und Technik.

Entwicklungs-Ziele
„Als erster Schritt ist ..., vor 1980, ein unabhängiges und relativ umfassendes Industrie- und Wirtschafts-System aufzubauen;
als zweiter Schritt ist noch vor Ende des Jahrhunderts Landwirtschaft, Industrie, Militärwesen und Wissenschaft und Technik so umfassend zu modernisieren, daß unsere Volkswirtschaft zur Weltspitzengruppe aufrücken wird."
(Aus: „Bericht über die Tätigkeit der Regierung" Zhou Enlais vor dem IV. Nationalen Volkskongreß 1975, Document of the first session of the fourth National People's Congress of the People's Republic of China, Peking 1975, S. 55)

Wie weit die Reformer um den (wieder an die Macht gekommenen) Deng Xiaoping dabei zu gehen bereit waren, zeigte sich nach dem Sturz der „Viererbande" (siehe 4.2.3). Die neuen Männer wollten
– beschleunigt *hochtechnisierte* Industrien auf- und ausbauen,
– wesentlich mehr als bisher Maschinen und sogar ganze Anlagen sowie technisches Wissen aus dem *Ausland* beziehen,
– Technikern, Wissenschaftlern und Managern mehr *Spielraum* als je zuvor lassen,
– die Wirtschaftsplanung stärker *zentralisieren,*
– aber auch *Experimente* erlauben, wie z.B. wirtschaftliche Sonderzonen (siehe 5.3.5).

Eine Schlüsselrolle erhielt die Wissenschaft: „Die Forschung muß dem Wirtschaftsaufbau vorausgehen" (Peking Rundschau vom 17. Januar 1978, S. 1). Die Partei, um nur einige Beispiele zu nennen,
– entlastete Angehörige der Intelligenz von politischen Schulungen und ähnlichen Pflichten,
– erleichterte Kontakte mit dem Ausland (Reisen, Gastdozenten und -studenten, Zugang zu Literatur),
– gestattete Akademikern, wieder Titel zu führen.

Ziele

Ein Anfang 1977 beschlossener **Zehnjahresplan** setzte ehrgeizige Ziele:
– 120 industrielle Großprojekte zu errichten, darunter zehn Eisen- und Stahl-Kombinate, 30 Kraftwerke, neun Buntmetallfabriken,

- in der Landwirtschaft 85 Prozent der Hauptarbeitsgänge zu mechanisieren,
- jährlich 400 Millionen Tonnen Getreide zu ernten und 60 Millionen Tonnen Stahl zu produzieren.

Vor dem V. Nationalen Volkskongreß 1978 wiederholte der damalige Partei- und Regierungschef Hua Guofeng das Langzeitziel der „Vier Modernisierungen": *China soll bis zur Jahrhundertwende einer der führenden Industriestaaten der Erde sein.*

Dementsprechend fällte die chinesische Führung ihre Entscheidungen vorrangig nach dem Maßstab des größtmöglichen ökonomischen Erfolges. Sie nahm in Kauf, daß dabei **Vorrang der Wirtschaft**
- in der Gesellschaft Ungleichheit zunahm (siehe 5.3.3),
- früher propagierte ideologische Ziele zweitrangig wurden (z.B. Einheit von Hand- und Kopfarbeit).

Bezeichnend für diese neue, angeblich rein sachliche Haltung ist ein weitverbreiteter Propagandaspruch: „Die Wahrheit in den Tatsachen suchen". Besonders in der Zeit kurz nach Maos Tod versuchte die chinesische Führung, möglichst schnell Anschluß an die hochindustrialisierten Länder zu finden. Dies wollte sie vor allem durch den Kauf schlüsselfertiger modernster Industriebetriebe, Kraftwerke etc. in Japan und Westeuropa erreichen. Finanzieren wollte sie diese Importe durch Rohstofflieferungen (an erster Stelle Erdöl) und Kredite (siehe 5.3.5). **Industrialisierungseuphorie**

Aber bereits im Dezember 1978 mußten Pekings Politiker die hochgesteckten Ziele des Zehnjahresplans unter der Losung **„Regulierung, Konsolidierung, Umgestaltung, Niveauanhebung"** deutlich nach unten korrigieren. Die ehrgeizigen Investitionsgüter-Einfuhren hatten Chinas Zahlungsbilanz in die roten Zahlen gebracht und wirtschaftliche Ungleichgewichte verschärft. **Korrektur**

So mußten die Wirtschafts-Experten feststellen:
○ Die Ausfuhren – vor allem von Erdöl – ließen sich nicht im erwarteten Maße steigern.
○ Die neuen Betriebe konnten teilweise ihre Kapazitäten nicht auslasten, da häufig Energie und Rohstoffe fehlten.
○ Um die moderne Industrie rasch auszuweiten, mangelte es an qualifiziertem Personal für Technik und Management.
○ Da zugunsten der hohen Investitionen die Beschäftigten weniger verbrauchen konnten, sank ihre Arbeitsbereitschaft.
○ Das Verkehrswesen bewältigte die nötigen Transporte nicht.

Die gewandelte wirtschaftspolitische Leitlinie sah vor, Neuinvestitionen in der Schwerindustrie einzuschränken (soweit nicht Engpässe in Schlüsselbereichen, wie z.B. in der Energieversorgung, zu überwinden sind) und die dadurch eingesparten Mittel der Landwirtschaft und Leichtindustrie zugute kommen zu lassen. Sie bestätigte damit die Anfang der sechziger Jahre (siehe 5.2.4) festgelegte Rangordnung: Landwirtschaft, Leichtindustrie, Schwerindustrie. Die arbeitsintensive Leichtindustrie mit ihrem relativ geringen Kapitalbedarf zu fördern, entspricht besser den Bedingungen des kapitalarmen, aber menschenreichen China. Die Volksrepublik werde allerdings weiterhin, so betonten maßgebliche Politiker, Technik einführen, die Ausfuhr steigern, vom Ausland lernen.

Die wirtschaftliche Öffnung zum Ausland bekräftigte Regierungschef Zhao Ziyang vor dem Volkskongreß im Dezember 1981: „China muß die Vorstellung von der vollständigen Selbstversorgung aufgeben", es solle sich „mutig auf den Weltmarkt begeben".

Ziel bis zum Jahre 2000

Bis zur Jahrhundertwende soll sich die Industrie- und Landwirtschaftsproduktion *vervierfachen* – dies erklärte die chinesische Führung Ende 1982. Um dieses Ziel zu erreichen, müßten die jährlichen Wachstumsraten durchschnittlich mehr als sieben Prozent (real) betragen, bislang lagen sie deutlich niedriger.

Vorteile arbeitsintensiver Produktion
„Die arbeitsintensiven Zweige erfordern geringe Investitionen, dagegen viele Arbeitskräfte. Gegenwärtig bietet jede Million Yuan Anlagevermögen Arbeitsplätze in der Schwerindustrie für 94 Menschen, in der Leicht- und Textilindustrie für 257, in arbeitsintensiven Zweigen wie kunstgewerblichen Betrieben für 800 bis 1000. Die Produkte der arbeitsintensiven Zweige sind im Außenhandel konkurrenzfähig und haben eine breite Perspektive ... Der Rohstoff- und Energiebedarf ist nicht hoch."
(Aus: Beijing Rundschau vom 16. Dezember 1980, S. 5)

Kapitalistischer Weg?

Die häufig geäußerte Vermutung, China sei jetzt auf kapitalistischen Wegen, ist sicher falsch. Sozialistisches Eigentum und staatliche Planung bleiben vorherrschend. Doch haben die „Modernisten" um Deng Xiaoping
– starke *markt- und privatwirtschaftliche Elemente* eingeführt (siehe 5.3.1 und 5.3.2),
– die *Entscheidungsspielräume* der einzelnen Unternehmen erweitert,
– die *materiellen Anreize* zur Produktionssteigerung erhöht,
– den Einfluß der *Fachleute* zuungunsten der Ideologen verstärkt.

Widerstand

Dem Reformkurs widersetzen sich in ihren Ämtern und Gremien
– Befürworter des sowjetischen Entwicklungsweges, die eine dirigistische zentrale Planwirtschaft ohne marktwirtschaftliche Ergänzungen wollen und der Schwerindustrie Vorrang geben,
– führende Kader der Planungsbürokratie, die ihre Macht durch die Verlagerung von Entscheidungsbefugnissen gefährdet sehen,
– hohe Armee-Angehörige, die mehr Rüstungs- und damit ebenfalls mehr Schwerindustrie verlangen.
Maoistische Gruppen haben seit Anfang der achtziger Jahre keinen nennenswerten Einfluß mehr in den Führungsgremien.

5.3 Chinas Wirtschaft heute

5.3.1 Wirtschaftsplanung und Betriebsorganisation

Regionale Dezentralisierung

In der Vergangenheit war die Wirtschaft nur während des ersten Fünfjahresplanes (siehe 5.2.2) nach sowjetischem Vorbild straff zentral gelenkt. Seit dem „Großen Sprung" (siehe 5.2.3) planten die *Provinzen* und die *Volkskommunen* in ihren Bereichen weitgehend selbständig. Lediglich wenige industrielle Schlüsselprojekte, wie beispielsweise Chinas größtes

Erdölfeld Daqing, unterstanden der Zentrale in Peking. Angebot und Nachfrage auf dem Markt waren fast nur in der Landwirtschaft erlaubt und auch dort begrenzt (siehe 5.2.4).

Als die chinesische Führung unter der Losung der „Vier Modernisierungen" (siehe 5.2.6) ganze Industriewerke einführte, verstärkte sie die zentrale Wirtschaftsplanung. Derartige Investitionen und die Zusammenarbeit mit dem Ausland überstiegen die Möglichkeiten der Provinzen.

Rezentralisierung

Die klassischen Mißstände zentralisierter bürokratischer Wirtschaftsplanung traten auch in der Volksrepublik zutage:
○ Lokale Bedingungen blieben vielfach unberücksichtigt.
○ Rohstoff- und Energielieferungen für die Fabriken waren nicht genügend aufeinander abgestimmt.
○ Für Fertig- und Halbfertigprodukte gab es oft keine Abnehmer.
○ Bauzeiten wurden länger, Kapazitäten blieben unausgelastet.

Mit dem Kurs der „Regulierung, Konsolidierung, Umgestaltung und Niveauanhebung" (siehe 5.2.6) hat die Pekinger Führung 1978 die Wirtschaftsplanung nicht erneut regional dezentralisiert, sondern durch marktwirtschaftliche Elemente ergänzt.

Markt soll Plan ergänzen

Integration von Plan und Markt
„Wir müssen die Marktregulierung unter der Anleitung durch den staatlichen Plan verwirklichen. Durch den staatlichen Plan muß ein umfassendes Gleichgewicht zustande gebracht werden. Einige der den Unternehmen aufgetragenen Ziele haben Pflichtcharakter und müssen erfüllt werden. Sie werden Schritt für Schritt reduziert werden. Andere haben mehr Prognosecharakter. Durch seine Wirtschaftspolitik, seine wirtschaftlichen Dekrete und die Rolle wirtschaftlicher Hebel leitet der Staat die Produktion und die Entwicklungsrichtung der Unternehmen an, so daß die Initiative der Unternehmen entfaltet werden kann. Dieser Aspekt wird nach und nach verstärkt werden. Jene Produktionsmittel, die wichtig, aber knapp sind, werden planmäßig verteilt und vorerst von den Versorgungsabteilungen bestellt. Alle anderen Produktionsmittel können auf dem Markt frei angeboten werden. Außer jenen Konsumgütern, die zentralisiert angekauft oder verkauft oder einheitlich angekauft und verteilt werden, wird das staatliche Monopol über den Absatz dieser Waren durch den planmäßigen Ankauf, die planmäßige Bestellung und Wahl durch den Kunden ersetzt."
(Yao Yilin, Vorsitzender der Staatlichen Plankommission, auf der 3. Tagung des V. Nationalen Volkskongresses am 30. August 1980, aus: Beijing Rundschau vom 30. September 1980, S. 24 f.)

„Mehr Marktregulierung" verlangte aber, daß die einzelnen Unternehmen größere Spielräume, *mehr Entscheidungsrechte* erhalten mußten. Bisher führten sie alle ihre Einnahmen an den Staat ab, der dann für ihre Ausgaben aufkam. Heute übertragen viele der bedeutendsten chinesischen Industriebetriebe nicht mehr ihre gesamten Gewinne – oder Verluste – dem Staat, sondern sie entrichten *Steuern*. Die verbleibenden Mittel können sie einsetzen, um
– Investitionen zu finanzieren (auch durch Bankkredite)
– und Prämien und kollektive Wohlfahrtseinrichtungen zu bezahlen.

Größere Selbständigkeit

Hat ein Betrieb die durch den Staatsplan gegebenen Aufgaben erfüllt, kann er zusätzlich entsprechend der Marktnachfrage Produkte herstellen und selbst anbieten. Auch die dazu benötigten Materialien und Einzelteile kann er frei kaufen, statt wie bisher allein von der staatlichen Versorgung abhängig zu sein. Nicht mehr Appelle an die revolutionäre Moral, sondern materielle Anreize (gestaffelte Lohnstufen und Prämien) sollen die

Anreize für Leistungen

73

Arbeitsmotivation und das Interesse der einzelnen Beschäftigten am Betriebsergebnis erhöhen (siehe 5.3.3).

Mehr Entscheidungsbefugnisse für die Betriebe
„Die Hauptorientierung für diese Reform ist, das überzentralisierte Verwaltungssystem des Staates (der zentralen wie örtlichen Behörden) zu reformieren, den Betrieben mehr Entscheidungsbefugnisse einzuräumen und den Belegschaften mehr Mitwirkungsrechte bei der Betriebsverwaltung; statt einseitiger Regulierung durch den Plan muß die letztere einhergehen mit der Regulierung durch den Markt; anstatt wirtschaftlicher Verwaltung hauptsächlich durch administrative Organe muß die Wirtschaft vorwiegend durch die Wirtschaftsorgane und mit Hilfe wirtschaftlicher und Rechtsmethoden verwaltet werden."
(Hua Guofeng auf der 3. Tagung des V. Nationalen Volkskongresses am 7. September 1980, aus: Beijing Rundschau vom 23. September 1980, S. 17)

Mitbestimmung

Bisher gab es in den chinesischen Betrieben die *„Verantwortlichkeit des Direktors unter der Leitung des Parteikomitees"*. Alle wichtigen Probleme des Unternehmens diskutierte und entschied die Partei. Ende 1980 führte die KPCh versuchsweise die *„Verantwortlichkeit des Direktors unter der Leitung des Belegschaftskongresses"* ein. Danach ist der durch allgemeine Wahlen zu bestimmende **Belegschaftskongreß** das höchste Organ des Betriebes.

Er soll über die Umsetzung von Verwaltungsrichtlinien und Jahresplänen, über wichtige technische Neuerungen, Prämierungen und Maßregelungen der Mitarbeiter, Änderungen der Betriebsvorschriften usw. entscheiden.

Ernannte bisher die „höhere Ebene" alle Leitungskader, so wählt nach diesem System jetzt der Belegschaftskongreß den *Betriebsdirektor*. Er ist verantwortlich für Produktion und Management, kontrolliert von den Arbeitnehmervertretern. Das *Parteikomitee* achtet darauf, daß das Unternehmen die von der KPCh ausgegebenen Richtlinien und die staatlichen Gesetze einhält.

Reform-Einschränkungen

Unabhängigkeit und Mitbestimmung gelten nur in Teilen der Wirtschaft. Sie sind schon wieder eingeschränkt zugunsten einer stärkeren *Zentral*planung in der Industrie.

Im Februar 1981 beschloß die Regierung, alle Investitionsmittel in den einheitlichen Staatsplan für Investitionen einzugliedern und unter die Aufsicht der Aufbaubank zu stellen. Alle Projekte sind dem Staatsrat zur endgültigen Bestätigung vorzulegen.

Daß die chinesische Führung die wirtschaftliche Systemreform teilweise zurücknahm, bevor diese sich bewähren konnte, hatte verschiedene Gründe:
○ Die Wirtschaftsbürokratie sah ihre Macht durch die stärkere Marktorientierung der Unternehmen bedroht.
○ Manager und Ingenieure der einzuschränkenden Schwerindustrie übertrugen aus Branchenegoismus keine Investitionsmittel und legten unrentable Werke nicht still.
○ Weil nicht genügend Energie- und Rohstoffe vorhanden waren, konnten viele Betriebe nicht über den Plan hinaus mehr Waren herstellen. Somit hatten sie nichts, was ihnen frei verfügbare Gewinne brachte. Ihr Recht auf Selbständigkeit blieb deshalb weitgehend Theorie.

○ Fabriken und Volkskommunen führten zu wenig Finanzmittel an den Staat ab, der daher seinen Haushalt nicht ausgleichen konnte.
○ Es gab nicht ausreichend qualifiziertes Personal für die neuen Managementaufgaben.

Gleichmäßige Entwicklung

So konzentriert sich die Regierung heute hauptsächlich darauf, die Ungleichgewichte zwischen Landwirtschaft, Leicht- und Schwerindustrie sowie zwischen Investitionen, Produktion und Verbrauch zu beheben und Ressourcen umzuschichten. Inwieweit dies gelingt, hängt nicht zuletzt davon ab, wie wirksam die Mittel sich zentral kontrollieren und steuern lassen. Doch hat sich die Pekinger Führung nicht ausschließlich der Zentralplanung verschrieben.

Experimente gehen weiter

Daß die Systemreform nicht ganz beendet ist, zeigt sich an einer Reihe von Experimenten, die heute noch andauern:
- der Förderung genossenschaftlicher und privater Betriebe im Handwerk und im Dienstleistungsbereich (siehe 5.3.2),
- den Teilprivatisierungen in der Landwirtschaft (siehe 5.3.2),
- den wirtschaftlichen Sonderzonen und den chinesisch-ausländischen Gemeinschaftsunternehmen (siehe 5.3.5).

5.3.2 Privat- und Genossenschafts-Initiativen

Privat-Betriebe

Auch im sozialistischen China gibt es, allerdings nur am Rande, private Wirtschaft (z. B. Gaststätten, Friseure, Schneider). Die Zahl der kleinen Betriebe, geführt von einzelnen oder von ganzen Familien, war bis Ende der siebziger Jahre auf lediglich 150 000 gesunken. Derartige Geschäfte drohten völlig zu verschwinden, da niemand ein bestehendes übernehmen oder ein neues gründen durfte. Seit 1978 ist es *wieder erlaubt,* private Firmen zu eröffnen.

Genossenschaften

Nach 1949 hatten Partei und Staat *von oben* in fast allen Branchen Genossenschaften errichtet – als einen ersten Schritt zur Sozialisierung der Wirtschaft. Jetzt können sich Personen zusammenschließen und gemeinsam *von unten* Läden oder Werkstätten aufmachen und leiten.

Gründe

Die neue Führung *ermöglicht* nicht nur Privatinitiativen, sondern *fördert* sie sogar. Denn:
○ Staatliche Unternehmen und Volkskommunen haben sich vor allem in Handwerk, Dienstleistungen und Einzelhandel als zu schwerfällig erwiesen.

Der Chinaexperte Helmut Opletal berichtet aus der Volksrepublik: „Wer Schuhe flicken oder Zähne reparieren, Möbel zimmern oder den Leuten die Haare schneiden möchte und ein paar Mindestvoraussetzungen dafür mitbringt, hat keine Mühe, für sein Gewerbe eine Lizenz zu bekommen, denn Dienstleistungsbetriebe gibt es immer noch zu wenig. Besonders im schon immer geschäftstüchtigeren Südchina floriert inzwischen der Umsatz der Straßenhändler und der privaten Imbißstuben, und auch in Peking hat kürzlich die erste im Familienbetrieb geführte Gaststätte aufgemacht. Der Drei-Personen-Haushalt in der Nähe des Kunstmuseums hat für das Eßlokal einfach einen seiner beiden Wohnräume abgezweigt. Wer mit einem solchen Kleinbetrieb gut wirtschaftet, kann leicht das Fünffache eines durchschnittlichen Arbeiters verdienen."
(Aus: Frankfurter Rundschau vom 1. April 1981, S. 13)

○ China hat noch zahlreiche, vor allem jugendliche Arbeitslose (siehe 5.3.6), die auf diesem Wege eine Beschäftigung erhalten sollen.

> Die Beijing Rundschau vom 26. Mai 1981 bringt zwei Beispiele:
> „20 auf Arbeit wartende Jugendliche der Kleinstadt Miancheng im Kreis Chaoyang, Provinz Guangdong, investierten eigene Geldmittel in Höhe von 5000 Yuan in eine Werkstatt zur Motorenwartung, wo sie für Volkskommunen und Produktionsbrigaden Dieselmotoren und Generatoren reparieren.
> 60 Jugendliche der Stadt Jiamusi, Provinz Heilongjiang, gründeten mit 20 000 Yuan eine GmbH. Anteilscheine im Nennwert von 50 Yuan wurden ausgegeben, der Gewinn wird am Jahresende entsprechend dem Aktienanteil verteilt."

Grenzen und Möglichkeiten

Eine wichtige Sperre hat die Partei gesetzt: Privatunternehmen dürfen nicht mehr als zwei Arbeiter und fünf Lehrlinge einstellen.

Noch sind der gesamte Großhandel und neunzig Prozent des Einzelhandels staatlich. Doch mehr und mehr prägen heute privat und genossenschaftlich geführte kleine Restaurants, Dienstleistungsbetriebe, Läden und Stände für Haushaltswaren und Lebensmittel das Bild chinesischer Städte. Sogar die bis dahin ideologisch besonders verfemte Aktiengesellschaft ist wieder möglich. Nach offiziellen chinesischen Angaben arbeiteten Ende 1982 in über 2,6 Millionen privaten Industrie- und Handelsbetrieben insgesamt 3,2 Millionen Beschäftigte.

Landwirtschaft

In der Landwirtschaft sind der Boden und die Produktionsmittel (außer Kleingeräten) nach wie vor in *Kollektiv-Eigentum*. Die Volkskommunen (siehe 5.2.3) bestehen zwar fort, jedoch lediglich als *wirtschaftliche* Einheiten. Ihre bisherigen *politischen* Befugnisse hat die KP den Gemeindeverwaltungen übertragen.

Eigenverantwortung

Um die Produktion zu steigern und die Bürokratie zu vereinfachen, sucht die Partei auch hier Eigeninitiative und -interesse zu wecken:
○ Die Produktionsgruppe kann den ihr zugeordneten Bauernhaushalten bestimmte Aufgaben in eigene Verantwortung übertragen, z.B. bei der Vieh- und Geflügelhaltung, der Pflege von Obstbäumen, dem Anbau von Gemüse und anderen Feldfrüchten. Was sie dabei über eine festgelegte Menge hinaus erzeugen, dürfen sie behalten.

Privatparzellen und freie Märkte

○ Während der Kulturrevolution wollte die Partei-Linke die Privatparzellen (siehe 5.2.4) abschaffen, weil sie als Beispiel des „kapitalistischen Weges" galten. Spätestens seit 1978 genießen sie wieder offizielle Anerkennung. Bis zu 15 Prozent der einer Produktionsgruppe gehörenden Anbaufläche können Bauern *frei nutzen*, auch um darauf Tiere zu halten. Ihre Produkte bieten sie auf freien Märkten an (1980 schon in 37 000 Dörfern und 2900 Städten). Aus dieser Privatwirtschaft stammt bereits ein Drittel aller bäuerlichen Einkommen.

5.3.3 Einkommen

Scheinbare Gleichheit

Die Menschen in den chinesischen Städten und Dörfern bieten dem ausländischen Besucher ein Bild weitgehender sozialer Gleichheit. Sie tragen die gleiche einfache Kleidung (auch wenn sie in letzter Zeit farbenfreudiger geworden ist) und benutzen die gleichen Verkehrsmittel, nämlich Bus

und Fahrrad. Es mag deshalb überraschen, daß die Einkommen der Chinesen doch sehr unterschiedlich sind. Die Höhe hängt ab von
- der beruflichen Ausbildung,
- dem Lebens- und Dienstalter,
- der Leistung.

Weitere Ungleichheiten bestehen zwischen
- einzelnen Gebieten,
- Stadt und Land (siehe 6.6),
- Mitgliedern von Volkskommunen.

Nach Angaben der Weltbank, deren Mitglied die VR China ist, erhielten 1980 vom Gesamteinkommen **Hohe Unterschiede**
- 40 Prozent der Bevölkerung weniger als ein Fünftel,
- dagegen 20 Prozent der Chinesen fast zwei Fünftel.

In der *Industrie* gibt es acht Lohnstufen. Ein Ingenieur beispielsweise kann sechsmal mehr verdienen als ein ungelernter Arbeiter.

In der *Landwirtschaft* ist es vielen Volkskommunen entgegen der ursprünglichen Absicht nicht gelungen, unterschiedliche Arbeitsbedingungen im Lohn auszugleichen. Zudem eröffnet die neu eingeführte Eigenverantwortung (siehe 5.3.2) geschickten Bauern Möglichkeiten, durch Handel auf freien Märkten mehr zusätzliches Geld einzunehmen als andere. Das Deutsche Institut für Wirtschaftsforschung (DIW), das sich auf chinesische Quellen beruft, nennt ein Einkommensgefälle, auch innerhalb von Produktionsbrigaden, von 1 zu 5.

Die durchschnittlichen Einkünfte in der Industrie*stadt* Shanghai sind zum Beispiel fünfmal so hoch wie in der ärmsten *Provinz* Guizhou.

Der „Kampf der beiden Linien" zeigt sich auch in der Lohnfrage: **Lohnsystem politisch umkämpft**
○ Die **Parteilinke** befürchtet, materielle Anreize würden egoistisches Denken fördern, zu starke Einkommensunterschiede verfestigen und damit die Annäherung an die kommunistische Gesellschaft hemmen. So hatte sie vor allem während des „Großen Sprungs" (siehe 5.2.3) und der Kulturrevolution (siehe 4.2.2 und 5.2.5) darauf gedrängt, die Löhne einander anzugleichen und Prämien abzuschaffen.
○ Anders die **„Modernisten"**. Sie glauben, bei dem niedrigen Entwicklungsstand der chinesischen Produktivkräfte nicht auf Motivation durch abgestufte Entlohnung verzichten zu können. Seit dem Sturz der „Viererbande" gilt wieder der – laut Theorie – Grundsatz einer sozialistischen Gesellschaft: *„Jedem nach seiner Leistung"*. Am Arbeitsergebnis ausgerichtete Vergütungen und Prämien verdrängen immer mehr den bisher in China üblichen Zeitlohn.

Lange Zeit haben die Löhne in der VR China kaum zugenommen. Sie stiegen erst seit 1979 durch den neuen Wirtschaftskurs, den die Reformer um Deng Xiaoping damals in der Praxis durchgesetzt hatten. Einen beträchtlichen Teil dieses Zuwachses allerdings verloren die Chinesen jetzt durch *Preiserhöhungen* (siehe 5.3.6). **Lohnerhöhungen**

Die amtlichen Statistiker Pekings ermittelten für 1981 als durchschnittliches Monatseinkommen je Beschäftigten **Einkommen 1981**
- 68 Yuan (etwa 88 DM) in der staatlichen Industrie,
- fast 54 Yuan (70 DM) in den städtischen genossenschaftlichen Betrieben,

- knapp 19 Yuan (24 DM) in der Landwirtschaft, einschließlich der Einnahmen aus privatem Hofland, aber ohne Naturalbezüge (Ergebnis einer nicht repräsentativen Stichprobe).

(Nach: Kommuniqué über die Erfüllung des Volkswirtschaftsplans 1981, in: Beijing Rundschau vom 18. Mai 1982, S. 23, und DIW-Wochenbericht 32 vom 12. August 1982, S. 421 f.)

Abbildung 16: **Einkommensverteilung 1981 in Städten**

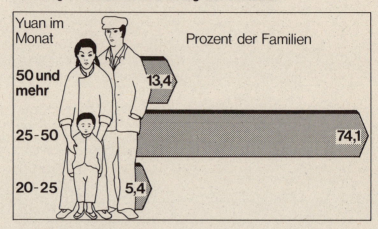

Rest (7,1 Prozent) ohne Angaben.
(Zentrales Statistisches Amt der VR China, in: China aktuell vom März 1982, S. 120)
Zum Vergleich: Ein chinesischer Arbeiter muß etwa zahlen für
- die Wohnung 5 Yuan,
- drei Pfund Reis 1 Yuan,
- ein Paar einfache Schuhe 8 Yuan,
- ein Fahrrad 160 Yuan.

Entschädigungen

Eine Sonderstellung haben die sogenannten *„Volksmillionäre"*. Das sind ehemalige Kapitalisten und Wirtschaftskapitäne, die Entschädigungsgelder für Enteignungen erhalten (während der Kulturrevolution „eingefroren", seither wieder gezahlt). Teilweise hohe Wiedergutmachungssummen (1979 insgesamt 1,2 Milliarden Mark) bekommen auch Opfer der Kulturrevolution. Doch haben diese „Reichen" wenig Möglichkeiten, ein luxuriöses Leben zu führen.

5.3.4 Umweltschutz

Umweltschäden

Auch in China hat man – wie in anderen Ländern der Dritten Welt – Umweltbelange bei der wirtschaftlichen Entwicklung zu wenig beachtet. Es gibt aber auch positive Beispiele, etwa die Massen-Gesundheits-Kampagnen (siehe 6.4), die Baum-Pflanzungen in den Städten oder die weitgehende Wiederverwendung von Abfällen usw. Doch wachsen die Umweltbelastungen, die schon Tausende von Menschen gesundheitlich schwer geschädigt haben:
○ Etwa ein Sechstel des ganzen Landes, 1,5 Millionen qkm, weist *Erosionsschäden* auf.

- Nur in wenigen Städten gibt es Klärwerke und Müllbeseitigungsanlagen. Nicht einmal fünf Prozent der *Abwässer* werden gereinigt. In Ballungsgebieten, wo fast jede Wohnung ihre eigene Feuerung hat, verpestet der Qualm unzähliger Schornsteine die *Luft*.
- Ständig hupende Autos, von morgens bis abends plärrende Lautsprecher füllen die Städte mit äußerst starkem *Lärm*.
- Teilweise unsachgemäßer und zu großer Einsatz gefährlicher *Pestizide* (DDT) in der Landwirtschaft bedroht das *ökologische Gleichgewicht*.
- Die *Abholzung von Wäldern* – um Ackerland zu gewinnen – zerstörte den natürlichen Schutz vor *Überschwemmungen*.

Die seit mehreren Jahren größte Flutkatastrophe Chinas im Sommer 1981 – nach offiziellen Angaben mit 920 Toten, mehr als 28 000 Verletzten, 1,5 Millionen Obdachlosen und über zwei Milliarden DM Sachschaden – ist vor allem darauf zurückzuführen, daß man die subtropischen Wälder am Oberlauf des Jangtse-Flusses großflächig abgeholzt hat. „In dicht bewaldeten Landstrichen war die Zerstörung wesentlich geringer, obwohl dort fast dieselbe Regenmenge fiel", schrieb die Volkszeitung.

Umwelt-Recht

Seit einigen Jahren aber hat die chinesische Führung damit begonnen, sich der ökologischen Herausforderung stärker zu stellen. So verabschiedete im September 1979 der Nationale Volkskongreß – „zur Erprobung" – erstmals ein „Gesetz über den Umweltschutz der Volksrepublik China". In der Verfassung von 1982 heißt es in Artikel 26: „Der Staat schützt und verbessert die Umgebung des Lebens und die ökologische Umwelt, verhütet und beseitigt die Umweltverschmutzung und andere öffentliche Gefahrenquellen. Der Staat organisiert und fördert die Aufforstung und schützt die Wälder und Bäume."

Um jedermann, Produzenten wie Verbraucher, einzelne, Gruppen und Betriebe, zu umweltfreundlichem Handeln zu bewegen, sieht das Gesetz auch *materielle Anreize* vor – und *Strafen* bei Umweltvergehen. Wie die Karikatur (Abbildung 17) zeigt, ist auch in der Volksrepublik das umweltbewußte Verhalten am besten, wenn anderenfalls persönliche Nachteile zu erwarten sind.

Abbildung 17:
Mit wenig Geld große Aufgaben lösen

Aufschrift auf dem Schild
- links: „Für Umweltverschmutzung wurde die Fabrik mit 100 000 Yuan bestraft",
- rechts: „Für Umweltverschmutzung wurde der Fabrikdirektor mit 100 Yuan bestraft".
(Aus: Volkszeitung vom 14. Juli 1980)

Maßnahmen Auf einige erfolgreiche bzw. begonnene Maßnahmen in letzter Zeit kann die Regierung verweisen, z.B.:
○ Seit 1979 läßt sie vor allem Berggebiete verstärkt *aufforsten.* Alle Bürger sind aufgerufen, jährlich drei Bäume zu pflanzen und zu hegen. Am Ende des Jahrhunderts soll China zu 20 Prozent bewaldet sein (derzeit 14 vH, 1949 nur 8 vH).
○ Im luftverschmutzten Eisen- und Stahlrevier Anshan, im Nordosten Chinas, ist es – nach offiziellen Angaben – gelungen, die *Schadstoffbelastung* von 1977 bis 1981 um über die Hälfte zu *senken.*
○ Vor allem in einigen touristisch reizvollen Gartenstädten haben die Behörden stark umweltbelastende Betriebe stillgelegt oder verlagert.

Verkehr Andererseits plant z.B. Peking ein riesiges Straßennetz, sogar mit Stadtautobahnen. Allerdings wollen die Verantwortlichen, so versichern sie immer wieder, allein den heute völlig überlasteten öffentlichen Nahverkehr fördern, nicht den Individualverkehr. Westliche Fachleute fürchten jedoch, daß künftig die Zulassung privater Autos nicht mehr auszuschließen ist – und damit die uns bekannten Umweltschäden ebenfalls auftreten.
In der Hauptstadt gibt es neben den Dienstwagen bereits eine kleine Anzahl Privatautos und schon über 15 000 Mopeds und Mofas – mit all den damit verbundenen Lärm-, Luft- und Energieproblemen. Wie überall im Lande ist – und bleibt in absehbarer Zeit auch – das Fahrrad das wichtigste Individualverkehrsmittel (zu haben für etwa 160 Yuan, also mehr als drei durchschnittliche Monatsgehälter). Die öffentlichen Busse und Bahnen befördern nicht zum Null-Tarif. Die Fahrpreise sollen die Kosten decken. So müssen die Nutzer z.B. in Nanking für eine Monatskarte fünf Yuan, etwa neun Prozent eines mittleren Einkommens zahlen.

5.3.5 Außenwirtschaft

Grundsätze Als Leitlinie der Außenwirtschaftspolitik gilt heute in China die Losung „*Auf die eigene Kraft vertrauen und Ausländisches für China nutzbar machen*". Aus geschichtlichen Erfahrungen (siehe 7.1) ist die Volksrepublik besonders wachsam, nicht von fremden Mächten wirtschaftlich abhängig und damit politisch erpreßbar zu werden. Seitdem die Sowjetunion 1960 ihre Hilfe abbrach (siehe 5.2.4), versucht die Pekinger Führung, außenwirtschaftliche Beziehungen mit vielen Partnern zu unterhalten, um so weniger empfindlich bei politischen Konflikten zu sein. Auch vereinbart sie seit etwa 1972 mit ausländischen Firmen, die Industrieanlagen liefern, daß sie chinesische Fachleute ausbilden, um später Reparaturen, Ersatzteilproduktion und Weiterentwicklung selbständig betreiben zu können.

Rasches Wachstum Der chinesische Außenhandel wuchs seit Ende der Kulturrevolution beträchtlich. Am stärksten stieg er mit westlichen Industriestaaten,
– aus denen fast zwei Drittel aller Einfuhren kommen,
– die beinahe die Hälfte der chinesischen Ausfuhr abnehmen.

Nach Japan, Hongkong und den USA ist die **Bundesrepublik Deutschland** der viertwichtigste Handelspartner der VR China.
○ Wir *kauften* 1982 Waren im Werte von fast 1,7 Milliarden DM (1970 rund 300 Millionen), vor allem Textilien und Nahrungsmittel.
○ Wir *verkauften* 1982 Waren im Werte von 2,1 Milliarden DM (1970 etwas über 600 Millionen), vor allem Maschinen, Fahrzeuge und chemische Erzeugnisse.

Außenhandels-Politik umstritten Diese Entwicklung war nicht unumstritten. Der Parteiflügel um die „Viererbande" wandte sich
– sowohl gegen verstärkte Einfuhren, die China abhängig vom Ausland

Tabelle 4: **Chinas Außenhandel nach Ländergruppen 1975 und 1981** (in Millionen US-Dollar)

Ländergruppen und ausgewählte Staaten	Einfuhr aus China		Ausfuhr nach China	
	1975	1981	1975	1981
Sozialistische Länder	1300	1745	940	1770
darunter Sowjetunion	*150*	*136*	*129*	*116*
Europäische Gemeinschaft	808	2540	1424	2223
darunter Bundesrepublik Deutschland	*224*	*769*	*523*	*1017*
Übriges Westeuropa	232	400	326	396
Naher Osten	390	1185	200	380
Asien	3670	13040	2538	7895
darunter Japan	*1531*	*5284*	*2258*	*5076*
Hongkong	*1372*	*5400*	*34*	*1965*
Australien und Ozeanien	102	378	348	765
Afrika	479	1365	235	456
Amerika	290	2710	890	4965
darunter USA	*168*	*1895*	*304*	*3603*

Berechnet anhand von Statistiken der Partnerländer, 1981 teils geschätzt.
(Nach: Deutsches Institut für Wirtschaftsforschung: Wochenbericht 42/82 vom 21. Oktober 1982, S. 523)

machen würden und mit denen westliche, nichtsozialistische Ideen und Lebensformen in das Land eindringen könnten,
- als auch gegen die wachsenden Rohstoffausfuhren, vor allem von Erdöl und Kohle, wodurch die Volksrepublik nationale Ressourcen verschleudere, die sie künftig selbst dringend benötigen werde.

Die neue Führung dagegen ist der Auffassung, um China zu einem unabhängigen Industrieland zu machen, sei es notwendig, moderne Industriegüter aus dem Ausland zu beziehen. Da dies aus eigenen Außenhandelsüberschüssen nicht zu bezahlen sei, müsse man Rohstoffe verkaufen.

Bis 1980 kauften Chinas „Modernisten" aus den westlichen Industrieländern vor allem komplette Ausrüstungen für die Erdöl-, Stahl- und Chemie-Industrie, mehr, als sie mit ihren Ausfuhren bezahlen konnten. Dies führte zu wirtschaftlichen Ungleichgewichtigkeiten und negativen Handelsbilanzen. **Korrektur**

Schon Ende 1981 jedoch war dieses Defizit so gut wie völlig ausgeglichen. Denn die Regierung hatte
- die Investitionen gedrosselt,
- eine ganze Reihe von Auslandsaufträgen für schlüsselfertige Großanlagen kurzerhand widerrufen oder verschoben,
- die Einfuhr konzentriert auf Technik und Know-how zur Modernisierung *bestehender* Fabriken,
- die Exporte rascher steigern können als die (immer noch wachsenden) Importe.

Inzwischen ist die VR China auch bereit, sich Gelder zu borgen. 1981 soll die Auslandsverschuldung 3,4 Milliarden US-Dollar betragen haben. Diese Zahl ist im internationalen Vergleich gering, sie zeigt aber eine Umorientie- **Auslandsverschuldung**

Abbildung 18: **Entwicklung des Außenhandels 1950-1981**

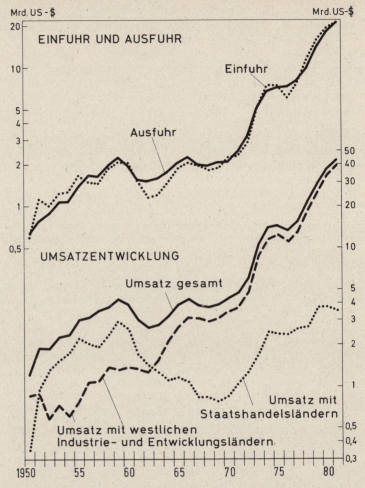

(Deutsches Institut für Wirtschaftsforschung Berlin: Wochenbericht 42 vom 21. Oktober 1982, S. 522)
Umsatz = Summe der Ein- und Ausfuhren des jeweiligen Jahres.
Staatshandelsländer = Sowjetunion, europäische und asiatische Volksdemokratien, Kuba, außerdem Jugoslawien.
Ende der *fünfziger* Jahre: „Großer Sprung nach vorn" (siehe 5.2.3), Bruch mit der Sowjetunion (siehe 5.2.4).
Anfang der *siebziger* Jahre: Ende der Kulturrevolution (siehe 5.2.6), 1976 Sturz der „Viererbande" (siehe auch 4.2.3).

rung in der Wirtschaftspolitik. Die chinesische Führung will nur so viel einführen, wie die Ausfuhrgewinne es ermöglichen. Zur mittel- bis langfristigen *Überbrückungsfinanzierung* läßt sie aber Kredite zu.

Die Höhe der Auslandsverschuldung soll nicht 15 Prozent der Export-Einnahmen übersteigen. 1980 erbrachten die Ausfuhren etwa 18 Milliarden Dollar, die Kreditrückzahlungen und Zinsendienste kosteten rund 1,4 Milliarden (nach: China aktuell, Mai 1981, S. 314).

Zusammenarbeit

Mit seiner **Politik der offenen Tür** arbeitet Peking jetzt auch in starkem Maße mit kapitalistischen Staaten und Betrieben zusammen:
○ In Chinas Städten haben bereits 400 westliche Unternehmen eigene *Büros* eröffnet, davon 30 aus der Bundesrepublik.
○ Chinesische Fabriken führen in Milliarden-Höhe *Aufträge* ausländischer Partner aus, Rohstoffe und Halbfertigwaren zu veredeln.
○ Die Volksrepublik hat sogar begonnen, sich an Firmen in anderen Ländern zu *beteiligen*.

Joint Ventures

Diese neue Politik, bisher abgelehnt, soll nun helfen, Industrie und Dienstleistungsgewerbe zu modernisieren und zu entwickeln, besonders
– *Technik-* und *Management-Kenntnisse* zu gewinnen,
– neue *Arbeitsplätze* zu schaffen
– und natürlich auch *Devisen* einzunehmen.

Seit dem Sommer 1979 sind Joint Ventures, chinesisch-ausländische Gemeinschaftsunternehmen, in der Volksrepublik möglich. Bisher bestehen über 40 solcher Gesellschaften. Vor allem im Dienstleistungsgewerbe (Hotels etc.) und bei der Erdölsuche und -förderung nutzen die Chinesen Kapital und Know-how von Geschäftspartnern aus Hongkong, Westeuropa, Japan und den USA. Für ausländische Kapitalgeber sind Joint Ventures vorteilhaft, weil
– Steuern, Abgaben und Löhne niedrig liegen,
– ihre Investitionen gesetzlich geschützt sind,
– sie ihre Gewinnanteile frei ausführen können.

Ist ein Vertrag beendet – Pekings Wirtschaftspolitiker sind an langen Laufzeiten interessiert –, so erhält die chinesische Seite das jeweilige Anlagevermögen.

Joint Venture: Beispiel Hotel

„Die ersten 200 Gäste stammten aus Texas und staunten: Mitten in China fühlten sie sich nach Amerika versetzt. Das, was sie bestaunten, war Chinas erstes Hotel nach westlichem Vorbild: In Peking öffnete das 480 Zimmer große ‚Jianguo-Hotel' seine Pforten. Daß es einen derart amerikanischen Eindruck macht, hat seinen guten Grund. Das 30 Minuten vom Flughafen entfernte Hotel ist das erste ‚Joint Venture'-Hotel zwischen China und der westlichen Welt. Sein Bauherr ist Clement Chen, ein amerikanischer Chinese. Er besitzt bereits fünf Hotels in Amerika und hat eine fast identische Kopie eines seiner kalifornischen Häuser nach Peking gesetzt. Clement Chen ist zu 49 Prozent Eigentümer des chinesischen Hotelneubaus. Die anderen 51 Prozent liegen in den Händen des staatlichen China International Travel Service. 50 Prozent vom Profit kassiert der Staat, die anderen 50 Prozent Bauherr Chen. Allerdings darf er nur zehn Jahre kassieren. Dann gehen seine Investitionen an den Staat über …
Das Management des neuen Hotels liegt in Händen der in Hongkong ansässigen, weitgehend von Schweizern gemanagten Peninsula-Gruppe. Peter Gautschi, Executive Vice President dieser Gruppe, über das neue Hotel: ‚Es wurde von A bis Z in drei Jahren hingestellt – eine beachtliche Leistung. Fast die ganze Einrichtung wurde aus Amerika importiert.'
Sein schweizerischer Landsmann George Fraschina wurde mit acht weiteren Europäern und 30 Hongkong-Chinesen nach Peking geschickt, um dem rund 570 Mann starken rot-chinesischen Personal den entsprechenden Schliff zu geben. Gautschi: ‚Es sind meist junge Leute, die uns vom Staat für diesen Job zugeteilt worden sind. Sie gehen mit viel Begeisterung an die für sie gänzlich neue Aufgabe. Die Telefonistin hat beispielsweise früher als Gärtnerin gearbeitet.'"
(Aus: Fred Stein: Westlicher Standard in China, in: Der Tagesspiegel vom 23. Mai 1982, S. 37)

Wirtschaftliche Sonderzonen

In den Provinzen Guangdong (an die Hongkong grenzt) und Fujian (gegenüber Taiwan) hat die Regierung wirtschaftliche Sonderzonen (WSZ) errichtet – kleinere Gebiete, vom Umland durch Zäune, Mauern und eigene Polizeiwachen *getrennt* (1981 lebten z.B. in der Zone Shen Zhen auf 321 Quadratkilometern 90 000 Chinesen, über viermal soviel wie vorher). Mehr als in anderen Teilen der Volksrepublik experimentiert die Führung hier mit **Formen kapitalistischer Marktwirtschaft.** Zum Beispiel:
- Sie gewährt *ausländischen Anlegern* (vor allem sind es Chinesen aus Hongkong und Macao) für Gemeinschaftsunternehmen günstigere Bedingungen, etwa spürbar niedrigere Steuersätze, das Recht, Arbeitskräfte einzustellen und zu entlassen, die Freiheit, Außenhandelsverträge zu schließen, und sogar die Möglichkeit, sich an Joint Ventures höher als bis zu 60 Prozent zu beteiligen.
- Die *Beschäftigten* verdienen erheblich mehr, mindestens doppelt soviel wie ein Arbeiter in der Hauptstadt Peking.
- Läden und Schwarzer Markt bieten eine reichere Auswahl von *Konsumgütern* an, darunter auch Einfuhren aus dem Ausland, die als höherwertig gelten.

Nachteile

Auch die „Modernisten" räumen Nachteile dieses Modells ein, das sie als „chinesischen Sozialismus ohne Vorbild" loben:
- Die ausländischen Profite entstehen vor allem durch die *Ausbeutung* chinesischer Arbeitskräfte.
- Das rasche Wachstum in diesen bevorzugten Gebieten verhindert die angestrebte *gleichmäßige* Entwicklung des *ganzen* Landes.
- Möglichkeiten, leichter an Geld zu kommen, sowie die Lockung von Werbung und gehobenem Konsum, fördern Egoismus, Genußsucht und ähnliches, *zersetzen* sozialistische Moral und traditionelle Werte.

Aufbau-Boom
„Teile der Zonen Shen Zhen bei Hongkong und Zhuhai bei Macao gleichen Goldgräberplätzen im Wilden Westen, mit provisorischen Bau- und Wohnhütten, einem Gewirr von großen und kleinen Baustellen und einem Arbeitstempo, das die Volksrepublik noch nicht gesehen hat. Bürogebäude, Werkshallen, Supermärkte, barackenähnliche Wohnblöcke, verschachtelte Luxustürme direkt am Meer und Hotels aller Klassen schießen aus dem Boden. Sie sind erst ein kleiner Teil der geplanten Projekte, von der Schwerindustrie bis zum Erholungszentrum. Alles soll einmal in jeder Zone zu je einer Großstadt zusammenwachsen, die heute jedoch auf dem Reißbrett noch keine endgültige Gestalt angenommen haben, aber letztlich mehreren Millionen Menschen Lebensraum bieten sollen."
(Carol Bargmann, die eine Sonderzone besuchte: Wer es zu Wohlstand bringt in Kwangtung, ist kein Klassenfeind, sondern ein Patriot, in: Frankfurter Allgemeine Zeitung vom 1. Juli 1981, S. 3)

Tourismus

Laut offiziellen Äußerungen soll der Tourismus vor allem der Völkerfreundschaft und der *Devisenkasse* dienen. 7,8 Millionen Ausländer, vorwiegend Chinesen aus Hongkong, Macao und Übersee, besuchten 1981 die Volksrepublik. Die Einnahmen von rund 780 Millionen US-Dollar stammen aber vor allem von den als „ausländische Touristen" bezeichneten 675 000 nicht-chinesischen Gästen. 249 Hotels mit 85 000 Betten standen bereit. Über 40 000 Menschen arbeiten in dieser Branche, die nach chinesischer Ansicht auch weiterhin wachsen soll und dürfte.

Abbildung 19: **Konzessionsgebiete ausländischer Erdöl- und Erdgas-Konzerne**

1 Total oder Shell
2 Japan National Oil Corporation
3 Elf Aquitaine
4 British Petroleum
5 Phillips
6 Chevron, Texaco
7 Exxon
8 Mobil
9 Atlantic Richfield
10 Amoco

Konzessionsgebiete 500.000qkm
(=2x Bundesrepublik Deutschland)

(Nach: China Business Review vom 25. Juli 1979, S. 62)

5.3.6 Wirtschaftswachstum seit 1949

China versteht sich immer noch als ein Entwicklungsland – will aber am Ende dieses Jahrtausends dem Kreis der Industriemächte angehören. Dies ist ein hochgestecktes Ziel. Die Weltbank schätzte für 1979 das Bruttosozialprodukt je Kopf für China lediglich auf etwa 260 US-Dollar (Indien 190 Dollar, Indonesien 370 Dollar). Allerdings ist es in der Volksrepublik besser als in anderen Staaten der Dritten Welt gelungen, wichtige **Grundbedürfnisse** wie Nahrung, medizinische Versorgung usw. zu befriedigen.

Entwicklungsland mit Erfolgen

Seit 1949 ist die Nahrungsmittel-Produktion insgesamt schneller gewachsen als die Bevölkerungszahl. Die Volksrepublik kann sich heute weitgehend *selbst versorgen*. Doch kommt es immer wieder zu zeitlich und

Landwirtschaft

Abbildung 20:

**Wirtschafts-
entwicklung
1949-1978**

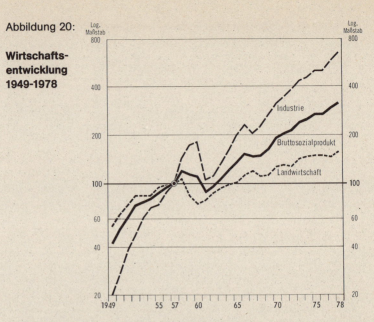

(Aus: Statistisches Bundesamt Wiesbaden: Länderbericht Volksrepublik China 1979, S. 56)
Landwirtschaft, Industrie: Index der Produktion (1957 = 100)

Bruttosozialprodukt: Index, aufgrund gleichbleibender Preise (1957 = 100), nach westlichen Schätzungen

1958-1960: „Großer Sprung nach vorn" (siehe 5.2.3)
1966-1969: „Kulturrevolution" (siehe 5.2.5)

örtlich begrenzten Mängeln. Häufig muß China deshalb besonders Getreide im Ausland kaufen.

Die Bauern bestellen ihren Boden auch heute noch überwiegend mit der *Hand* und nur wenig mit Maschinen. Daher bindet die Landwirtschaft, trotz einer gewissen Abwanderung, noch immer drei Viertel aller Arbeitskräfte.

Industrie

Die chinesische *Schwerindustrie* ist in der Lage, den Bedarf für das weiterverarbeitende Gewerbe zu einem großen Teil zu decken. In den letzten Jahren ist vor allem die Konsumgüter herstellende *Leichtindustrie* außerordentlich gewachsen. Doch kann sie bei weitem noch nicht die Nachfrage befriedigen. Chinesische Wirtschaftsfachleute bemängeln
– die noch immer schlechte *Qualität* vieler Waren,
– *Verschwendung* von Rohstoffen und Arbeitskräften,
– *Fehlplanungen* und *bürokratische* Erschwernisse.

Die Volksrepublik hat noch nicht den Standard der Industriestaaten erreicht. Wo sie jedoch Kräfte auf Schwerpunkt-Vorhaben konzentrierte, gelangen ihr weltweit beachtete Leistungen, z.B. beim Raketen- und Satellitenbau.

Abbildung 21: **Produktion ausgewählter landwirtschaftlicher Erzeugnisse** (in Millionen Tonnen)

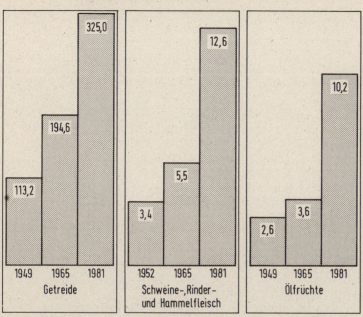

Abbildung 22: **Produktion ausgewählter Industrie-Erzeugnisse**

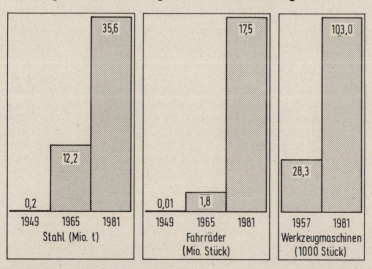

(Angaben der amtlichen Statistik der VR China)

Führung kritisiert Wirtschaft
„27,1 Prozent der Industrieunternehmen arbeiteten in unterschiedlichem Grad noch mit Verlust. Einige Unternehmen strebten blind nach dem Produktionswert und schnellerem Produktionstempo, mißachteten die Qualität der Produkte und den Bedarf auf dem Markt. Die Produktion einiger Erzeugnisse, deren Ausstoß gemäß dem Staatsplan beschränkt werden sollte, nahm unerwünscht zu, so daß diese überzähligen Waren in den Lagern blieben... Die Erscheinungen, blindlings oder unnötig Bauprojekte zu bauen, wurden bisher noch nicht beseitigt."
(Aus: Kommuniqué über die Erfüllung des Volkswirtschaftsplanes 1981, nach: Beijing Rundschau vom 18. Mai 1982, S. 18)

Energie

Nach Gründung der Volksrepublik begannen die Chinesen, ihre großen Brennstoff- und Wasserkraft-Reserven (siehe 5.1.2) zu erschließen. Obwohl sie die Energiegewinnung sehr steigerten, reicht das Ergebnis noch nicht aus, die ehrgeizigen Modernisierungsziele (siehe 5.2.6) zu erreichen. Energie*mangel* führt häufig zu Produktionsstörungen. Gegenwärtig lassen sich mehr Kohle, Öl und Erdgas nicht fördern, da Kapital fehlt.

Transportwesen

Ein anderer *Engpaß* bei der Modernisierung und Entwicklung der Volkswirtschaft ist das Transport- und Verkehrswesen. Auch wenn in den letzten dreißig Jahren hier große Fortschritte zu verzeichnen waren (vor allem bei der Schiffahrt), so sind die vorhandenen Kapazitäten noch zu gering und überlastet.

Heutige Probleme

Der wirtschaftliche Reformkurs nach dem Sturz der „Viererbande" (siehe 4.2.3) brachte dem Land nicht nur einen spürbaren Aufschwung, sondern auch einige neue und drückende Probleme:
○ Da der Staat sich mit zu vielen und zu großen Projekten übernahm und da Betriebe wie Provinzen, nun selbständiger, weniger Geld an die Zentrale abführten, entstand ein zunächst hohes **Haushaltsdefizit.** Nach offiziellen Angaben gelang es zwar, das Loch zu verkleinern, indessen nicht, es zu stopfen.
○ Die Massenkaufkraft ist größer als das Warenangebot. Der Staat setzte die Notenpresse in Gang, um seinen Haushalt auszugleichen. Die Folge: Die Lebenshaltungskosten steigen. Trotz dieser **Inflation** jedoch hat sich der Lebensstandard allgemein verbessert.
○ Besondere Sorge erregt eine für die Volksrepublik ungewohnte, aber offen zugegebene Erscheinung: **Arbeitslosigkeit** in den Städten. Die Behörden schätzten die Zahl der davon Betroffenen auf mindestens 17 Millionen, rund 15 Prozent der dort Beschäftigten. Heute sprechen sie jedoch nur noch von etwas über drei Millionen. Die meisten sind *Jugendliche,* die
- nach Schulabschluß auf einen Arbeitsplatz warten
- oder vom Lande zurückgekehrt sind, wohin man sie während der Kulturrevolution umgesiedelt hatte.

Darunter befinden sich aber auch Werktätige aller Altersgruppen, die in unrentablen und jetzt geschlossenen Unternehmen gearbeitet hatten.
○ Immer häufiger berichten chinesische Medien über **Wirtschaftskriminalität,** besonders Korruption. Um sie besser bekämpfen zu können, hat die Regierung härtere Strafen – bis hin zu Todesurteilen – eingeführt.

Abbildung 23: **Produktion ausgewählter Energiearten**

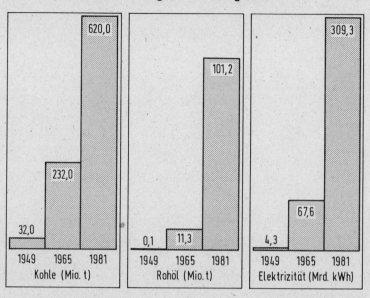

Abbildung 24: **Fortschritte im Verkehrswesen**

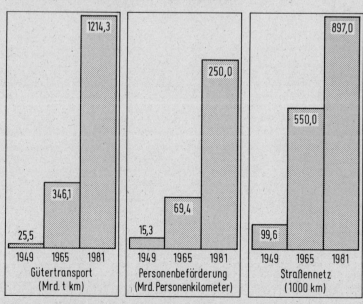

(Angaben der amtlichen Statistik der VR China)

6. Gesellschaft

6.1 Bevölkerung

Über eine Milliarde Menschen

Jahrzehntelang wußte niemand genau, wie viele Menschen in der Volksrepublik China leben: Die erste systematische Zählung fand 1953 statt, die nächste veröffentlichte 1982. In dieser Zeit nahm die Bevölkerung von 583 Millionen auf 1 008 Millionen zu. Damit ist China bei weitem die volkreichste Nation der Welt. Es ist auch die mit der jüngsten Einwohnerschaft: Die Hälfte der Chinesen ist unter zwanzig Jahre alt.

Abbildung 25: **Bevölkerung**

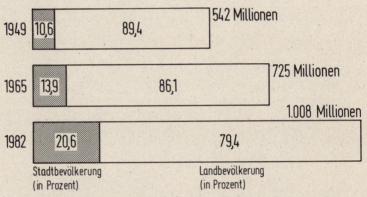

1949 und 1965: Fortschreibungen, 1982: vorläufiges Ergebnis der Volkszählung mit Stichtag 1. Juli.
(Nach der amtlichen chinesischen Statistik)

Politische Zählfehler
Die Volkszählung 1982 ergab eine höhere Einwohnerzahl, als nach den bisherigen Erfassungsmethoden zu erwarten war:
„Viele Familien füttern Kinder durch, die sie nach den strengen Regeln der Bevölkerungspolitik – zwei Kinder je Ehepaar, neuerdings nur eins – nicht hätten gebären dürfen. Ungewiß bleibt, ob es nicht noch viel mehr gibt, die den Zählbeamten einfach verschwiegen wurden.
Denn in 4000 Jahren haben die Chinesen gut gelernt, sich einer Volkszählung zu entziehen. Unter den Kaisern versteckte man sich nach Möglichkeit vor den Zählbeamten, um Kopfsteuern und Rekrutierung für Armee oder Kanalbau zu vermeiden.
Auch unter dem Kommunisten Mao blieben die Volkszählungen von 1953 und 1964, noch mit Rechenbrett und ohne Computer, höchst ungenau, weil Lebensmittelkarten Verstorbener weiterbezogen wurden oder Landflucht ohne Zuzugsgenehmigung in die Stadt verborgen bleiben sollte. Kommunalbehörden und Provinzverwaltungen meldeten falsche Zahlen, um erfolgreiche Geburtenplanung zu belegen oder aber mehr Lebensmittel und Fahrräder zu erhalten."
(Aus: Der Spiegel XXXVI/44 vom 1. November 1982, S. 164)

Abbildung 26: **Erwerbspersonen** (in Millionen)

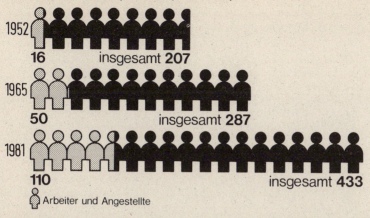

(Nach der amtlichen chinesischen Statistik. Unbekannt ist, ob und inwieweit die Erwerbstätigkeit der Landbevölkerung richtig zu erfassen ist.)

Um das hohe Bevölkerungswachstum zu bremsen, fördert die chinesische Führung die Familienplanung.

Bevölkerungspolitik

Familienplanung und Geburtenkontrolle waren nicht immer unumstritten. In den frühen fünfziger Jahren und während der Periode des „Großen Sprunges" (siehe 5.2.3) galten sie als kapitalistische Methoden, als „Mittel zur Tötung des chinesischen Volkes ohne Blutvergießen". „Je mehr Menschen es gibt, desto besser die Gärung der Ideen, desto größer die Begeisterung und die Kraft" (Rote Fahne vom 1. Februar 1958, S. 3). Viele Menschen bedeuteten viele Arbeitskräfte. Probleme wie Arbeitslosigkeit verursachten sie nur in kapitalistischen Staaten. Wachsende Versorgungsschwierigkeiten bei wachsenden Bevölkerungszahlen haben zum Umdenken geführt.

Der Staat bemüht sich, wichtige *Voraussetzungen* für geringere Geburtenraten zu schaffen, z.B.:
○ Arbeitsunfähige und Alte sollen nicht mehr allein von ihren Kindern abhängen. Wo Familie und Nachbarn nicht mehr helfen können, soll nun staatliche *Sozialpolitik* Aufgaben übernehmen (siehe 6.3).
○ Ein höherer *Bildungsstand,* zunehmende *Emanzipation* und *Berufstätigkeit* der Frauen sollen eine positive Einstellung zur Familienplanung bewirken.
○ *Verhütungsmittel* sind unentgeltlich.
○ Junge Menschen sind davon zu überzeugen, daß sexuelle Enthaltsamkeit vor der Ehe und eine *späte Hochzeit* gut und notwendig seien (das gesetzlich festgelegte Heiratsmindestalter beträgt bei Frauen 20, bei Männern 22 Jahre).

Zwar wächst die Bevölkerungszahl inzwischen langsamer (nach offiziellen Schätzungen 1971 um 2,3 Prozent, 1981 noch um 1,4). Doch sie nimmt immer noch jedes Jahr um rund 15 Millionen zu. Partei, Staat, Bildungseinrichtungen propagierten erst die Zwei-Kinder-, seit 1979 die **Ein-Kind-Familie.** Um dieses Ziel zu erreichen, straft die Führung mit *Sanktionen* und

Ziel

gewährt sie *Vergünstigungen.* Am Ende dieses Jahrhunderts sollen nicht mehr als 1,2 Milliarden Menschen in China leben.

Wer mehr Kinder hat, bekommt weniger Lebensmittelkarten und muß mit finanziellen Einbußen rechnen. Umgekehrt bevorzugen die Behörden Ehepaare mit nur einem Kind: So teilen sie ihnen beispielsweise in der Stadt schneller eine Wohnung zu, auf dem Land einen etwas größeren privaten Gemüsegarten. Berufstätige Mütter, die kein zweites Kind wünschen, sollen ein halbes Jahr Mutterschaftsurlaub erhalten, während den anderen nur 56 Tage zustehen.

Eine hemmende Tradition

Als großes Hindernis für eine wirksame Geburtenkontrolle erweist sich die überkommene und immer noch verbreitete Ansicht, eine Familie sei um so glücklicher und reicher, je mehr *Söhne* sie habe. Danach muß eine Frau so lange Kinder bekommen, bis sie endlich wenigstens einen Jungen geboren hat. Denn besonders auf dem Lande ist es für eine Mutter oft auch heute noch abträglich, wenn sie „nur" eine *Tochter* zur Welt gebracht hat. Schreckliche Begleiterscheinung: Wie chinesische Zeitungen neuerdings berichten, töten in einigen Provinzen Eltern unerwünschte weibliche Säuglinge.

Mütter ohne Sohn sind minderwertig
„Seit der verstärkten Propagierung der Geburtenplanung sind wir in einer äußerst demütigenden und bitteren Lage, weil wir alle bereits eine Überzahl an Kindern geboren haben, nämlich zwischen drei und mehr als neun. Ehrlich gesagt, niemand von uns wollte Mutter von vielen Kindern werden... Und erst recht wollte keine von uns allein Töchter..., unser Sinnen ist auf die Geburt eines Sohnes eingestellt, damit wir den Kopf wieder oben tragen können."
Wir „werden zu Hause von den Ehemännern schikaniert und unterdrückt, von den Schwiegermüttern beschimpft und beleidigt, ja selbst die eigenen Eltern werfen uns vor, wir machten ihnen nur Schande".
„Vor kurzem hat die Frau eines Kaders im Dorf nach vier Mädchen einen Sohn geboren, da gab es ein Riesenfest. Der Ehemann strahlte vor Freude, die Schwiegermutter war überglücklich. Dorf und Nachbarn ließen Böller explodieren und brachten Glückwünsche, Verwandte und Freunde brachten Geschenke. Indes ein Jahr zuvor, als diese Frau die vierte Tochter zur Welt gebracht hatte, kam der Vater sie nicht einmal besuchen, die Schwiegermutter verfluchte sie als ‚betrügerischen Geist'. Von der Geburt ihres Kindes bis zu ihrer Rückkehr nach Hause nach einem Monat hat die Frau ununterbrochen geweint und geschluchzt. Jetzt hat sich ihr sozialer Status verhundertfacht."
(15 Frauen aus einer Volkskommune in einem Leserbrief, in: Volkszeitung vom 23. Februar 1983, nach: das neue China 2/1983, S. 18)

6.2 Frauen

Unterdrückt im Kaiserreich

Im alten China waren die Frauen nahezu rechtlos, von früh an erniedrigt und unterdrückt. Sie hatten *„Drei Gehorsamspflichten"* zu erfüllen:
– als Mädchen gegenüber dem Vater,
– als Eheweib gegenüber dem Gatten,
– als Witwe gegenüber dem ältesten Sohn.
Wer wen *heiraten* sollte, entschied nicht die jungen Leute selbst, sondern – meist schon in deren Kindesalter – die Eltern. Denn Ehen verbanden nicht nur Braut und Bräutigam, sondern vor allem Familien. Nach der Trauung zog die Frau in das Haus ihres Mannes oder ihrer Schwiegereltern.

„*Vier Tugenden*" erwartete man von der Frau: Sie sollte
- sich moralisch verhalten,
- wenig reden,
- gepflegt aussehen,
- eine gute Hausfrau sein.

Zur seelischen Erniedrigung kam noch körperlicher Schmerz: Schon den Fünfjährigen band man die *Füße*, damit sie, verkrüppelt, äußerst klein wurden, was als schön und vornehm galt, ja sogar als erotisch.

Abbildung 27: **Gebundene Füße** („Lilien-Füße")

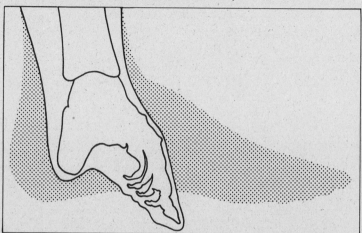

In den zwanziger Jahren bildeten sich – wenn auch nur ansatzweise – *Frauenbewegungen*, meist von westlich beeinflußten Frauen der Mittel- und Oberschicht. Erfolge, zumal nur geringe, hatten sie lediglich in den Städten. Den entscheidenden Wandel sollte nach der Gründung der Volksrepublik das *Ehe- und Familiengesetz* von 1950 herbeiführen helfen. Es war eine der ersten und sozial am tiefsten einschneidenden Maßnahmen der neuen Führung. **Mann und Frau waren nun rechtlich gleichgestellt.**

Wege zur Gleichberechtigung

O Sie durften ihren *Partner frei wählen*. Verboten waren fortan Verlobung und Heirat im Kindesalter, Zwangsehe, Bigamie, Konkubinat und Diskriminierung unehelicher Kinder.

O Sie verfügen *gemeinsam* über das Familien*vermögen*.

O Beide können die *Scheidung* fordern (was heute mehr Frauen als Männer tun).

O Beide sind verantwortlich für den Unterhalt ihrer *Kinder*, auch nach einer Trennung.

O Wie der Mann, so hat auch die Frau das *Recht auf Arbeit*.

Auch nach offizieller chinesischer Ansicht kann sich die Frau aus der traditionellen Abhängigkeit nur dann befreien, wenn sie *berufstätig* ist. Oft muß sie dies sein, um der Familie ein ausreichendes Einkommen zu sichern. Nach UNO-Schätzungen geht etwa jede *zweite* Frau im Erwerbsalter arbeiten. Auch die Wirtschaft der Volksrepublik ist auf sie angewiesen: Über *ein Drittel* aller Beschäftigten ist weiblich.

Gleichberechtigung in der Arbeitswelt?

Doch auch hier ist die Gleichberechtigung noch *nicht voll* erreicht: Frauen
- verrichten allgemein weniger qualifizierte und schlechter bezahlte Tätigkeiten,
- nehmen nur selten führende Stellen ein (ebenso wie in Staat und Partei),
- erhalten nicht immer gleichen Lohn für gleiche Arbeit,
- sind mehr als Männer neben dem Beruf belastet durch Kinder und Haushalt.

Verfassungs-Gebot
„Die Frauen in der Volksrepublik China genießen in allen Bereichen des politischen, wirtschaftlichen, kulturellen und gesellschaftlichen Lebens sowie des Familienlebens die gleichen Rechte wie die Männer.
Der Staat schützt die Rechte und Interessen der Frauen, führt das Prinzip des gleichen Lohns für gleiche Arbeit von Mann und Frau durch und sorgt für die Heranbildung und Auswahl der weiblichen Kader."
(Artikel 48 der Verfassung von 1982)

Überkommene Normen

Einige Überbleibsel aus dem alten China sind auch heute noch anzutreffen, besonders in ländlichen Gegenden. So
- gilt ein Mädchen als verlobt, wenn es sich allein mit einem Mann trifft,
- sind sexuelle Beziehungen vor der Ehe und das Zusammenleben Unverheirateter kaum möglich sowie als unmoralisch und gesellschaftsschädlich geächtet,
- erstehen oder entführen in einigen Provinzen „Brautkäufer", wie in früheren Zeiten, Mädchen von ihren Eltern, bringen sie in andere Landesteile und verkaufen sie dort an Bauern als Ehefrauen,
- ist die freie Partnerwahl häufig eingeschränkt, da Eltern und Parteikomitees sie beeinflussen.

Eheschließungen auf dem Lande
„Ehen werden dort so geschlossen, indem zuerst die Bedingungen festgelegt werden und dann sich die beiden Partner besser kennenlernen und gefühlsmäßig näher kommen ... Durch einen Vermittler einander vorgestellt, überlegen die Eltern der jungen Leute vor allem, wie viele Arbeitskräfte die Gegenseite hat und wie groß ihr jährliches Einkommen ist, ehe sie ihre Söhne oder Töchter um Zustimmung bitten. Danach wird ein Treffen der beiden Partner arrangiert. Wenn der junge Mann bei dem Treffen mit der Gegenseite zufrieden ist, überreicht er ein ‚Verlobungsgeschenk', das das Mädchen, wenn es ebenfalls zustimmt, entgegennimmt. Damit sind beide einander versprochen ...
Aufgrund von Untersuchungen in zwei Kreisen der Provinz Anhui heirateten im Jahre 1979 14 586 Paare, 15% hatten sich ineinander verliebt, d.h. den Partner selbst gewählt, 75% der Eheschließungen waren durch Vermittler und mit Zustimmung der Eltern und der jungen Leute zustande gekommen. 10% der Eheschließungen, insbesondere in wirtschaftlich rückständigen Berggegenden oder in entlegenen Grenzgebieten, waren von den Eltern angeordnet worden."
(Aus: China im Aufbau vom März 1981, S. 19)

Kurswechsel

Bestrebungen, überkommene Strukturen tiefgreifend zu ändern, waren besonders am Beginn und Ende der fünfziger Jahre sowie während der Kulturrevolution deutlich. Neuerdings betonen Massenmedien, Politiker, Werbung und Mode wieder mehr das *traditionelle* Bild der Frau: Sie soll

anmutig und weiblich sein, sich mehr um Haushalt, Familie und Kinder kümmern und sich der Kultur stärker widmen.
Im Vergleich zum alten China hat sich die gesellschaftliche Stellung der Frau trotzdem sehr verändert, auch wenn die tatsächliche Gleichberechtigung noch Anstrengungen erfordert.

6.3 Soziale Sicherung

Soziale Sicherheit in China beruht vor allem auf Selbst- und Nachbarschaftshilfe. Dies entspricht einer langen Tradition und auch – daran anknüpfend – der Mao-Weisung „Auf die eigene Kraft vertrauen". Nach wie vor sind die **Familien** im wesentlichen selbst dafür verantwortlich, ihre Mitglieder zu unterhalten und ihnen in Not zu helfen.

Vorrang für Selbsthilfe

So wäre es auch heute noch für viele Chinesen eine Pflichtverletzung, würden sie ihre Eltern in ein Altersheim schicken. Vielmehr leben – nicht nur wegen des Wohnraum-Mangels (siehe 6.5) – häufig mehrere Generationen zusammen. Das neue Ehegesetz von 1980 erlegt den Kindern ausdrücklich auf, Vater und Mutter und sogar die Großeltern zu unterstützen.

Die Alten leben mit der Familie

Ein gutes und ein böses Beispiel
„Seit 14 Jahren lebt das alte Ehepaar (Song und Ding in Peking – die Verfasser) mit dem ältesten Sohn und seiner Frau zusammen. Alle kommen gut miteinander aus. Die Schwiegertochter Liu Muzhen zankt nie mit den Schwiegereltern. Sie weiß, daß es schwer für sie war, vier Kinder großzuziehen. ‚Meine Schwiegereltern werden älter und brauchen die Hilfe und Unterstützung der jüngeren Generation. Ich habe die Pflicht, ihnen Achtung zu erweisen und mich um sie zu kümmern', sagt Liu.
Song wuchs im feudalen China auf und mußte den Eltern ihres Ehemannes als Magd dienen. Sie möchte, daß ihre Familie es besser hat. ‚Ich habe ganz schön gelitten, als ich als Schwiegertochter in der Familie meines Mannes war. Mein unglückliches Leben soll sich in meiner Familie nicht wiederholen. Ich behandele meine Schwiegertochter wie meine eigene Tochter, und sie dient mir brav', sagt Song.
Das junge Ehepaar versucht, den Eltern seinen Verdienst zu überlassen, doch das alte Paar weigert sich, das Geld anzunehmen. ‚Wir haben ein regelmäßiges Einkommen. Wir brauchen das Geld unserer Kinder nicht. Aber sie bestehen darauf, uns regelmäßig Geld oder Geschenke zu geben', sagt Song. Song arbeitet im Straßenkomitee, einer selbstverwalteten Nachbarschaftsorganisation. Ding ist Nachtwächter in der Schneiderei des Komitees. Die Familie verbringt alle Abende gemeinsam, und am Wochenende oder am Sonntag kommen die übrigen Familienmitglieder zu Besuch."
„Doch trotz allem kommt es vor, daß Kinder sich weigern, für ihre Eltern zu sorgen. Cui Xingan und seine Frau hatten fünf Söhne und zwei Töchter. Das Paar hatte fleißig gearbeitet, die Kinder unterstützt und Häuser für die Söhne gebaut, als diese heirateten. Aber kaum waren die Kinder selbständig, verließen sie ihre Eltern. Nicht eins der Kinder nahm das Ehepaar auf, allen Ermahnungen der örtlichen Organisationen der Partei zum Trotz. Schließlich, eines Tages im Jahr 1980, kamen Cui, 80, und seine 76jährige Frau zu einer ihrer Schwiegertöchter und baten um eine Schüssel Nudeln. Die Schwiegertochter schlug die Bitte ab und beschimpfte die alten Leute sogar noch dafür, daß sie überhaupt gefragt hatten. Die Eltern konnten die unfreundliche Behandlung und die Beleidigungen ihrer Söhne und Schwiegertöchter nicht länger ertragen. Sie begingen Selbstmord.
Nach dem chinesischen Recht wird, ‚... wer ein Familienmitglied mißhandelt und schwere Verletzungen oder den Tod verursacht, mit einer Gefängnisstrafe von zwei bis sieben Jahren bestraft'. Daher verurteilte das Volksgericht des Kreises den dritten Sohn des alten Ehepaares zu sieben Jahren Gefängnis, seine Frau zu drei Jahren mit Bewährung und den fünften Sohn zu fünf Jahren Haft. Die übrigen Kinder wurden kritisiert und erhielten durch die Kommune eine Erziehung in gesellschaftlicher Moral."
(Aus: Yi Shui, Mitarbeiter der chinesischen Nachrichtenagentur Xinhua: Chinesen leben noch immer in der Großfamilie. In: UNESCO-DIENST XIX/8, August-Ausgabe 1982, S. 15 f.)

Hilfen auf dem Lande

Selbst- und Nachbarschaftshilfe ist vor allem auf dem Lande lebendig, das die Führung in der Sozialpolitik bisher nicht gleich behandelt wie die Stadt. In den Dörfern
- halten herkömmliche Sippenbindungen noch fester,
- haben die Kommunen alleinstehenden Alten und Kranken „*fünf Garantien*" zu gewähren: Essen, Kleidung, Heizung, Ausbildung der Kinder und Bestattung.

Versicherung für Industriearbeiter

Einer moderneren, kollektiven Sozialversicherung dagegen gehören heute mehr als 60 Millionen Industriearbeiter und ihre Familien an. Sie zahlen keine Beiträge, sondern die Betriebe finanzieren das soziale Netz. Die **Gewerkschaften** kontrollieren dieses System und erhalten von den Unternehmen Gelder, mit denen sie die Kosten ihrer Einrichtungen decken (Altersheime, Waisenhäuser usw.). Mitglieder bekommen höhere Vergünstigungen (was nicht zuletzt ein Beitrittsgrund ist). Allgemein gilt der Maßstab: *Wer mehr leistet, soll auch mehr Leistungen haben.* Dabei zählt
- nicht nur der Erfolg am Arbeitsplatz,
- sondern auch das politische Engagement, z.B. der Besitz des Parteibuches.

Ein **Kranker** behält seinen Arbeitsplatz und bezieht, je nach Dauer der Betriebszugehörigkeit und der Krankheit, zwischen 100 und 40 Prozent seines Lohnes weiter. Stirbt er, so bezahlt das Unternehmen die Beerdigung.

Eine **Arbeitslosenversicherung** gibt es nicht, obwohl viele Chinesen ohne Beschäftigung sind (siehe 5.3.6). Die Familienangehörigen sollen ihren erwerbslosen Verwandten unterstützen.

Renten

Die meisten *Bauern* erhalten keine Rente. Industrie*arbeiter* beziehen 60 bis 90 Prozent ihres bisherigen Lohnes in der Regel vom 60. Lebensjahr an, *Arbeiterinnen* schon im Alter von 50, Frauen in der Verwaltung erst mit 55. Werktätige an gesundheitsgefährdenden oder sonst belastenden Arbeitsplätzen (z.B. in Bergwerken und an Hochöfen) können früher Ruhegeld beanspruchen.

Alte helfen mit

Viele alte Menschen in China übernehmen, nachdem sie aus dem Arbeitsleben ausgeschieden sind, Aufgaben
- nicht nur in der *Familie*, wo sie z.B. Kinder betreuen,
- sondern auch für die *Gesellschaft*, etwa indem sie im Straßenkomitee beim Gesundheitsdienst helfen oder ihre Erfahrungen Schülern im Unterricht vermitteln.

Durch ihre Mitarbeit sind sie nicht einsam. Sie leben in enger Gemeinschaft mit den Jüngeren.

6.4 Gesundheitswesen

Gesundheit für alle

Im vorrevolutionären China standen Ärzte und Krankenhäuser im wesentlichen nur in Städten zur Verfügung und dort meist auch nur Wohlhabenderen. Während dies in vielen Entwicklungsländern bis heute so geblieben ist, bemüht sich in der Volksrepublik die Führung, die *gesamte* Bevölkerung medizinisch zu versorgen – bis ins entlegenste Dorf.

Behandlung und Arzneimittel sind fast völlig unentgeltlich. Die Kosten tragen Betriebe und Volkskommunen. Bauern müssen als eine Art Krankenkassenbeitrag jährlich einen Yuan (etwa 1,30 DM) bezahlen; Beschäftigte in der Stadt haben für Familienangehörige, die zum Arzt gehen, eine kleine Summe zuzuschießen.

... unentgeltlich

Hatte die Regierung das Gesundheitswesen auf dem Lande schon immer gefördert, so gab sie ihm seit Mitte der sechziger Jahre Vorrang. Sie
– schickte die meisten medizinischen *Fachkräfte* aus den Städten in die Dörfer,
– erhöhte die *Ausgaben* für den ländlichen Gesundheitsdienst,
– baute in fast allen Volkskommunen ein Netz von *Sanitätsstationen* auf, bis hin zur *Klinik* für schwierige Operationen.

Vorrang für das Land

Die Landbewohner medizinisch zu betreuen, obliegt nicht allein den 350 000 akademisch geschulten Ärzten, deren Zahl zwar stark gestiegen, aber noch zu gering ist. Diese Aufgabe nehmen vor allem mehr oder weniger ausgebildete **Helfer** wahr:
– 1,7 Millionen *hauptberufliche* Mitarbeiter wie Krankenschwestern, Pfleger, Hebammen,
– 1,6 Millionen „*Barfußärzte*",
– 3,8 Millionen Bauern und Bäuerinnen, die *Erste-Hilfe*-Kurse besucht haben
(alle Angaben für 1978).

Seit der Kulturrevolution gibt es die sogenannten „Barfußärzte". Von den ländlichen Volkskommunen delegiert, besuchen junge Leute nach dem Schulabschluß drei- bis sechsmonatige Kurse, die medizinische und hygienische Kenntnisse vermitteln. Die so ausgebildeten Heilgehilfen können später an Weiterbildungsveranstaltungen teilnehmen. Sie können impfen, erste Hilfe leisten, zur Hygiene anleiten, bei Familienplanung beraten und einfache, oft vorkommende Krankheiten behandeln. Daneben arbeiten sie mit den Bauern auf den Feldern. Ihre Bezahlung erhalten sie von der Volkskommune. Der Name bürgerte sich ein, seitdem die ersten dieser ungewohnten neuen „Doktoren" Reis pflanzten – barfuß im Wasser wie alle anderen auch.

„Barfußärzte"

Wichtigstes Ziel war es von Anfang an, die am häufigsten auftretenden Erkrankungen zu bekämpfen. Die Mediziner sollen nicht nur heilen, sondern in erster Linie *vorbeugen* (Vorsorge-Untersuchungen, Impfungen). Die Behörden führen immer wieder Gesundheits-*Kampagnen* durch, um die Bevölkerung zur Hygiene zu erziehen, zur Schädlingsvernichtung zu mobilisieren. Große Anstrengungen gelten reinem Trinkwasser, einer ausreichenden Kanalisation, einer regelmäßigen Müllabfuhr.

Schwerpunkt Vorbeugung

Massenkampagne: Tod den Schnecken
„Um die Bauernschaft gegen die Schnecken* zu mobilisieren, war es zunächst notwendig, sie über die Krankheit aufzuklären, die sie so lange gepeinigt hatte. Das geschah durch Vorträge, Filmabende, Plakate und Radiosendungen. Sobald die Bauern das Wesen ihres Feindes erkannt hatten, entwickelten sie selbst Methoden, um ihn zu besiegen. Zweimal im Jahr, im März und August, machte sich die gesamte Bevölkerung aus allen Kreisen, unterstützt von allen verfügbaren Soldaten, Studenten, Lehrern und Büroarbeitern freiwillig daran, die Flüsse und Gräben zu entwässern, ihre Ufer abzugraben, dann wieder zuzugraben und die aufgeschüttete Erde einzuebnen."
* Schnecken sind Zwischenwirte gefährlicher Blutparasiten.
(Joshua S. Horn: Arzt in China, März Verlag Frankfurt a. M. 1972, S. 150)

Traditionelle Medizin

Üblich sind nicht nur *moderne* medizinische Methoden. Weiter verbreitet ist die traditionelle chinesische Heilkunst (Akupunktur, Kräuter, Massagen, Atemtherapie) – sowohl bei Ärzten als auch bei den *Heilpraktikern,* die ohne Universitätsstudium diese überlieferte Medizin betreiben. Sie ist vor allem der ländlichen Bevölkerung vertraut und zudem billig.

Erfolgsbilanz

Wer die Volksrepublik China als Modell für andere Entwicklungsländer bezeichnet, denkt nicht zuletzt an das Gesundheitswesen. Den chinesischen Kommunisten ist es aus eigener Kraft gelungen,
– Seuchen weitgehend zu verhindern, unter denen die Chinesen stark gelitten hatten (Pest, Cholera, Pocken, Malaria, Typhus),
– Säuglings- und Kindersterblichkeit sehr zu verringern.
Die Lebenserwartung eines heute Geborenen beträgt 67 Jahre (1981), fast doppelt so hoch wie 1949.

Abbildung 28: **Gesundheitswesen**

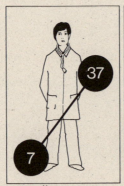

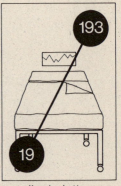

Ärzte mit Hochschulausbildung   Sonstige Berufstätige im Gesundheitswesen   Krankenbetten

je 100.000 Einwohner – von 1950 bis 1978

(Angaben aus: Statistisches Bundesamt: Länderbericht Volksrepublik China 1979, S. 68)

6.5 Wohnen

Land

Vier von fünf Chinesen leben auf dem Lande, meist in eigenen, bescheidenen Häusern, eingeschossig, aus Lehm, Stein und anderen am Orte vorhandenen Materialien. Viele Gebäude stammen noch aus der Zeit vor 1949, viele entstanden danach, erbaut mit
– großen Eigenleistungen,
– Hilfe der jeweiligen Brigade,
– langjährigen, bei der zuständigen Volkskommune aufgenommenen Krediten.

Die Hälfte der chinesischen Dörfer soll über Elektrizität verfügen. Fließendes Wasser haben aber nur wenige Häuser. Das kostbare Naß muß man aus einem Brunnen oder von einer Pumpe holen.

Stadt

Zwar gibt es in der VR China heute keine Obdachlosen und Slumviertel mehr wie in der Vergangenheit oder wie in vielen anderen Entwicklungsländern, doch
- herrscht Wohnungsmangel,
- sind viele der Häuser in den Altstädten *baufällig* und haben nicht einmal ein *WC* (oft sieht man frühmorgens auf den Straßen vor Gemeinschafts-Toiletten Menschen warten).

Das Bild der chinesischen Städte prägen immer noch *ebenerdige* Häuser. Wer durch eine der typischen schmalen Wohnstraßen geht, sieht links und rechts hohe Steinmauern, ab und zu ein Dach und einen Baumwipfel: Wie auf dem Lande liegen die Gebäude um Innenhöfe, manchmal mit einem kleinen gepflegten Garten. Doch baut man heute nicht mehr auf diese Weise, sondern, ähnlich wie in Industriestaaten, *Blocks* mit vielen *kleinen* Wohnungen. Die Wohnfläche, die einer Familie zusteht, richtet sich nach der Zahl ihrer Mitglieder: Ein Fünf-Personen-Haushalt verfügt über etwa 30 qm.

Wohnungsbau

Die Führung fördert seit geraumer Zeit den Bau ganzer *Trabanten-Siedlungen*,
- vor allem am Rande der großen Städte,
- ausgestattet mit allen nötigen Läden, mit Kinos, Schulen, Krankenhäusern usw.,
- möglichst nahe bei den Arbeitsplätzen ihrer Bewohner, so daß Pendlerverkehr gar nicht erst aufkommt.

Sie unterstützt auch *Sanierungs*-Maßnahmen in den Innenstädten,
- sei es Abriß von Bruchbuden,
- seien es Bemühungen, Erhaltenswertes instand zu setzen und zu modernisieren.

Um genügend gute Wohnungen zu errichten, fehlen Geld und Baukapazitäten. Wohnungssuchende müssen in der Regel lange warten.

Städtebauliche Sünden

Auch in chinesischen Städten sind die Sünden verfehlter Baupolitik sichtbar. Viele klassische Wohnviertel, kulturell wertvolle Paläste, Stadtmauern und andere Denkmäler fielen der Spitzhacke zum Opfer, mußten breiten Straßen und modernen Häuserblocks weichen. Verantwortliche bezeichnen dies heute häufig als Fehler.

Wem gehören die Häuser?

Anders als auf dem Lande gehören in den Städten die meisten Häuser dem *Staat* oder den *Betrieben*. Doch gibt es auch noch *privaten* Haus- und Grundbesitz, allerdings immer weniger. Er ist nicht sehr begehrt wegen der zu niedrigen Erträge. Die Miethöhe ist gesetzlich vorgeschrieben und macht etwa drei bis fünf Prozent des Haushaltseinkommens aus.

In einigen Provinzen erlaubt die Partei, *Eigentumswohnungen* zu kaufen, um private Ersparnisse als Kapital für die Bauwirtschaft zu gewinnen.

Abbildung 29: **Wohnhöfe im Zentrum Pekings 1974**

(Foto: Werner Pfennig)

Abbildung 30: **Wohnhaus-Neubau in Shanghai 1980**

(Foto: Rotraut Bieg-Brentzel)

Ein Problem indessen, an dem die Großstädte fast aller Entwicklungsländer zu ersticken drohen, kennt China nicht: den unaufhörlichen, ungehemmten Zustrom von Menschen aus den Dörfern. Dies erklärt sich aus zwei Hauptgründen:

Keine Landflucht

○ Chinesische Bauern sind seit je fest mit ihrem Heimatort *verwurzelt*, den sie freiwillig so gut wie nie verlassen.

○ Obendrein erschweren die *Behörden* den Zuzug in die bereits überfüllten Städte.

Neben einer gewissen *illegalen* Zuwanderung ist eine der wenigen Ausnahmen die *Rückkehr* einiger jener 17 Millionen Mittelschulabgänger, die während und nach der Kulturrevolution (siehe 4.2.2) aufs Land zogen. Die Genehmigung erkämpften sie sich teilweise durch Hungerstreiks.

6.6 Lebensstandard und Freizeit

Bis noch vor wenigen Jahren waren auch westliche Beobachter davon überzeugt, „daß das Problem der Unterernährung in China nicht mehr existiert" (Dohmen, S. 73). Zweifellos gibt es nicht mehr Millionen von Hungertoten wie in früheren Zeiten (siehe 2.3). Doch können sich viele Chinesen auch heute oft nicht ausreichend oder nur einseitig ernähren. Die chinesische Regierung verschweigt nicht, daß Menschen *hungern*. Sie macht dafür nicht nur Naturkatastrophen verantwortlich, sondern auch die Landwirtschaft, die nicht genügend erzeugt habe.

Ernährung

Im Frühjahr 1981 hat die chinesische Regierung erstmals seit 1949 um internationale Hilfe gebeten, da etwa 20 Millionen Menschen in zwei von Dürre bzw. Überschwemmung geplagten Provinzen hungerten. Eine UN-Delegation, die diese Gebiete besuchen durfte, berichtete von einer Naturkatastrophe, wie sie seit einem Vierteljahrhundert nicht mehr vorgekommen sei. 25 Prozent der Bewohner dieser beiden Provinzen müßten von weniger als 1200 Kalorien täglich leben (Existenzminimum nach offiziellen chinesischen Angaben: 2600 Kalorien).

Hinzu kommt die *ungleiche Verteilung* auch der landwirtschaftlichen Produkte. Die Versorgung in den Städten ist – soweit bekannt – gesichert, vor allem weil viele Grundnahrungsmittel rationiert sind. Auch in reicheren agrarischen Gebieten ist sie zufriedenstellend, in ärmeren dagegen häufig nicht.

Wie Experten schätzen, ist der Lebensstandard der *Städter* durchschnittlich doppelt so hoch wie der der *Land*bevölkerung. Zwar beziehen die Bauern inzwischen bessere Einkommen und Sozialleistungen als früher. Aber die Löhne der Arbeiter in den Städten liegen immer noch wesentlich höher als auf dem Lande (siehe 5.3.3).

Lebensstandard

Um die weniger Verdienenden – die große Mehrheit des Volkes – mit dem *Existenznotwendigen* versorgen zu können, verbilligt die Regierung Grundnahrungsmittel und andere unentbehrliche Waren durch Staatszuschüsse. Dagegen verteuert sie Güter, die sie als gehoben einstuft (z.B. Farbfernseher, Fahrrad, Armbanduhr). Da die Einkünfte unterschiedlich

101

sind (siehe 5.3.3), gibt es ein **Gefälle** des Lebensstandards. Es ist aber bei weitem nicht so kraß wie in den meisten übrigen Ländern der Dritten Welt. An unseren Maßstäben gemessen, ist die chinesische Bevölkerung **arm, sie lebt aber nicht mehr im Elend.** Dieser Erfolg hat dem kommunistisch geführten China Anerkennung eingetragen.

Beispiele

Ein etwas klareres Bild über den Lebensstandard vermitteln amtliche statistische Erhebungen, die Peking seit 1981 veröffentlicht:
○ Eine Stadtfamilie verwendet von ihrem Einkommen 60 Prozent für Lebensmittel. 1964 waren es noch 70 Prozent gewesen. Das heißt: Sie kann jetzt mehr Geld für anderes ausgeben.
○ In der Stadt verbraucht eine Person monatlich 13 Kilogramm Reis und sonstiges Getreide (wenig mehr als 1964) sowie drei Pfund Fleisch (doppelt so viel wie vor 16 Jahren).

Abbildung 31: **Besitz ausgewählter Gebrauchsgüter 1981**

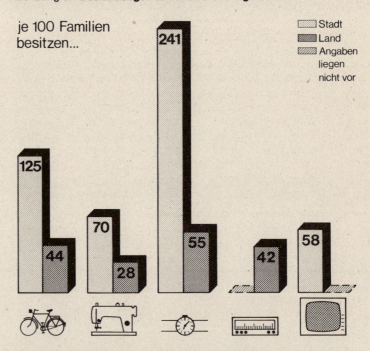

Stichproben-Untersuchungen des Zentralen Statistischen Amtes der VR China bei Lohnempfängern in Städten und bei Bauern in allen Teilen des Landes.
(Nach: China aktuell vom März 1982, S. 120, und vom Juni 1982, S. 340)

Wachsende Ersparnis

Seitdem die Regierung Löhne heraufsetzt (siehe 5.3.3), brauchen immer mehr Chinesen trotz steigender Preise nicht mehr ihr ganzes Geld für die lebenswichtigen Dinge des täglichen Bedarfs auszugeben. Von den nun frei verfügbaren Mitteln legen sie einiges auf die hohe Kante. Sie sparen z.B. für größere Anschaffungen, Hochzeitsfeiern, Geschenke.

Abbildung 32: **Konsumwerbung in Kanton 1980**

Der chinesische Text des Plakates lautet: „Marlboro, die meistverkaufte Zigarette Amerikas, die meistverkaufte Zigarette der Welt".
(Foto: Rotraut Bieg-Brentzel)

Urlaub

Die Verfassung garantiert das Recht auf Erholung – doch hat kein Beschäftigter Anspruch auf Urlaub. Nur Eheleuten, die voneinander getrennt in verschiedenen Gegenden arbeiten, gewährt der Betrieb jährlich zwei bis drei Wochen, damit sie, auf seine Kosten, den Partner besuchen können.

Tourismus, wie wir ihn kennen, ist in China seit jeher nicht üblich. Wer verreist, ist in der Regel auf Dienstfahrt, geschickt von seinem Betrieb, seiner Behörde oder Militäreinheit. Seit einiger Zeit, als Ausdruck auch eines gestiegenen Lebensstandards, wächst die Zahl der bildungs- oder erholungsuchenden Chinesen, die mit Bus, Bahn oder auch mit dem Fahrrad im Lande unterwegs sind.

Die Chinesen haben

Freizeit

– wöchentlich einen freien Tag (täglich arbeiten sie acht Stunden)
– sowie jährlich sieben gesetzliche *Feiertage*.

>Arbeitsfrei ist am Neujahrstag, am Frühlingsfest (drei Tage), am 1. Mai und am 1. Oktober, dem Jahrestag der Gründung der Volksrepublik (zwei Tage).

Die knappe Freizeit in China ist heute weit weniger von Politik bestimmt als während der Kulturrevolution. Dies gilt auch für das, was Straßenkomitees und Betriebe organisieren, wie z.B. Theaterabende und Ausflüge. Viele Chinesen wirken mit in Chören, Tanz- und Schauspiel-Ensembles. In den Städten gibt es – wenn auch noch zu wenige – Kulturhäuser und -parks mit Kinos, Bühnen, Sportstätten, Ausstellungen und Rummelplätzen. Während im Kaiserreich Paläste (etwa die „Verbotene Stadt" in Peking) und selbst Landschafts-Parks für das Volk gesperrt waren, sind sie heute bevorzugte Ziele für einzelne, Familien und Touristengruppen.

Auch in China breitet *Fernsehen* sich immer mehr aus. In den Städten besitzt bereits über die Hälfte aller Haushalte ein Schwarzweiß-Gerät (siehe Abbildung 31 in 6.6). Wieviel Zeit Chinesen vor dem Bildschirm verbringen, welche Sendungen sie einschalten und wie das neue Medium ihren Alltag beeinflußt – darüber ist nichts veröffentlicht.

Ein beliebtes Hobby ist es, sich auch außerhalb des Berufes zu *bilden* – in Kursen und im Selbststudium. Sehr viele, vor allem Jüngere, lernen Fremdsprachen, besonders Englisch.

Sport

Sehr populär ist der Sport – und nicht nur zum Zuschauen. Morgens kann man an vielen Orten, in Parks, auf Flachdächern, auf Gehwegen und Plätzen, Menschen jeden Alters beobachten, die in Gruppen oder einzeln gymnastische und tänzerische Übungen machen (Schattenboxen, Schwertertanz usw.).

Abbildung 33: **Frühsport auf einer Straße in Shanghai**

(Foto: Eckhardt Barthel)

Bis etwa Ende der siebziger Jahre galt im Sport das Motto: „Erst die Freundschaft, dann der Wettkampf". Seither bemüht sich die Volksrepublik aber, erfolgreiche Mannschaften zu internationalen Veranstaltungen zu schicken (z.B. Tischtennis, Fechten, Turnen), und kann heute bereits stolz auf Weltmeistertitel und Weltrekorde verweisen. Der Leistungssport hat deshalb in letzter Zeit stark zugenommen.

6.7 Bildungswesen

Die junge Generation zu erziehen, war im *alten* China fast ausschließlich Sache der Familie – und zwar der eng zusammenlebenden Großfamilie mit fester Rangordnung, geführt von einem Oberhaupt (stets ein Mann). Sie verfestigte bei ihren Mitgliedern überlieferte Werte und traditionelles Verhalten, wie etwa Disziplin, Achtung vor dem Alter. Trotz aller gesellschaftlicher und politischer Umwälzungen wirkt sie auch *heute* noch – allerdings schwächer – in diesem Sinne, oft auch dort, wo die Partei andere Ziele verfolgt. Während beispielsweise Kommunisten für die Gleichberechtigung der Geschlechter eintreten, vermitteln viele Eltern auf dem Lande ihren Kindern noch die Vorstellung, Söhne seien mehr wert als Töchter.

Erziehung in der Familie

1949 übernahmen die chinesischen Kommunisten ein Bildungswesen mit Problemen, wie wir sie noch heute aus den meisten Ländern der Dritten Welt kennen:

Ausgangslage

○ Die meisten Arbeiter und fast alle Bauern, insgesamt 85 Prozent der Bevölkerung, waren **Analphabeten**.
○ Nur eine Minderheit der Kinder entsprechenden Alters besuchte die Grundschule.
○ Auf dem Lande, d. h. für die Mehrheit des Volkes, gab es fast keine Schulen.
○ Nur größere Städte hatten höhere Schulen, nur wenige Großstädte Universitäten.
○ Berufsbildender Unterricht steckte noch in den Anfängen.
○ Die Studenten entstammten meist der Oberschicht.
○ Sie belegten überwiegend Fächer wie Jura, Philosophie und Literatur, weniger dagegen Technik und Naturwissenschaften, die geringes Ansehen genossen, weil sie mit den Niederungen der Arbeitswelt zu tun hatten.
○ Es fehlte überall an Lehrern.

Schon vor 1949 sah es die Kommunistische Partei als vordringlich an, den Analphabetismus zu bekämpfen. Dies galt und gilt als *Voraussetzung* dafür,

Kampf gegen Analphabetismus

– China zu einem modernen Industriestaat zu entwickeln,
– die bisher Unterdrückten aus ihrer Unmündigkeit zu befreien und sie zu neuen, sozialistischen Menschen umzuerziehen.

Arbeiter und Bauern können *neben ihrer Arbeit,* in ihrer Freizeit, lesen und schreiben lernen. Partei und Organisationen, Bildungsstätten, Betriebe und sogar die Armee bieten Kurse an. Besonders während des „Großen Sprunges" (siehe 5.2.3) unterrichteten in den Dörfern häufig aus den Städten gekommene Jugendliche, die selbst eben erst die Schule beendet hatten.

1982 waren, nach offiziellen Angaben, nur noch knapp ein Viertel der 12- bis 45jährigen Analphabeten, das heißt, sie beherrschten weniger als das amtlich festgesetzte Mindestmaß von 1500 (in der Stadt: 2000) der zahlreichen und schwierigen Schriftzeichen (siehe 6.8).

„Einheit von Theorie und Praxis"

Um die hochgesteckten Aufbau-Ziele zu erreichen, brauchte China viele **Fachleute,** deren theoretisches Wissen möglichst *unmittelbar* auf die praktischen Anforderungen ihrer Arbeit in einer sozialistischen Gesellschaft abgestimmt sein sollte. Diese angestrebte Einheit von Theorie und Praxis – auch ein Grundsatz marxistisch-leninistischer Pädagogik – galt in allen Fächern und auf allen Stufen, von der Schule bis zur Erwachsenenbildung.

„Verbindung von Arbeit und Lernen"

Als Teil seiner Politik des „Großen Sprunges" (siehe 5.2.3) forderte Mao Zedong – getreu der Losung „Auf zwei Beinen gehen" –, Arbeit und Lernen eng miteinander zu verbinden. Diesen Grundsatz verwirklichte die Führung auf zwei Wegen:

- In *„Halb-Arbeit-Halb-Studium-Schulen",* vor allem auf dem Lande, wechselten kürzere oder längere Zeiten des Unterrichts mit Tätigkeit in der Produktion (z.B. während der Ernte).
- *„Lernen bei offener Tür",* das hieß: Etwa ein Drittel der Schulzeit verbrachten die Schüler nicht im Klassenzimmer, sondern in einem Industrie- oder Landwirtschaftsbetrieb.

Damit wollte sie nicht nur die Ausbildung praxisnäher machen und auch nicht nur Arbeitskräfte gewinnen, sondern nicht zuletzt *ideologische* Ziele erreichen, vor allem

– den Gegensatz von Kopf- und Handarbeit überwinden,
– verhindern, daß besser Qualifizierte sich über die Massen erheben.

Versuche, durch Produktionsarbeit zu erziehen, gingen am weitesten in der **Kulturrevolution** (siehe 4.2.2 und 5.2.5). Die Parteilinke
– verkürzte Schul- und Studienzeiten, vereinfachte Lehrinhalte (zu Lasten theoretischen Wissens) und schloß zeitweise Schulen und Universitäten,
– verlangte, daß Schüler und Lehrer mehr als bisher in Fabriken und auf Feldern arbeiteten,
– ließ zur Hochschule nur Bewerber zu, die mindestens zwei Jahre in Industrie, Landwirtschaft oder Armee tätig waren.

Von den Übertreibungen während der Kulturrevolution ist die Bildungspolitik inzwischen abgerückt, nicht allerdings vom Grundsatz „Einheit von Theorie und Praxis". Beispielsweise müssen **heute**
– Studenten vor ihrem Studium nicht mehr in einem Betrieb beschäftigt gewesen sein,
– Schüler und Studierende kaum noch in der Produktion arbeiten, sondern statt dessen ein fachbezogenes Praktikum durchlaufen.

Politische Erziehung

Ein wesentliches Ziel ist es, die jungen Menschen zu einem **„sozialistischen Bewußtsein"** zu erziehen, wie es die Parteiführung jeweils bestimmt. Sie sollen vor allem erfüllt sein von den *„fünf Lieben",* nämlich
– zum Vaterland,
– zum Volke,
– zur körperlichen Arbeit,
– zur Wissenschaft,
– zum öffentlichen Eigentum (z.B. sorgsamer Umgang),

zudem von internationaler Solidarität (z.B. indem sie revolutionäre Bewegungen unterstützen). Ideologische Schulung dient auch dazu, als negativ kritisierten westlichen Einflüssen entgegenzuwirken, etwa dem Individualismus, der schon im alten China als nicht erstrebenswert galt. Die KP fördert die – traditionelle – Bindung an die Gemeinschaft, in heutiger Sprache: die „Liebe zum Kollektiv".

Während der Kulturrevolution (siehe 4.2.2) *politisierte* die Partei-Linke den Unterricht nahezu völlig: Die Schüler lernten vor allem Mao-Worte auswendig. Danach schränkte die Partei-Rechte die ideologische Erziehung ein, um die zuvor arg vernachlässigte *Fach*ausbildung zu verstärken.

Tabelle 5: **Typische Stundentafeln städtischer Schulen**

Fach	Wochenstunden pro Klasse									
	Grundschule					Mittelschule				
	1.	2.	3.	4.	5.	6.	7.	8.	9.	10.
Chinesisch	13	13	9	7	7	6	6	6	6	6
Mathematik	7	7	7	7	7	6	6	6	6	6
Fremdsprache	–	–	4	4	4	6	5	5	5	4
Politik	–	–	–	2	2	2	2	2	2	2
Sport	2	2	2	2	2	2	2	2	2	2
Kunst	2	2	2	1	1	1	1	–	–	–
Musik	2	2	2	1	1	1	1	–	–	–
Naturkunde	–	–	–	2	2	–	–	–	–	–
Physik	–	–	–	–	–	–	3	3	4	6
Chemie	–	–	–	–	–	–	–	3	3	5
Biologie	–	–	–	–	–	2	1	2	–	2
Geographie	–	–	–	–	–	3	2	–	–	–
Geschichte	–	–	–	–	–	–	2	2	3	–
Wochenstunden	26	26	26	26	26	29	31	31	31	33

(Nach: Jürgen Henze: Die Reform des Schul- und Hochschulwesens in der Volksrepublik China seit 1976. Berichte des Bundesinstituts für ostwissenschaftliche und internationale Studien, Köln, 11/1982, S. 16 und 20)

Vorschulerziehung

Während über 90 Prozent der Sieben- bis Zwölfjährigen die Grundschule besuchen, geht von den Jüngeren nur jeder *vierte* in einen Kindergarten. Dieser für ein sozialistisches Land verhältnismäßig kleine Anteil erklärt sich vor allem aus der nach wie vor lebendigen Tradition, wonach – besonders im Dorf – die Großeltern für die Enkel sorgen.

Berufsbildung

Da für den Modernisierungskurs (siehe 5.2.6) mittlere Fachkräfte fehlen, bemüht sich die Regierung seit Ende der siebziger Jahre, in erster Linie die bisher unterentwickelte Berufsbildung auszubauen,
– sei es, um *Grund*kenntnisse zu vermitteln,
– sei es, um zu *höherwertigen* Abschlüssen zu führen.

Hochschulzugang

Für den wachsenden Bedarf an Akademikern ist das Angebot an Hochschul-Studienplätzen immer noch zu gering. Deshalb müssen Bewerber – wie im kaiserlichen China – strenge **Aufnahmeprüfungen** bestehen, bei denen sie umfangreiches Wissen nachzuweisen haben (neuerdings zunehmend auch in Fremdsprachen). 80 bis 90 Prozent fallen durch. Die Folgen:
○ Der *Leistungsdruck* schlägt durch über die Mittel- bis zur Grundschule.
○ Vorwiegend kommen diejenigen weiter, deren Eltern gebildet genug sind, ihnen zu helfen.
○ *Benachteiligt sind Arbeiter- und Bauern-Kinder,* also gerade die, denen die Partei bevorzugt höhere Bildung ermöglichen will.

Erwachsenen-bildung

Lebenslang zu lernen, ist eine alte Tradition in China. Was jedoch früher nur einer kleinen Elite vorbehalten war, steht seit 1949 jedermann offen. Viele Millionen Werktätige, Frauen wie Männer, bilden sich allgemein und fachlich weiter – *neben* ihrer täglichen Arbeit, häufig allerdings für gewisse Zeiten freigestellt. An **„Arbeiter- und -Bauern-Schulen"** können sie beispielsweise
– einzelne Unterrichtsstoffe nachholen und vertiefen,
– vollgültige Mittel- und Hochschul-Abschlüsse erwerben,
oft im *Fern*studium und mit Hilfe von Radio und Fernsehen. Andere qualifizieren sich *in* ihren Betrieben, etwa vom Facharbeiter zum Techniker.

Abbildung 34: **Aufbau des Bildungswesens**

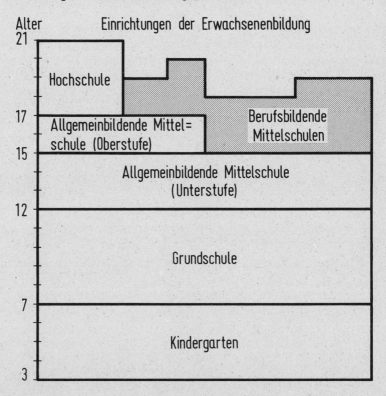

Schwerpunkt-Schulen

Wenige Prozent der Grund-, Mittel- und Hochschulen – die „Schwerpunkt-Schulen" – bieten überdurchschnittlich *gute* Lernbedingungen. Ihre Absolventen erreichen deshalb meist höhere Leistungen und haben bessere Aussichten, einen der begehrten Studienplätze zu erhalten und damit spä-

ter auch im Beruf aufzusteigen. Diese Neuerung (seit 1978) ist bis heute umstritten:
○ Die einen befürworten sie als notwendiges Mittel, *Begabte* zu fördern, die sich in schweren Aufnahmeprüfungen als geeignet bewährt haben.
○ Die anderen kritisieren sie als Irrweg, der wieder zu einer bürgerlichen *Elite*bildung führt, da Schüler und Studenten überwiegend aus Akademiker- und Funktionärs-Familien kommen.

Partei und Regierung sprechen heute offen über die Probleme: **Probleme**
○ In vielen Regionen sind Arbeiter und Angestellte noch nicht genügend gebildet für die wachsenden Anforderungen der Modernisierungs-Politik.
○ Viele Lehrer sind nicht ausreichend qualifiziert, zudem unterbezahlt.
○ Zahlreiche Schulen sind baufällig, es mangelt an Lehrmaterial, in einer Klasse drängen sich 40 bis 50 Schüler.
○ Es fehlt an Geld.
○ Absolventen finden häufig keinen Arbeitsplatz, der ihrer Ausbildung entspricht. Viele sind arbeitslos (siehe 5.3.6).
○ Abgesehen von einzelnen Spitzenleistungen erreicht die Forschung noch keinen hohen Stand.

Trotz aller Schwierigkeiten haben die chinesischen Kommunisten auch **Erfolge** große Erfolge im Bildungswesen erzielt: Im Vergleich zu fast allen anderen Entwicklungsländern
– lernen mehr Menschen lesen und schreiben,
– haben Kinder von Arbeitern und Bauern größere Möglichkeiten.

Tabelle 6: **Schüler und Studenten** (in Millionen)

Schulart	1950	1959	1972	1981
Grundschulen	28,9	90,0	127,0	143,3
Mittelschulen	1,3	10,5	35,0	48,6
Berufsbildende Schulen	0,3	2,4	·	2,2
Hochschulen	0,1	0,8	0,2	1,3

· = Angabe liegt nicht vor.
(Nach Angaben des Statistischen Bundesamtes und des Kommuniqués über die Erfüllung des Volkswirtschaftsplanes 1981, Beijing Rundschau vom 18. Mai 1982, S. 21 f.)

6.8 Sprache und Schrift

Die Han-Chinesen, über neun Zehntel der Bevölkerung (siehe 6.11), sprechen *acht* sehr unterschiedliche *Dialekte,* fast schon eigene Sprachen. Jemand aus dem Norden kann sich mit jemandem aus dem Süden kaum unterhalten. Sie benutzen aber die gleichen Schriftzeichen, die überall im Lande dasselbe bedeuten und seit über 2000 Jahren im Kern unverändert sind. Diese dauerhafte Einheit der Schrift hat beigetragen zur kulturellen und politischen *Einheit Chinas.*

Einheitliche Schrift

Reform

Etwa 3000 Zeichen muß man beherrschen, um eine Tageszeitung lesen zu können. Große Lexika umfassen bis zu 50 000. Die vielen, teilweise sehr komplizierten Schrift-Bilder sind schwer zu erlernen. Daher bemüht man sich schon seit Ende des vorigen Jahrhunderts, besonders aber seit 1956, die chinesische Schrift zu vereinfachen. Das soll auch den Kampf gegen das Analphabetentum und den Unterricht in der Schule erleichtern.
Die Regierung läßt **zwei Verfahren** zu: Die Zeichenschrift
– bleibt *erhalten,* doch mit geringerer Strichzahl bei schwierigeren Symbolen,
– *entfällt* ganz zugunsten *lateinischer* Buchstaben *(Pinyin).*

Abbildung 35: **Wandel chinesischer Schriftzeichen**

Siegel-schrift (2500 bis 220 v. Chr.)	Standard-schrift (seit 220 v. Chr.)	Vereinfachte Schrift (seit 1956)	Phone-tische Um-schrift	*Deutsche Über-setzung*
 馬	馬	马	ma	Pferd
豐	豐	丰	feng	reich, üppig
豐	Getreidegarben und gestapeltes Getreide auf dem Boden der Tenne			

Latinisierung

Die Latinisierung als radikalste Lösung ist aber heftig umstritten, beseitigt sie doch ein Stück kultureller Identität der Chinesen. Soll sie landesweit gelten, müßte man auch eine einheitliche Sprache einführen. Die alten chinesischen Schriftzeichen können alle verstehen, die *lesen* gelernt haben, gleichgültig, welchen Dialekt sie *sprechen.* Auch um die Lautumschrift wenigstens für einige wichtige Teilbereiche nutzen zu können (z.B. Technik und Verkehr), versucht die Regierung, den von etwa der Hälfte der Bevölkerung gesprochenen Nord-China- oder Peking-Dialekt als *Hochsprache* zu verbreiten.

6.9 Kultur

Leitlinien

Die wichtigsten Grundsätze einer marxistisch-leninistischen Kulturpolitik auch für China legte Mao Zedong bereits 1942 dar, mitten während des Krieges gegen Japan:
○ Jede Kunst habe **Klassencharakter.**
○ Im Kampf um den Sozialismus müsse sie dem werktätigen **Volke dienen.**
○ Das neue China werde aus seinem 4000-jährigen kulturellen **Erbe** und aus dem Ausland alles pflegen und nutzen, was für die Massen wertvoll sei.

Mao über Kunst
„Wir wollen das von früheren Generationen in China und im Ausland hinterlassene reiche literarische und künstlerische Erbe sowie die besten literarischen und künstlerischen Traditionen Chinas und des Auslands übernehmen, wobei aber das Ziel dasselbe bleibt: sie in den Dienst der Volksmassen zu stellen. Wir lehnen es auch nicht ab, die literarischen und künstlerischen Formen vergangener Epochen zu benutzen, aber in unseren Händen werden diese alten Formen – umgestaltet und mit neuem Inhalt erfüllt – zu etwas Revolutionärem im Dienste des Volkes."
„Eine Kunst um der Kunst willen, eine über den Klassen stehende Kunst, eine Kunst, die neben der Politik einherginge oder unabhängig von ihr wäre, gibt es in Wirklichkeit nicht ... sie ist den revolutionären Aufgaben untergeordnet, die von der Partei für die betreffende Periode der Revolution festgelegt worden sind."
„Darum sind wir sowohl gegen Kunstwerke, die falsche politische Ansichten enthalten, als auch gegen die Tendenz des sogenannten Plakat- und Schlagwortstils, der nur richtige politische Ansichten ausdrückt, aber künstlerisch kraftlos ist."
(Mao Tse-tung: Reden bei der Aussprache in Yenan über Literatur und Kunst (Mai 1942), in: Ausgewählte Werke, Band III, S. 84, 95 und 100)

Die Partei lenkt und kontrolliert – unmittelbar, über Behörden und Künstlerverbände – das gesamte Kulturleben, wenn auch nicht immer gleich stark: **Steuerungsmittel**
- Durch zentral verordnete *Kritik* und, gelegentliche, Verbote warnt sie vor ungenehmen Inhalten und Formen.
- Mehr noch sucht sie die Künstler durch *Appelle* in die jeweils erwünschte Richtung zu drängen.
- Öffentlich wirksame Kunst ist nur möglich, wenn die Kulturbürokratie sie *genehmigt* hat. Selbst Geschichtenerzähler in den Dörfern benötigen eine Lizenz und müssen ihr Programm registrieren lassen.
- Allein die KP verfügt über Filmateliers, Druckereien, Schallplattenstudios, kurz: über die wichtigsten *materiellen Voraussetzungen* für fast alles, was die Chinesen zu sehen, zu lesen und zu hören bekommen.

Die stärksten Eingriffe in das Kulturleben geschahen während der Kulturrevolution (siehe 4.2.2). Theater, Literatur und alle anderen Künste hatten jetzt *ausschließlich*   **Kulturrevolution**
– den Klassenfeind zu bekämpfen,
– die Massen mit revolutionärem Bewußtsein zu erfüllen.
Überliefertes war verfemt. Lediglich traditionelle Formen blieben erhalten, doch nun mit neuen, revolutionären Inhalten. Vielerorts zerstörten Trupps fanatisierter „Roter Garden" Kulturdenkmäler. Romane und Gedichte durften nur erscheinen, wenn sie vordergründig die gerade herrschende kulturrevolutionäre Linie verherrlichten. Schriftsteller mußten erniedrigende Selbstkritik üben, manche wurden verhaftet, einige sogar umgebracht.

Maos Frau Jiang Qing, später als Mitglied der „Viererbande" verurteilt, forderte bereits 1964, „künstlerische Gestalten fortschrittlicher Revolutionäre zu zeichnen, um die Massen zu erziehen, zu begeistern und vorwärts zu führen" (nach: Peking Rundschau vom 23. Mai 1967, S. 10). Anstelle der – mehrere hundert Werke umfassenden – klassischen Peking-Oper, deren Stilelemente sie aber übernahm, führte sie einige wenige „revolutionäre Musterstücke" ein (z. B. „Mit taktischem Geschick den Tigerberg erobern"). In ihnen treten nicht mehr Kaiser und Adlige auf, sondern nur noch Klassenfeinde und revolutionäre Helden. Inzwischen sind sie längst aus den Spielplänen verschwunden.

Abbildung 36: **Kulturrevolutionäres Ballett**

Ein Ensemble singt die Nationalhymne und schwenkt die rote Mao-Fibel.
(Foto: Fischbeck/Ullstein Bilderdienst Berlin)

Kultur nach der Kulturrevolution

Nach dem Sturz der „Viererbande" erschienen viele Werke mit bisher unterdrückten Themen. Die Partei ließ zunächst den Künstlern weitgehende Freiheit („Pekinger Frühling"), schränkte sie jedoch bald wieder ein. Die Grenzen jedoch sind heute – ähnlich wie während der „Hundert-Blumen-Bewegung" (siehe 4.8) – *weniger eng* als vorher.

○ Der Staat fördert das kulturelle Erbe, besonders die Volkskunst (Tanz, Lied, Märchen, Puppen- und Schattenspiel, Kunsthandwerk, Bauernmalerei).

○ Traditionelle, westliche und neue Ausdrucksweisen bestehen nebeneinander.

○ Das klassische Theater (Tanz, Akrobatik, Musik, Mimik und Deklamation) hat das revolutionäre Pathos überwunden und bietet wieder auch Unterhaltung.

○ Romane und Kurzgeschichten, Filme und Fernsehsendungen setzen sich, meist anhand von Einzelschicksalen, mit der Kulturrevolution und der „Viererbande" auseinander („Narbenliteratur"). Liebesthemen sind nicht mehr tabu.

○ Kultur anderer Länder ist mehr als früher zugänglich; z.B.
  – stehen an Buchläden häufig viele Chinesen an, um Übersetzungen ausländischer Werke zu kaufen,
  – geben die Berliner Philharmoniker, vom Publikum gefeiert, Konzerte mit Stücken von Beethoven, die während der Kulturrevolution als reaktionär galten.

Grundsätze für Schriftsteller und Künstler:
„An den Grundprinzipien, wie an der Führung durch die Partei und an dem sozialistischen Weg festhalten, entsprechend der Richtlinie „Laßt hundert Blumen blühen, laßt hundert Schulen miteinander wetteifern!" die Literatur und Kunst zur Blüte bringen, mit Leib und Seele dem Volk, dem Sozialismus dienen;
Gewissenhaft die revolutionäre Theorie studieren, unter die Massen gehen und sich mit ihnen vereinen;
Künstlerische Fertigkeiten verbessern und ständig von hervorragenden kulturellen Errungenschaften aus der Geschichte wie der Gegenwart, aus China wie aus dem Ausland lernen. Werke von hohem ideologischem und künstlerischem Niveau und mit nationaler Prägung schaffen, um die Bedürfnisse des Volkes zu decken;
Bescheiden die Kritik aus dem Volk anhören und den Mut haben, die Wahrheit hochzuhalten und Fehler zu korrigieren;
Bescheidenheit und Umsicht befürworten und Arroganz und Selbstzufriedenheit bekämpfen;
Bewußt den bürgerlichen und feudalen Ideen und anderen zersetzenden Mißständen standhalten;
Die Kritik und Selbstkritik, gegenseitige Hilfe und Einheit unter den Schriftstellern und Künstlern fördern;
Enthusiastisch die Nachwuchskräfte unterstützen und zum Ausbau der Reihen sozialistischer Schriftsteller und Künstler beitragen."
(Vom nationalen Komitee der Literatur- und Kunstschaffenden im Juni 1982 angenommene Grundsätze, nach: China aktuell vom Juni 1982, S. 337 f.)

6.10 Religionspolitik

Die traditionellen Hauptreligionen Chinas – Konfuzianismus (eher eine Gesellschafts- und Staatsdoktrin), Taoismus und Buddhismus – sind keine festgefügten Glaubenslehren mit *Ausschließlichkeitsanspruch*. So sehr sie sich in ihren Aussagen unterscheiden, so sehr gehen sie im Alltag des Chinesen ineinander über: Der Konfuzianer kann seine Ahnen in einem buddhistischen Tempel verehren, in dem auch Statuen taoistischer Götter stehen. *Religion keine starke Macht*

Als die Kommunisten die Macht übernahmen, standen ihnen – anders als in Osteuropa – keine starken Kirchen-*Organisationen* gegenüber, deren Werte und Verhaltensregeln mit dem Marxismus-Leninismus hätten konkurrieren können. Sie
- griffen den Konfuzianismus als reaktionär-feudal an, *Erste Maßnahmen der KP*
- verfolgten den Vulgär-Taoismus als Aberglauben sowie seine Sekten und Geheimbünde,
- sammelten die Buddhisten erstmals in einem Einheitsverband, den die KP politisch kontrolliert,
- schalteten die straffer geführten islamischen und christlichen Gemeinschaften gleich.

Gegenüber dem *Islam* verfuhr die Regierung vorsichtig, da er die Religion nationaler Minderheiten ist (siehe 6.11).
Als legale *christliche* Organisationen galten nur
- die „Patriotische katholische Reform-Kirche", die sich 1957 vom Vatikan trennte und bis heute von Rom nicht anerkannt ist,
- die protestantische „Drei-Selbst-Bewegung" (Selbstverwaltung, Selbsterhaltung, Selbstpropagierung).

Die Mitglieder dieser Gruppen äußern und verhalten sich staatstreu, bejahen den Sozialismus und wollen vor allem unabhängig vom Ausland bleiben. Denn viele Chinesen sahen die christlichen Kirchen als verlängerte Arme der imperialistischen Mächte, die Missionare als Beauftragte ausländischer Herren.

Religionsfreiheit unterdrückt

Alle Verfassungen der Volksrepublik garantierten und garantieren „Religionsfreiheit sowie die Freiheit, sich zu keiner Religion zu bekennen und den Atheismus zu propagieren". Bald nach 1949 begann die Partei jedoch, Religion aus dem öffentlichen Leben zu verdrängen und auf eine reine, nicht immer geduldete *Privat*sache einzuengen. Besonders während der Kulturrevolution mußten Priester und Gläubige viel erleiden. Rote Garden schlossen in ihrem Kampf gegen alles, was sie für Aberglauben hielten, Tempel und Moscheen, Klöster und Kirchen und zerstörten nicht wenige davon. Häufig mißhandelten und verjagten sie Geistliche.

Neuer Kurs

Seit Ende der siebziger Jahre gibt sich die Regierung **liberaler,** nicht zuletzt, so die Partei, um „den Enthusiasmus der Massen der Gläubigen für die erfolgreiche Durchführung der Politik der Vier Modernisierungen zu gewinnen". Sie betont heute den marxistischen Grundsatz, Religion könne man nicht gewaltsam beseitigen, sie werde vielmehr in einer künftigen kommunistischen Gesellschaft von allein *absterben,* wenn kein soziales Bedürfnis für sie mehr bestehe. Bis dahin dürfe man loyale („patriotische") Gläubige nicht bekämpfen, sondern müsse sie allmählich zu sozialistischer Gesinnung umerziehen.

Obwohl die KP an ihrem Atheismus festhält, ist es jetzt beispielsweise wieder erlaubt,
- als Mönch im Kloster zu leben,
- Tempel und andere heilige Stätten zu öffnen, die gut besucht sind (2000 Pekinger Katholiken gehen sonntags zur Kirche),
- Bibeln zu drucken (allein 1982 erschienen eine Million Exemplare in chinesischer Sprache),
- religiöse Literatur und Kultgegenstände (z. B. Räucherstäbchen) zu kaufen,
- Priester-Nachwuchs an eigenen Schulen auszubilden,
- Kontakte mit dem Ausland zu pflegen, soweit der Staat sie zuläßt.

Anhänger

Nach Schätzungen teils der Regierung, teils von Religionsgemeinschaften gab es Anfang der achtziger Jahre in der Volksrepublik China
- 100 Millionen Buddhisten,
- 25 bis 50 Millionen sunnitische Muslimen,
- zwei bis drei Millionen Katholiken,
- 800 000 bis zwei Millionen Protestanten.

Möglichkeiten und Grenzen

Der Spielraum für Religionen ist heute größer als zu Zeiten Maos. Doch endet er dort, wo er die Macht der Partei berührt. Nach wie vor kann ein Gläubiger nicht der KP angehören und damit auch an vielen Stellen im Staatsdienst nicht arbeiten. Da in China die Religionen keine unabhängigen und politisch oppositionellen Massenbewegungen sind, kann die Führung in Peking die Grenzen großzügig bemessen.

Staat und Religion

Artikel 36 der Verfassung
„Die Bürger der Volksrepublik China genießen die Glaubensfreiheit.
Kein Staatsorgan, keine gesellschaftliche Organisation und keine Einzelperson darf Bürger dazu zwingen, sich zu einer Religion zu bekennen oder nicht zu bekennen, noch dürfen sie jene Bürger benachteiligen, die sich zu einer Religion bekennen oder nicht bekennen.
Der Staat schützt normale religiöse Tätigkeiten. Niemand darf eine Religion dazu benutzen, Aktivitäten durchzuführen, die die öffentliche Ordnung stören, die körperliche Gesundheit von Bürgern schädigen oder das Erziehungssystem des Staates beeinträchtigen.
Die religiösen Organisationen und Angelegenheiten dürfen von keiner ausländischen Kraft beherrscht werden."

Der Dalai Lama über Buddhismus und Marxismus
„Beide legen die Betonung auf das Wohlbefinden der Mehrheit mit besonderer Aufmerksamkeit für die armen Leute, die Klasse der Arbeiter, die es am dringendsten brauchen. Ohne ökonomischen Ausgleich wird es keine politische und soziale Gleichheit geben. Zum anderen haben beide das Prinzip der Selbstschöpfung, daß die Dinge von unserem eigenen Handeln abhängen, von uns selbst ...
In der Tat hat die Erfahrung gezeigt, daß der Marxismus nicht alle Fragen der menschlichen Gesellschaft beantworten kann. Er hat gute und schlechte Seiten. Aber auch der Buddhismus reicht allein nicht aus für eine umfassende sozio-ökonomische Politik in der Zukunft, er kann sich viele Punkte aus marxistischen, sozialistischen und demokratischen Systemen aneignen. Solch ein gemeinsames Handeln würde Millionen Menschen helfen."
(Aus einem Gespräch mit Karl Johaentges im März 1982, in: das neue China IX/6 vom November/Dezember 1982, S. 8)

Katholische Dogmen und Staats-Loyalität
„Das vom Staat mit allen Mitteln gebremste Bevölkerungswachstum wird in den chinesischen Beichtstühlen nicht unterlaufen. Die Kirche sei gegen die Scheidung, aber sie mische sich nicht ein. ‚Wir vermeiden alles, was die Gläubigen in Konflikte mit ihrer Loyalität dem Staat gegenüber bringen würde', sagt Chinas führender Katholik. Empfängnisverhütung und die in China erlaubte und als letztes Mittel zum Zweck der Geburtenbeschränkung aufgedrängte Abtreibung wird den Gläubigen als ‚bona fide-Entscheidung' (guten Glaubens – die Verfasser) nach ihrem Gewissen überlassen. ‚Eine sorgfältig überlegte Entscheidung, die ‚ein gutes Ergebnis für den Staat bringt, ist eine gute Sache', meint Bischof Jang."
(Gespräch von Carol Bargmann mit dem katholischen Bischof Jang Kao-tschien, Generalsekretär des Landesausschusses der chinesischen katholischen Kirchen, in: Frankfurter Allgemeine Zeitung 299 vom 27. Dezember 1982, S. 3)

6.11 Nationale Minderheiten

Die überwiegende Mehrheit der Bevölkerung sind *Han*-Chinesen (so genannt nach einer Dynastie, die vor rund 2000 Jahren herrschte). Nach der Volkszählung von 1982 gehören 67 Millionen *(6,7 Prozent)* den 55 anerkannten nationalen Minderheiten an – das sind mehr Einwohner, als in der Bundesrepublik leben. Sie besiedeln aber über die Hälfte der Fläche Chinas. Diese Volksgruppen unterscheiden sich nicht nur von den Han, sondern auch untereinander, vor allem in

- ihren Umweltbedingungen (Gebirge, Wüstengebiete, Steppen, Wälder),
- ihren Wirtschaftsformen (Nomaden mit Viehherden, Ansässige mit Ackerbau und Jagd),
- Sprache und Schrift (teils türkischer, arabischer, indischer Herkunft),
- Sitten und Bräuchen sowie Religion (z.B. Animismus, Islam, Lamaismus, Buddhismus, Christentum).

55 Minderheiten

Unterschiede

Abbildung 37: **Bedeutende nationale Minderheiten**

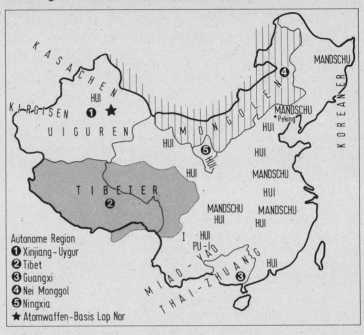

	Bedeutung der Gebiete	

Auch wenn die von Minderheiten bewohnten Gebiete meist unwirtlich sind, haben sie doch große Bedeutung für die Volksrepublik China:
○ **Militärisch:** Vorwiegend handelt es sich um *Grenz*regionen gegenüber von Staaten, zu denen die Beziehungen oft gespannt sind. Hier befinden sich Atomforschungsanlagen, Versuchsgelände und Abschußrampen für Kern- und Raketenwaffen.
○ **Politisch:** Häufig leben auf beiden Seiten der Grenze Menschen gleicher Nationalität, die nicht völlig kontrollierbare Kontakte zueinander

---

Der Verfassungs-Anspruch
„Alle Nationalitäten in der Volksrepublik China sind gleichberechtigt. Der Staat schützt die legitimen Rechte und Interessen der nationalen Minderheiten und erhält und entwickelt die Beziehungen der Gleichberechtigung, der Einheit und des gegenseitigen Beistandes unter allen Nationalitäten Chinas. Die Diskriminierung und Unterdrückung jeglicher Nationalität sind verboten, desgleichen jede Handlung, die die Einheit der Nationalitäten untergräbt oder ihre Spaltung betreibt.
In Übereinstimmung mit den Besonderheiten und Bedürfnissen der verschiedenen nationalen Minderheiten verhilft der Staat den von den nationalen Minderheiten bewohnten Gebieten zur beschleunigten Entwicklung ihrer Wirtschaft und Kultur.
In den Gebieten, in denen nationale Minderheiten in geschlossenen Gemeinschaften leben, wird regionale Autonomie praktiziert; in jedem dieser Gebiete werden Selbstverwaltungsorgane zur Ausübung der Autonomie eingerichtet. Alle Regionen mit nationaler Autonomie sind untrennbare Bestandteile der Volksrepublik China.
Allen Nationalitäten steht es frei, ihre eigene Sprache und Schrift anzuwenden und zu entwickeln; es steht ihnen frei, ihre Sitten und Gebräuche beizubehalten oder zu reformieren."
(Artikel 4 der Verfassung von 1982)

unterhalten. Über sie sickern auch unerwünschte Einflüsse nach China ein (z.B. neues politisches Selbstbewußtsein des Islam).
○ **Wirtschaftlich:** Die für die Industrialisierung notwendigen Rohstoffe wie Erdöl und Uran lagern zum Teil in diesen Räumen.

Über Jahrhunderte hinweg hatten die Han und ihre Zentralregierung Minderheiten meist bevormundet und unterdrückt und ihnen oft nur sehr begrenzt erlaubt, ihre Kultur und Religion zu pflegen. Die Kommunisten traten bis 1949 noch für völlige *Selbstbestimmung* der einzelnen Nationalitäten ein. Danach jedoch gewährten sie ihnen bloß eine beschränkte, im wesentlichen nur *kulturelle Unabhängigkeit* in einem verstärkt zentralistischen Einheitsstaat. *Minderheiten-Politik*

Partei und Regierung bemühen sich, die Minderheiten zu fördern, vor allem indem sie *Förderung*
– mehr *Bildungsmöglichkeiten* anbieten, damit die immer noch außergewöhnlich hohe Analphabetenrate sinkt,
– neue *Arbeitsplätze* schaffen, da die wirtschaftliche Lage und die Lebensbedingungen schlechter sind als bei den Han,
– das *Gesundheitswesen* verbessern, um den Abstand zum chinesischen Durchschnitts-Standard zu verringern,
– vom Aussterben bedrohte *Kulturen* einiger Gruppen zu erhalten sucht, z.B. in eigenen „Instituten für nationale Minderheiten".

Der traditionelle *„Groß-Han-Chauvinismus"* ist noch nicht überwunden, das Überlegenheitsgefühl der Han gegenüber kleineren ethnischen Gruppen häufig spürbar. In den sechziger und siebziger Jahren hat die Partei in den autonomen Regionen – wegen deren strategischer und wirtschaftlicher Bedeutung – zwangsweise Millionen vor allem jugendlicher Han-Chinesen angesiedelt. Dort gehören den Leitungsgremien der KP und des Staates nur wenige Vertreter der einheimischen Nationalitäten an. In Tibet sind sogar neun von zehn Führungskräften Han, obwohl dieses Volk nur sieben Prozent der Einwohner ausmacht. Als „schleichende Sinisierung" werten Kritiker auch den Versuch der Pekinger Zentralregierung, eine einheitliche, allen verständliche Schrift und Sprache einzuführen (siehe 6.8). *Konflikte*

Ein Bo-lan erzählt
„Ich gehöre zur Minderheit Bo-lan. In alten Zeiten war ich Leibeigener meines Herrn, aber nachdem unser Gebiet befreit war, wurde ich mit allen Rechten ausgestattet. Früher habe ich immer Angst vor dem Han-Volk gehabt, ich hatte immer zu hören bekommen, man soll keinen Stein als Kopfkissen nehmen und keinen Han als Freund. Als das Volksbefreiungsheer hier auftauchte, floh ich in die Berge – erst später ging mir auf, was es an Gutem gebracht hat. Meine Volkszugehörigkeit war die am geringsten geachtete, und ich durfte Fremde nicht ansprechen, ohne gefragt zu werden. Wenn ich mit ihnen sprach, dann mußte ich sie Vater oder Mutter nennen, selbst wenn sie vielleicht noch Kinder waren. Uns war nicht erlaubt, Partner aus anderen Volkszugehörigkeiten zu heiraten. Das können wir jetzt. Wenn ein Han sich mit einem Mitglied einer Minderheit verheiratet, werden die Kinder aus dieser Ehe als Angehörige der Minderheit betrachtet. Wenn ein Mann und eine Frau heiraten, die beide Mitglieder von Minderheiten sind, dann bekommen die Kinder die Volkszugehörigkeit des Vaters in ihre Papiere. Das ist unsere Praxis.
Aber es kommt selten vor, daß Angehörige von Minderheiten sich mit Han-Leuten verheiraten."
(Aus: Jan Bredsdorf, der mehrere Jahre in China lebte: Die große Wut des Genossen Li auf die Viererbande oder Das Ende einer Utopie? Rowohlt Verlag Reinbek bei Hamburg 1979, S. 316)

7. Außenpolitik

7.1 Historische Erfahrungen

7.1.1 Kaiserreich

Überlegen-heitsgefühl

Bis Mitte des 19. Jahrhunderts unterhielt China nur wenige und nur einseitige Beziehungen zur Außenwelt. Die führenden Schichten hielten ihren Staat für das „Reich der Mitte", das allen übrigen Ländern überlegen und übergeordnet sei. Gesandtschaften *kamen* nach China, *gingen* aber nicht von Peking in andere Hauptstädte. Diplomatie beschränkte sich im wesentlichen darauf,
- die *Formen* festzulegen, in denen Ausländer sich dem gottnahen Kaiser unterwürfig nähern durften,
- von Fremden, in denen man nicht gleichrangige Partner sah, sondern nur Vasallen, *Tribute* zu fordern und entgegenzunehmen.

„Barbaren"

Austausch mit anderen Hochkulturen gab es nicht, galten doch die Nachbarvölker und -staaten als „Barbaren", die zwar gefährlich werden könnten, aber kulturell nicht ebenbürtig seien. Wichtig war nur, sich gegen ihre Angriffe zu schützen, z.B. durch den Bau der *Großen Mauer*. Trotzdem eroberten fremde Völker das chinesische Reich, so die Mongolen und Mandschuren. Doch brachten sie keine neue Kultur nach China, sondern übernahmen die chinesische.

Die Chinesen lehnten Fremdeinflüsse nicht rundweg ab, sie **sinisierten** sie vielmehr, d.h., sie paßten sie ihrer Kultur und Lebensweise an (z.B. den Buddhismus).

Beginn des Kolonialismus

Im 19. Jahrhundert erlag das geschwächte Reich mehr und mehr dem Druck europäischer und anderer Kolonialmächte, besonders dem Großbritanniens. Nicht China selbst hatte sich seit dieser Zeit dem Ausland geöffnet, es wurde geöffnet, – vor allem durch den **Opiumkrieg** (1840-1842).

Verkauf und Gebrauch von Opium waren in China durch kaiserliches Dekret verboten. Doch brachten englische Händler große Mengen Rauschgift ins Land. Mit dem Silber, das die Chinesen dafür zahlten, finanzierte England seinen Chinahandel. Die chinesische Wirtschaft, Währung und vor allem die Volksgesundheit erlitten schweren Schaden. 1839 ergriff die Regierung Gegenmaßnahmen, ließ alle Opiumvorräte in britischen Faktoreien in Kanton vernichten und ging streng gegen Landsleute und Ausländer vor, die mit dem Gift handelten. Daraufhin griff England mit einer Flotte und mit Landungstruppen an.

„Ungleiche Verträge"

Der Krieg endete mit dem Frieden von Nanking (1842), den die Chinesen als ersten „ungleichen Vertrag" bezeichnen, weil er sie zu demütigenden Zugeständnissen zwang: China mußte
- *Hongkong* auf ewig an die britische Krone abtreten,
- erlauben, chinesische *Häfen* für den Handel zu nutzen, und den ausländischen Niederlassungen dort eigene Hoheitsrechte zugestehen,
- christliche *Missionen* wieder zulassen,
- obendrein hohe Entschädigungen zahlen.

Abbildung 38: **Verlust von Gebieten und Einflußzonen**

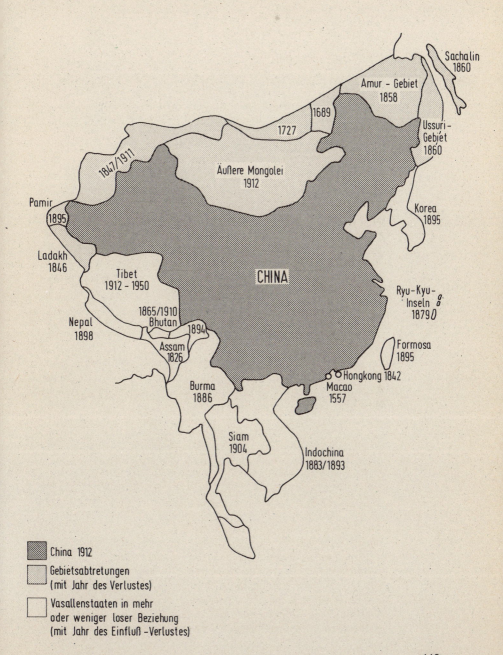

Der Vertrag von Peking (1860), nach dem zweiten Opiumkrieg geschlossen, legalisierte den Handel mit diesem Rauschgift.

Bedeutung des Opiumkrieges
„Das entscheidende neue Element bei dem Opiumkrieg war, daß sich China hier zum erstenmal der Regierung eines modernen kapitalistischen westlichen Nationalstaates gegenübersah und nicht wie bisher einzelnen fremden Individuen, Gruppen von Individuen oder gelegentlich einem einzelnen amtlichen fremden Vertreter. Dieser fremde Nationalstaat war nicht nur China militärisch weit überlegen, sondern er war auch nicht bereit, sich in die hergebrachten Normen chinesisch-ausländischer Beziehungen einzufügen. Er wollte vielmehr die Chinesen dazu bringen, ihre auswärtige Politik dem westlichen System internationaler Beziehungen anzupassen ... Der Opiumkrieg beendete den langen Zeitraum, in dem China den Rahmen und die Formen zwischenstaatlicher Beziehungen bestimmen und auch in seinem Verkehr mit den Abendländern zur Geltung bringen konnte; er leitete den Zusammenbruch des gesamten traditionellen Systems ein."
(Der deutsche Sinologe Wolfgang Franke, in: China-Handbuch, Sp. 997)

Imperialismus

Je schwächer China wurde, desto leichter gelang es den imperialistischen Mächten, immer mehr **Vorrechte** in Wirtschaft und Verkehr durchzusetzen. Gegen Ende des Jahrhunderts
- baute Japan durch einen überwältigenden militärischen Sieg (1895) seine Vorherrschaft über Korea aus und annektierte Formosa (Taiwan),
- zwangen England, Frankreich, Rußland, Japan und Deutschland die kaiserliche Regierung, ihnen Stützpunkte an der Küste zu verpachten,
- teilten diese Staaten China in **Einflußzonen** auf, in denen sie das Land ausbeuteten (siehe 2.1 und Abbildung 39).

Jede dieser Mächte, voran Großbritannien, war interessiert, daß China die Gebiete, die sie selbst wirtschaftlich durchdrang, nicht an einen Konkurrenz-Staat abtrat. Deshalb veranlaßten sie Peking zu entsprechenden Garantie-Erklärungen für die Einflußzonen. Chinesische Politiker sahen in dieser Demütigung auch eine Chance, die Ausländer gegeneinander auszuspielen („Beherrschung der Barbaren durch Barbaren").

Halbkolonie

Vor allem wegen der unterschiedlichen Wirtschaftsinteressen der Großmächte wurde China keine Kolonie (wie etwa Indien), sank jedoch in die Abhängigkeit einer Halbkolonie.

Boxeraufstand

Das Eindringen und Verhalten der Ausländer, die wachsende Zahl nichtchinesischer Banken und christlicher Kirchen riefen einen starken *Fremdenhaß* hervor. Unter dem Motto „Schützt das Kaiserhaus und vernichtet die Fremden" rebellierten 1900 vor allem Mitglieder der Geheimgesellschaft der „Boxer" („Faustkämpfer für Recht und Einigkeit"). Die Aufständischen brannten Gotteshäuser nieder, ermordeten Missionare und getaufte Chinesen und stürmten das Gesandtschaftsviertel in Peking.

Ums Leben kam dabei auch der Gesandte des Deutschen Reiches, von Ketteler. Wilhelm II. entsandte Soldaten nach China. Als er sie verabschiedete, rief er ihnen in seiner „Hunnenrede" zu: „Pardon wird nicht gegeben. Gefangene werden nicht gemacht. Wie vor tausend Jahren die Hunnen sich einen Namen gemacht, so möge der Name Deutscher in China auch tausend Jahre durch Euch in einer Weise bestätigt werden, daß niemals wieder ein Chinese es wagt, einen Deutschen auch nur scheel anzusehen."

Nachdem eine internationale Streitmacht den Boxeraufstand niedergeschlagen hatte, mußte China besonders demütigende Bedingungen

Abbildung 39: **China unter dem Kolonialismus**

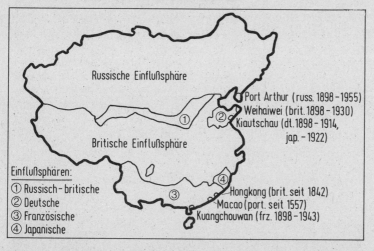

erfüllen, z.B. „Sühnegesandtschaften" ins Ausland schicken, um sich in aller Form zu entschuldigen. Die Sieger erlegten dem Land drückende Kriegsentschädigungen auf – weit mehr, als es mit eigenen Mitteln bezahlen konnte.

7.1.2 Republik

Als die Revolutionäre unter Sun Yat-sen 1911 das nach innen wie außen schwache Kaisertum stürzten, begann in der neuen Republik China ein *neuer* Kampf gegen die ausländischen Vorrechte und Besitzungen:

Kampf um Unabhängigkeit

○ Das aufsteigende Bürgertum, Intellektuelle und Arbeiter beteiligten sich mit großen öffentlichen Demonstrationen (z.B. „Bewegung vom 4. Mai 1919" – siehe 2.2).
○ Der Protest stärkte das chinesische Nationalbewußtsein. Es war nicht mehr befangen im Traum, China solle das allen anderen übergeordnete „Reich der Mitte" (siehe 7.1.1) bleiben. Ziel wurde nun, zeitgemäßer, ein unabhängiger Staat, gleichberechtigt in der Völkergemeinschaft.

Zwar gelang es, in langwierigem Tauziehen, die meisten Pachtgebiete zurückzugewinnen. Doch behielten fremde Firmen und Staaten Handelsprivilegien, Hoheitsbefugnisse in Städten und bestimmenden politischen Einfluß auf einige Randprovinzen (z.B. England über Tibet, die Sowjetunion über Sinkiang). Die KMT-Regierung erreichte **nicht die volle Souveränität** über ihr Land, weil

Erfolge und Mißerfolge

– innere Zerrissenheit, vor allem durch selbstherrliche regionale Militär-Machthaber (war lords), die Handlungsfähigkeit nach außen schwächte,
– sie sich mehr und mehr auf jene Teile des Bürgertums stützte, die eng mit ausländischem Kapital verbunden waren,

Angriff Japans

– sie auf die Hilfe anderer Mächte angewiesen war, besonders in ihrem Kampf gegen die Kommunisten.

Zu einer tödlichen Bedrohung für die nationale Unabhängigkeit wurde das gewaltsame Vordringen Japans. Es besetzte 1931 die rohstoffreiche *Mandschurei* und rief dort ein Jahr später ein Marionetten-Kaiserreich aus (Mandschukuo). Für Chiang Kai-shek war es wichtiger, Kommunisten und andere Oppositionelle zu bekämpfen, als sich dieser Expansion zu widersetzen. Erst 1937 konnte die KP ihren Gegner KMT zu einer **anti-japanischen Einheitsfront** zwingen, auch weil die USA die nationale Regierung unter Druck setzten. Im gleichen Jahr begann Japan den *Krieg* gegen China, der bis 1945 weite Teile des Landes verheerte.

7.2 Ideologische Grundlagen

7.2.1 Lehre von den Widersprüchen

Maßstab für die Praxis

Wie in der Marxschen Dialektik und wie in altem chinesischem Denken sind auch für Mao Widersprüche die Kräfte, die jede geschichtliche Entwicklung hervorrufen. Dies gilt für Innen- *und* Außenpolitik. Vor allen Entscheidungen ist zu prüfen, was in der jeweiligen Phase die *Haupt-* und was die *Neben*widersprüche sind. Von dem Ergebnis hängt ab, wann die Volksrepublik sich mit wem gegen wen zu verbünden hat und wann sie Partner wechseln muß.

Nach dem Bürgerkrieg sah die KPCh den Hauptwiderspruch in den internationalen Beziehungen zunächst **zwischen Sozialismus und Imperialismus.** Praktisch bedeutete das Freundschaft zur Sowjetunion, Feindschaft zu den USA.

Hauptwiderspruch

Nachdem Moskau – alles immer aus chinesischer Sicht – vom Marxismus-Leninismus abgewichen war und 1968 die Tschechoslowakei besetzt

Abbildung 40: **Widersprüche zwischen den Weltlagern**

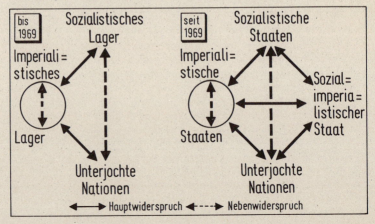

hatte, war die UdSSR **„sozialimperialistisch"** geworden: „Sozialismus in Worten, Imperialismus in Taten". Damit entstand ein zusätzlicher Hauptwiderspruch. Gemessen daran trat der – im Kern weiterhin unversöhnliche – Gegensatz zu den USA so weit zurück, daß Annäherung an Washington möglich und notwendig wurde.

Nebenwidersprüche gab und gibt es z.B. zwischen China und Entwicklungsländern:

○ Soweit diese *kapitalistisch* sind, herrscht grundsätzlich Konflikt.
○ Soweit diese von imperialistischen Mächten *abhängig* sind, kommen sie als Bundesgenossen in Frage.

Diese Theorie erlaubt, die Zusammenarbeit selbst mit rechtsextremen Militärdiktaturen zu rechtfertigen (z.B. mit Pinochets Chile).

Nebenwiderspruch

Widersprüche

1963	1969
„Die Widersprüche zwischen dem sozialistischen und dem imperialistischen Lager; die Widersprüche zwischen Proletariat und Bourgeoisie innerhalb der kapitalistischen Länder; die Widersprüche zwischen unterjochten Nationen und Imperialismus; die Widersprüche zwischen den verschiedenen imperialistischen Staaten und die Widersprüche zwischen den verschiedenen monopolkapitalistischen Gruppierungen." (Aus der Antwort des Zentralkomitees der KPCh auf einen Brief des sowjetischen ZK, in: Die Polemik …, S. 7 f.)	„Der Widerspruch zwischen den unterjochten Nationen einerseits und dem Imperialismus und Sozialimperialismus andererseits; der Widerspruch zwischen dem Proletariat und der Bourgeoisie in den kapitalistischen und revisionistischen Ländern; der Widerspruch zwischen den imperialistischen Staaten und dem sozialimperialistischen Staat sowie der Widerspruch unter den imperialistischen Staaten; der Widerspruch zwischen den sozialistischen Staaten einerseits und dem Imperialismus und Sozialimperialismus andererseits." (Lin Biao, Bericht auf dem IX. Parteitag der KPCh, nach: Peking Rundschau vom 30. April 1969, S. 32)

7.2.2 Drei-Welten-Theorie

Als die KPCh 1969 die Sowjetunion als „sozialimperialistisch" verdammte, brach sie ideologisch radikal mit Moskau (siehe 7.4.3). Von dem nunmehrigen „Hauptfeind Nr. 1" fühlte sich die Volksrepublik jetzt noch mehr bedroht als von den USA. Stärker als zuvor bemühte sie sich seitdem um Zusammenarbeit mit Partnern, die ein *Gegengewicht* gegen beide Supermächte bilden könnten,

– nach wie vor mit Entwicklungsländern,
– neuerdings vor allem jedoch mit dem (kapitalistischen) Westeuropa und Japan.

Um diesen außenpolitischen Kurswechsel theoretisch zu begründen und zu rechtfertigen, entwickelte sie, 1974, aus der Lehre von den Widersprüchen (siehe 7.2.1) ein „Drei-Welten-Modell":

○ **Erste Welt:** die imperialistischen USA und die sozialimperialistische Sowjetunion, die bedeutendsten Wirtschafts- und Militärmächte, die beide nach weltweiter Vorherrschaft **(Hegemonie)** streben.

Neue Lage

… neue Theorie

○ **Zweite Welt:** die wirtschaftlich hochentwickelten Staaten West- und Osteuropas sowie Japan, Kanada und Australien, die
  – zwar einerseits die Dritte Welt *ausbeuten,*
  – doch andererseits selbst von den Hegemonialmächten *abhängen.*
○ **Dritte Welt:** die unterentwickelten und unterdrückten Staaten.

Abbildung 41: **Chinas Drei-Welten-Modell**

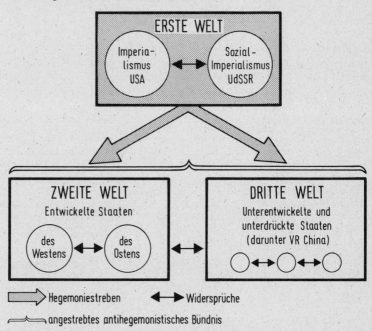

Antihegemonistische Bündnisse

Zwischen allen drei Welten sowie innerhalb von ihnen zwischen Staaten bestehen unverändert Widersprüche. Entscheidend indessen sind *derzeit* die gegenüber der Ersten Welt. Wichtigste Aufgabe ist es deshalb, antihegemonistische Bündnisse zu schließen, um die beiden Supermächte zu isolieren und damit zu schwächen.

Abweichend von kommunistischen Dogmen beschäftigt sich die Drei-Welten-Theorie nicht mit *Klassen* und *revolutionären* Bewegungen, sondern mit *Staaten.* Diese bewertet sie in erster Linie
  – nicht mehr danach, welche gesellschaftlichen Kräfte in ihnen herrschen,
  – sondern danach, welches Verhältnis sie zu den beiden Hegemonialländern haben.

Kritik

Die albanische Führung, lange Zeit engster und fast einziger Verbündeter Pekings, kritisierte 1978, diese Theorie gehe nicht vom internationalen *Klassenkampf* aus, sei also konterrevolutionär, antimarxistisch und opportunistisch.

Innerhalb wie außerhalb kommunistischer Parteien sind die Urteile über die chinesische Doktrin gespalten:

○ Die einen sehen darin reinen nationalen *Egoismus*, der um des eigenen Vorteils willen Gesinnungen und Partner verrät.
○ Andere hingegen loben das *Geschick*, mit dem Peking sich rasch auf eine neue weltpolitische Lage eingestellt habe, ohne Grundsätze aufzugeben.

7.2.3 Koexistenz und proletarischer Internationalismus

In der dreigeteilten Welt (siehe 7.2.2) soll die chinesische Außenpolitik – so der Anspruch – sich nach zwei Grundsätzen der kommunistischen Ideologie richten: **Friedliche Koexistenz**

○ Für die Beziehungen zwischen *Staaten* unterschiedlicher Gesellschaftsordnungen haben „**Fünf Prinzipien**" zu gelten:
  1. gegenseitige Achtung der Souveränität und territorialen Unverletzlichkeit,
  2. gegenseitiger Nichtangriff,
  3. gegenseitige Nichteinmischung in die inneren Angelegenheiten,
  4. Gleichberechtigung und gegenseitiger Nutzen,
  5. friedliche Koexistenz
  (so festgelegt erstmals in einem Abkommen mit Indien 1954, auch z.B. in der Präambel der Verfassung von 1982).

○ Das Verhältnis zu *sozialistischen* Staaten, kommunistischen *Parteien* und unterdrückten *Nationen* dagegen muß bestimmt sein vom proletarischen Internationalismus. Darunter versteht die Führung der KPCh   **Proletarischer Internationalismus**
  – das Zusammengehörigkeitsgefühl der Völker,
  – gegenseitige, weltweite Hilfe, besonders für Befreiungsbewegungen,
  – Selbständigkeit und gleichberechtigte Beziehungen, vor allem zwischen sozialistischen Staaten und kommunistischen Parteien,
  – die Bereitschaft, Probleme und Konflikte solidarisch zu lösen.

In der Praxis können beide Leitlinien einander *widersprechen*, z.B. wenn China einem Lande Nichteinmischung zusagt, aber gleichzeitig dessen KP oder sogar Guerillas unterstützt. Nach chinesischer Ansicht jedoch müssen die zwei Grundsätze einander *ergänzen*: Friedliche Koexistenz schließt zwar *Krieg* aus, indessen nicht wirtschaftliche, politische und erst recht nicht ideologische *Auseinandersetzung*, also auch nicht proletarischen Internationalismus. Ob und inwieweit das eine oder das andere Vorrang hat, entscheidet Peking jeweils nach seinen Interessen, außenpolitischen Möglichkeiten sowie nach der Weltlage und der Politik der betreffenden Regierung. Zur Zeit ist Koexistenz möglich   **Koexistenz und Klassenkampf**
– wie schon früher weitestgehend mit Ländern der *Dritten Welt*,
– zunehmend auch mit kapitalistischen Staaten der *Zweiten Welt*, soweit sie nicht selbst kolonialistisch und imperialistisch auftreten,
– gar nicht, jedenfalls nicht nach der reinen Lehre, mit den *Hegemonialmächten* USA und Sowjetunion.

Zu prüfen ist nun, welcher dieser beiden Grundsätze die Außenpolitik der Volksrepublik China (siehe 7.4) tatsächlich bestimmt:

Widerspruch?
„Während wir an der friedlichen Koexistenz mit Staaten unterschiedlicher Gesellschaftsordnung festhalten, erfüllen wir unerschütterlich unsere Pflichten des proletarischen Internationalismus. Wir unterstützen tatkräftig die nationale Befreiungsbewegung in den Ländern Westeuropas, Nordamerikas und Ozeaniens, den revolutionären Kampf der Völker aller Länder sowie ihren Kampf gegen die imperialistische Aggressions- und Kriegspolitik und um die Erhaltung des Weltfriedens."
(Aus dem Sechsten Kommentar zum Offenen Brief des ZK der KPdSU, verfaßt von den Redaktionen der Parteiorgane „Volkszeitung" und „Rote Fahne", dort veröffentlicht am 12. Dezember 1963, in: Die Polemik ..., S. 303)

○ Dient die Koexistenz-Theorie lediglich dazu, das Streben nach Weltrevolution zu *verschleiern* und die Bedingungen für Klassenkämpfe zu verbessern?

○ Dient die Theorie vom proletarischen Internationalismus bloß noch als ideologisches *Alibi* nach innen und außen, während Peking längst eine nationale Interessenpolitik betreibt?

7.3 Ziele

Wie aus vielen offiziellen chinesischen Grundsatz-Erklärungen zu entnehmen ist, verfolgt die VR China in ihrer Außenpolitik im wesentlichen fünf Hauptziele:

Unabhängigkeit

1. Besonders wegen der Erfahrungen der Vergangenheit, als das „Reich der Mitte" eine erniedrigte und ausgebeutete Halbkolonie war (siehe 7.1), sind sich die allermeisten Chinesen einig in dem Willen, ihre nationale Unabhängigkeit zu behaupten. Mao 1949: China werde *„nie wieder ein gedemütigtes Land"* sein.

Sicherheit

2. Ebenso vorrangig ist die nationale Sicherheit, weil
– im 19. und 20. Jahrhundert Angriffe fremder Armeen hohe Opfer gekostet hatten,
– China sich heute durch das weltweite Vorherrschaftsstreben der beiden Supermächte bedroht sieht.

Blockfreie Nachbarn

3. Die Pekinger Führung ist deswegen an Nachbarstaaten interessiert, die sich china-freundlich verhalten oder sich doch wenigstens nicht im Schlepptau von USA und Sowjetunion befinden.

Wiedervereinigung

4. Um die nationale Einheit zu vollenden, bemüht sich Peking, das seit 1949 von der Rest-Kuo Min Tang (siehe 2.2) regierte **Taiwan** wieder einzugliedern. Lange Zeit sollte dies militärisch geschehen, neuerdings jedoch betont die Regierung, einen friedlichen Weg gehen zu wollen.

Gewandelter Wiedervereinigungs-Auftrag

„Taiwan ist geheiligtes Territorium Chinas. Wir sind entschlossen, Taiwan zu befreien und so das große Werk der Vereinigung des Vaterlandes zu vollenden."
(Aus der Präambel der Verfassung von 1978)

„Taiwan ist ein Teil des geheiligten Territoriums der Volksrepublik China. Es ist die heilige Pflicht des ganzen chinesischen Volkes, einschließlich der Landsleute in Taiwan, die große Aufgabe der Wiedervereinigung des Vaterlandes zu vollbringen."
(Aus der Präambel der Verfassung von 1982)

1981 bot Deng Xiaoping der Inselrepublik an, sie könne in einem wiedervereinigten China selbständig bleiben und ihre gesellschaftliche und wirtschaftliche Ordnung, sogar eigene Streitkräfte behalten. Die Zusammenarbeit solle sich auf den Prinzipien des – von beiden Seiten verehrten – Sun Yat-sen gründen: Nationalismus, Demokratie, soziale Neugestaltung. Diese und ähnliche Werbungen lehnt die streng antikommunistische Führung in Taipeh ab. Sie begründet dies unter anderem mit ihren Erfahrungen aus dem Bürgerkrieg und mit der Unterdrückung der Festlandsbevölkerung.

5. Die Volksrepublik verlangt einige der Gebiete zurück, die das Chinesische Reich verloren hatte (siehe Abbildung 38 in 7.1.1). Die wichtigsten Ansprüche sind: **Rückgewinnung verlorener Gebiete**

○ Die Sowjetunion besitzt noch heute einst chinesische **Territorien**, die das Zaren-Regime durch ungleiche Verträge (siehe 7.1) an sich gebracht hat. Peking fordert von Moskau – bisher erfolglos – in erster Linie, das *Unrecht* einseitiger Landnahme in aller Form anzuerkennen. Erst in zweiter Linie will es geraubte Quadratkilometer zurückbekommen.

○ Indien und China fordern größere Grenzänderungen im **Himalaja**-Gebirge. Nach Kämpfen 1962 suchen beide Seiten inzwischen eine Verhandlungslösung.

○ Mit einigen Nachbarstaaten (z.B. Japan und Vietnam) liegt China im Streit um mehrere kleine **Inseln im Süd- und Ostchinesischen Meer**, bei denen man Ölvorkommen vermutet.

○ Das britische **Hongkong** und das kleinere portugiesische **Macao** sind einerseits Überbleibsel des Kolonialismus und damit für Peking ideologisch-politisch eigentlich nicht hinnehmbar. Andererseits sind sie wirtschaftlich äußerst vorteilhaft als Handelspartner, Devisenquelle und Kapitalmarkt sowie für den Zugang zu moderner Technik.

Vorstellungen über Hongkongs Zukunft
„Die chinesische Regierung hat verkündet, daß, wenn die Bedingungen dazu reif sind, China das ganze Hongkong-Gebiet zurückgewinnen wird. Chinas anleitende Richtlinie für die Lösung der Hongkong-Frage könnte, wie ich persönlich es sehe, so lauten: ‚Rückgewinnung der Souveränität und Aufrechterhaltung der Prosperität' ... Solche Richtlinien könnten beinhalten: die Errichtung eines Hongkong-Sonderverwaltungsgebiets, das von den dort ansässigen Chinesen verwaltet wird, keine Änderungen an dem gegenwärtigen sozialen und wirtschaftlichen System oder in der Lebensweise, die Beibehaltung seines Status als eines freien Hafens und Zentrums der internationalen Finanz, die Aufrechterhaltung der wirtschaftlichen und kulturellen Beziehungen Hongkongs mit dem Ausland usw. Zur Zeit sind Verhandlungen zwischen China und Großbritannien über diese Fragen im Gange. Ich glaube, daß China in einem angemessenen Zeitraum, nicht später als 1997, die Souveränität über das ganze Hongkong-Gebiet zurückgewinnen wird."
(Pei Monong, stellvertretender Direktor des Chinesischen Instituts für Internationale Studien, in: Beijing Rundschau vom 26. April 1983, S. 16)

7.4 Phasen

7.4.1 Erste Phase: Im sozialistischen Lager

Zwischen der Sowjetunion und der jungen Republik Sun Yat-sens entwickelten sich schon bald nach dem Ersten Weltkrieg besonders enge Beziehungen: Moskau half **China-UdSSR bis 1949**

- die Kuo Min Tang zu reformieren,
- eine Armee aufzubauen
- sowie die KMT und die (1921 gegründete) Kommunistische Partei zu einer Zusammenarbeit zu bewegen, die bis 1927 dauerte.

Obwohl die UdSSR vor 1949 die chinesischen Kommunisten nur wenig unterstützt hatte, sah Mao nach Gründung der Volksrepublik keine andere Möglichkeit, als sich *einseitig* an die Sowjetunion anzulehnen, da die USA weiterhin auf Chiang Kai-sheks KMT (siehe 2.2) setzten.

Bündnisvertrag mit der Sowjetunion

1950 schloß Peking mit Moskau einen Bündnisvertrag und ein Wirtschaftsabkommen, das vor allem einen sowjetischen 300 Millionen-Dollar-Kredit sowie gemeinsame Unternehmen zur Gewinnung von Erdöl, Uran und Metallen vorsah. So sehr die Chinesen die bitter nötige **Wiederaufbau-Hilfe** begrüßten, so sehr waren sie *enttäuscht,* daß
- sie die bis 1912 chinesische, nun unter sowjetischem Einfluß stehende Äußere Mongolei als unabhängig anerkennen mußten,
- die SU wirtschaftliche Vorrechte in Xinjiang und in der Mandschurei behielt
- und die Häfen von Liaodong nicht, wie vereinbart, 1952, sondern erst drei Jahre danach zurückgab.

Korea-Krieg

In die Weltpolitik griff die Volksrepublik erstmals im Korea-Krieg (1950-1954) ein, als sie den schon geschlagenen Nordkoreanern mit Truppen („Volksfreiwilligen") zu Hilfe kam. Über die *Gründe* wissen wir nichts Genaues:
O Die Regierung in Peking erklärte, China fühle sich *bedroht:* Die US-Armee (unter UNO-Flagge) stürmte auf die chinesische Grenze zu, ihr Oberkommandierender General MacArthur forderte – wenn auch gegen den Befehl von Präsident Truman – sogar, Einrichtungen in China zu bombardieren.
O Auch westliche Wissenschaftler sehen als ein Motiv Chinas Sicherheitsbedürfnis an. Manche von ihnen vermuten darüber hinaus sowjetisches Drängen und eigenes Interesse,
- die amerikanische Stellung in Ostasien empfindlich zu schwächen,
- das kommunistische System in Nordkorea zu retten.

Der Korea-Krieg vertiefte die Kluft zu den USA, die in der KP-Ideologie zum *Hauptfeind Nr. 1* wurden. Washington seinerseits boykottierte China und versuchte, es weltweit zu isolieren (z.B. verhinderte es, daß Peking anstatt Taipeh die China zustehenden Sitze in Vollversammlung und Sicherheitsrat der UNO einnahm).

XX. Parteitag der KPdSU

Währenddessen besserte sich das Verhältnis zur Sowjetunion nicht. Zu Auseinandersetzungen kam es 1956, als KPdSU-Generalsekretär Chruschtschow vor dem XX. Parteitag Stalin angriff und eine neue sowjetische Außenpolitik vorbereitete. Die KPCh kritisierte
- Art, Zeit und Ausmaß der **Entstalinisierung,**

> Im April 1956 erklärte Mao: „Das Zentralkomitee ist der Ansicht, Fehler und Leistungen Stalins stehen im Verhältnis 30 zu 70. Alles in allem war er ein großer Marxist."

- die sowjetische These von der **Vermeidbarkeit der Kriege,**

- die sowjetische Auffassung von **„friedlicher Koexistenz"** (siehe 7.2.3), von der sie eine Annäherung zwischen Moskau und Washington befürchtete.

Je länger, desto häufiger und deutlicher traten zwischen beiden kommunistischen Parteien Meinungsunterschiede in wichtigen Fragen zutage. Immer weniger konnten sie sich ideologisch und politisch einigen, bis schließlich 1963 der offene Bruch nicht mehr zu übersehen war. Über die wahren Ursachen einer derartigen Spaltung kann es, naturgemäß, nur Mutmaßungen geben. Wie stets bei geschichtlichen Ereignissen wirkten mehrere Gründe zusammen. Die entscheidenden waren in chinesischer Sicht:

Offener Bruch

○ Die Volksrepublik China beschritt in der zweiten Hälfte der fünfziger Jahre einen *eigenständigen* Entwicklungsweg: Mit dem „Großen Sprung" und der Volkskommune-Bewegung (siehe 5.2.3) löste sie sich vom sowjetischen Vorbild (siehe 5.2.2).

Hauptgründe

○ Die UdSSR half der chinesischen Wirtschaft weniger als erwartet, ja begann ihr sogar zu *schaden,* vor allem durch den schlagartigen Abzug ihrer Techniker und Berater 1960 (siehe 5.2.4).
○ Moskau, das in Asien den Status quo zu erhalten suchte, unterstützte nur sehr ungenügend chinesische *Ansprüche* auf Taiwan und im Grenzkonflikt mit Indien (siehe 7.3).
○ Die Sowjetunion weigerte sich, trotz eines Vertrages, China Informationen zum Bau eigener *Atombomben* zu liefern. Vielmehr schloß sie 1963 mit den USA, immer noch Pekings Hauptfeind, ein Teststopp-Abkommen, das verbot, Nuklearwaffen in der Atmosphäre und unter Wasser zu erproben. Das chinesische Militär benötigte aber damals derartige Versuche für seine Aufrüstung. Die Volksrepublik trat deshalb dieser Vereinbarung nicht bei.

7.4.2 Zweite Phase: **Werben um Dritte Welt**

Nach dem Zerwürfnis mit der UdSSR mußte die chinesische Führung befürchten, daß die Volksrepublik nun den USA, weiterhin ihrem Hauptfeind, *allein* gegenüberstehen werde. Deshalb suchte sie möglichst viele afrikanische, asiatische und lateinamerikanische Staaten in einer anti-imperialistischen Front zu vereinen, die sich

Anti-imperialistische Einheitsfront

– zunächst und vor allem gegen Washington,
– zunehmend auch gegen Moskau

richtete. Für dieses Ziel umwarb China nicht nur als fortschrittlich geltende Regierungen, sondern ebenso feudale und sogar diktatorische Regime. Auch „patriotisch gesinnte Fürsten" waren willkommen (z.B. Prinz Sihanouk von Kambodscha und der König von Nepal).

China, das sich bis heute als Land der Dritten Welt versteht, hat schon früh zu Blockfreien Beziehungen aufgenommen. Mit Indien vereinbarte es 1954 „fünf Prinzipien der friedlichen Koexistenz" (siehe 7.2.3). Auf der Konferenz von 23 asiatischen und 6 afrikanischen Staaten in Bandung 1955 gelang es dem chinesischen Ministerpräsidenten Zhou Enlai, die Politik Pekings als friedliebend darzustellen. Die Glaubwürdigkeit der Volksrepublik erlitt jedoch schwere Rückschläge, als

Koexistenz – Politik der fünfziger Jahre

- chinesische Truppen Tibet besetzten sowie dessen geistliches und politisches Oberhaupt, den Dalai Lama, ins indische Exil vertrieben,
- im indisch-chinesischen Grenzkonflikt (siehe 7.3) weite Teile der öffentlichen Weltmeinung China als Angreifer verurteilten.

Umstritten ist, ob Peking, als es damals versuchte, Entwicklungsländer für sich zu gewinnen, bereits beabsichtigte, ein Gegengewicht zu schaffen zur bisher ausschließlichen außenpolitischen Bindung an Moskau.

Doch die chinesische Diplomatie blieb erfolglos: Die angestrebte antiimperialistische Einheitsfront kam nicht zustande, unter anderem, weil die meisten Staaten der Dritten Welt kein Interesse daran hatten, sich mit USA und Sowjetunion zu verfeinden. In der Pekinger Führung verbreitete sich die Meinung, es sei in Entwicklungsländern wirksamer, mit revolutionären Befreiungsbewegungen zusammenzuarbeiten als mit Regierungen.

Weltdörfer gegen Weltstädte
„Die grundlegenden politischen und wirtschaftlichen Verhältnisse in vielen Ländern Asiens, Afrikas und Lateinamerikas sind in mancher Hinsicht die gleichen wie im alten China. Auch in diesen Gebieten hat die Bauernfrage außerordentliches Gewicht. Die Bauern bilden im Hinblick auf eine nationaldemokratische Revolution gegen die Imperialisten und deren Lakaien auch dort die Hauptkraft. Die Aggression gegen solche Länder beginnt vor allen anderen Maßnahmen stets damit, daß die Imperialisten sich der Großstädte und des Verkehrsnetzes bemächtigen. Jedoch gelingt es ihnen danach nicht, auch die ausgedehnten ländlichen Gebiete völlig unter ihre Kontrolle zu bringen. Die ländlichen Gebiete und nur sie sind so weiträumig, daß die Revolutionäre ungehindert manövrieren können. Die ländlichen Gebiete und nur sie bieten die Möglichkeit zur Errichtung von revolutionären Stützpunkten, von denen aus die Revolutionäre ihren Vormarsch zum Endsieg anzutreten vermögen. Aus eben diesem Grunde wenden die Völker Asiens, Afrikas und Lateinamerikas der Theorie des Genossen Mao Tse-tung über die Errichtung revolutionärer Stützpunkte in den ländlichen Gebieten sowie über die Einkreisung der Städte vom Lande her immer mehr ihre Aufmerksamkeit zu.
Wenn man – in internationalem Maßstab – Nordamerika und Westeuropa als ‚Städte der Welt' bezeichnen kann, dann wird man Asien, Afrika und Lateinamerika ‚die ländlichen Gebiete der Welt' nennen dürfen. In gewissem Sinne sieht also die Weltrevolution sich gegenwärtig einer Lage gegenüber, die zu der Schlußfolgerung berechtigt, daß die Städte (der Welt) durch die ländlichen Gebiete (der Welt) eingekreist sind. Die Sache der Weltrevolution hängt letzten Endes ganz von den revolutionären Kämpfen der asiatischen, afrikanischen und lateinamerikanischen Völker ab, welche die Mehrheit der Weltbevölkerung vertreten. Die sozialistischen Länder sollten es als ihre internationale Pflicht ansehen, die revolutionären Kämpfe der Völker in Asien, Afrika und Lateinamerika zu unterstützen."
(Aus einem Artikel des damaligen Verteidigungsministers Lin Biao: Es lebe der Sieg im Volkskrieg. Nach: Helmut Dahm: Abschreckung oder Volkskrieg, Walter-Verlag Olten 1968, S. 317)

7.4.3 Dritte Phase: Wechsel des Hauptfeindes

Selbstisolierung

Nach dem Bruch mit Moskau und dem Scheitern der anti-imperialistischen Einheitsfront-Politik war die Volksrepublik international weitgehend isoliert. Während der Kulturrevolution (siehe 4.2.2) brach sie, aus innenpolitischen Gründen, fast alle Beziehungen zur Außenwelt ab und berief sämtliche Botschafter zurück (bis auf den in Kairo). Sie arbeitete politisch-ideologisch und wirtschaftlich nur noch mit ganz wenigen Ländern zusammen, so mit *Albanien,* dem – laut KPCh – „immer stärker strahlenden Leuchtturm des Sozialismus in Europa".

Sowjetunion wird zum Hauptfeind

Mehr noch: Peking sah sich eingekreist und bedroht von den *beiden* Weltmächten. Es stellte nun, 1967, die sozialistische Sowjetunion als *genauso* gefährlich dar wie die imperialistischen USA. Nur ein, zwei Jahre später verurteilte sie die **UdSSR** als **„sozialimperialistische" Supermacht,** die nach Vorherrschaft (Hegemonie) strebe. Moskau galt jetzt als Hauptfeind. Zu diesem scharfen Kurswechsel bewogen die chinesische Führung vor allem zwei Vorgänge:

1. 1968 marschierten die Sowjetarmee und andere Truppen des Warschauer Paktes in die Tschechoslowakei ein. Daraufhin verkündete KPdSU-Chef Breschnew die Doktrin von der *beschränkten Souveränität* der sozialistischen Staaten – was Peking als auch gegen sich gerichtet wertete.
2. *Zwischenfälle* und sogar Scharmützel an der gemeinsamen Grenze (am Fluß Ussuri und in Sinkiang) erschienen der chinesischen Regierung als ernstes Risiko, ebenso der sowjetische Versuch, bei asiatischen Nachbarn Chinas politischen *Einfluß* zu gewinnen, z. B. durch den Plan eines „Sicherheits"-systems. Sie warf der Sowjetunion vor, einen Atomangriff gegen chinesische Militäreinrichtungen zu erwägen.

Die Verantwortlichen in Moskau und Peking steigerten fortan die bereits jahrelangen Spannungen zu offener Feindschaft: **Feindliche Beziehungen**

○ Der *Handel* zwischen beiden Staaten ging zwar weiter, schrumpfte aber stark, besonders unverhältnismäßig während der Kulturrevolution.
○ Die *diplomatischen* Beziehungen blieben zwar, wenn auch äußerst frostig, bestehen, doch die *KPCh* verweigerte schroff jeden Kontakt zu ihrer einstigen Bruderpartei.
○ Beide Seiten beschimpften einander in endlosen *Propaganda*-Kampagnen.
○ Die Sowjetunion und China bereiteten sich sogar auf Krieg vor. An der Grenze ließen sie starke *Truppenverbände* aufmarschieren, unterstützt von Atomraketen. Gleichzeitig jedoch versuchten sie in Gesprächen, Konfliktherde unter Kontrolle zu halten.

Schimpfkanonade
„Bei ihrem Ringen mit dem amerikanischen Imperialismus hat sich die revisionistische Renegatenclique der Sowjetunion noch deutlicher als sozialimperialistisch entpuppt. Ihre Habgier wird immer größer, wobei sie ihre Klauen in alle Richtungen ausstreckt. Sie ist noch betrügerischer als die imperialistischen Mächte alten Stils und daher noch gefährlicher."
(Volkszeitung vom 1. Oktober 1972)

Gegen den neuen mächtigen Hauptfeind UdSSR bemühte sich die chinesische Führung um neue starke Partner, in erster Linie die Vereinigten Staaten, bislang als Zentrum des Weltimperialismus angeprangert. **Annäherung an die USA**

Bereits in der zweiten Hälfte der sechziger Jahre sandten Washington und Peking einander verschlüsselte Zeichen (z. B. Reise-Erleichterungen), die Verständigungsbereitschaft andeuteten. Solche Tastversuche gerieten erstmals ins Scheinwerferlicht breiterer öffentlicher Aufmerksamkeit, als 1971 der Allchinesische Sportbund eine US-Tischtennis-Mannschaft einlud, die zwar verlor, aber von Ministerpräsident Zhou Enlai empfangen wurde *(Ping-Pong-Diplomatie)*. Die Sensation war vollkommen mit dem Besuch von US-Präsident Nixon in China 1972.

Dieser Kurswechsel verblüffte nicht nur die Weltöffentlichkeit, sondern mehr noch die Bevölkerung im eigenen Lande. Die Parteipropaganda mußte einen offenkundigen Widerspruch erklären: Obwohl die USA nach **Rechtfertigungsversuch** wie vor als *imperialistisch* galten, priesen Politiker beider Seiten fortan sogar eine chinesisch-amerikanische *Freundschaft*.

Um die Menschen von der Richtigkeit der neuen Politik zu überzeugen, zog die KP-Führung unter anderem Argumente heran, mit denen sie 1945 Gespräche mit dem damaligen Hauptfeind Chiang Kai-shek gerechtfertigt hatte:
○ Durch Verhandlungen gewinne man politische Initiative.
○ Zugeständnisse seien erlaubt, wenn sie notwendig sind und dem Volke nicht schaden.
○ Widersprüche beim Gegner müsse man ausnutzen.
○ Die Zukunft werde glänzend sein, aber der Weg voller Windungen.
(Ausführlicher bei: Werner Pfennig: Chinas außenpolitischer Sprung nach vorn, S. 110 f.)

Westeuropa

Ähnlich wie zu den USA suchte Peking nun bessere Beziehungen auch zu Amerikas Verbündeten in Westeuropa. Von diesen Staaten erhoffte es sich ebenfalls
– wirtschaftliche Zusammenarbeit
– und, vor allem, entschiedenen Widerstand gegen Moskaus Vormachtstreben,
– zudem Bindung starker sowjetischer Streitkräfte, die dadurch China nicht bedrohen können.

Immer wieder ermuntern chinesische Diplomatie und Propaganda die europäischen Länder, die zur „Zweiten Welt" gehören (siehe 7.2.2), sich enger zusammenzuschließen und zu einer *eigenständigeren* Kraft zu werden, die zu *beiden* Supermächten Abstand gewinnen kann.

Mit der **Bundesrepublik Deutschland** unterhält die Volksrepublik China seit 1972 diplomatische Beziehungen. Sie befürwortet bei jeder Gelegenheit die deutsche Wiedervereinigung, wohl auch um Verständnis für ihre eigene Forderung gegenüber dem abgespaltenen Taiwan zu finden. Die deutsche Wirtschaft ist Chinas viertwichtigster Außenhandelspartner (siehe 5.3.5). 1982 besuchten 6000 Bundesbürger als Touristen das „Reich der Mitte".

Bilanz

Was hat die Westorientierung der Volksrepublik China gebracht? Eine Zwischenbilanz, die man für die Zeit etwa Ende der siebziger Jahre ziehen kann, ergibt:
○ Peking erreichte die Zustimmung Washingtons zu einer **Anti-Hegemonie**-Klausel, wie China sie später in vielen Verträgen durchsetzte, nämlich daß „keine von beiden Seiten eine Hegemonie im asiatisch-pazifischen Bereich anstreben sollte und daß jede von ihnen Bemühungen irgendeines anderen Landes" (gemeint: UdSSR) „oder irgendeiner Gruppe von Ländern zur Errichtung einer solchen Hegemonie ablehnt" (Shanghai-Kommuniqué vom Nixon-Besuch 1972). Zwar zogen sich die USA aus dem Vietnam-Krieg zurück. Doch statt sich am Kampf gegen Vorherrschafts-Ansprüche zu beteiligen, setzten sie die Entspannungspolitik mit Moskau fort.
○ 1971 nahm die Volksrepublik anstelle des ausgeschlossenen Taiwan die China zustehenden Sitze in Sicherheitsrat, Vollversammlung und Organisationen der **Vereinten Nationen** ein.
○ Im Januar 1979 erkannten die USA Peking diplomatisch an. Indessen hatten sich schon vorher zahlreiche **Kontakte** entwickelt. Aber beide Seiten beurteilten, je nach Interesse und Weltanschauung, nach wie vor wichtige weltpolitische Fragen unterschiedlich.

○ Einerseits brach Washington die diplomatischen Beziehungen zu **Taiwan** ab und kündigte den Sicherheitsvertrag. Andererseits blieben wirtschaftliche, politische und kulturelle Bindungen bestehen und liefern die USA weiterhin Waffen (siehe 7.4.4).
○ Der **Außenhandel** mit den westlichen Industriestaaten blühte rasch auf, bis China ihn aus finanziellen Gründen drosselte (siehe 5.3.5).

Konflikt mit Vietnam

Die sowjetisch-chinesische Feindschaft und die Annäherung der Volksrepublik an die USA trugen dazu bei, das Verhältnis zu Vietnam zu verschlechtern. Der südliche Nachbar war zweitausend Jahre lang bis Ende des 19. Jahrhunderts dem „Reich der Mitte" tributpflichtig gewesen (siehe Abbildung 38 in 7.1.1), was in beiden Völkern die Empfindungen füreinander immer noch beschwert. Peking unterstützte die vietnamesischen Kommunisten im Unabhängigkeitskampf gegen Frankreich, beim Aufbau der neuen Republik und beim Krieg gegen die Regierung in Saigon und die USA. Nach dem Rückzug der amerikanischen Armee und, 1975, der Kapitulation Südvietnams
– band Hanoi sich fester an die *Sowjetunion* (Beistandspakt, SU-Militär-Stützpunkte),
– marschierten nordvietnamesische Truppen in *Kamputschea* ein, wo sie eine Satelliten-Regierung einsetzten.
Darin sah die chinesische Führung weitere Schritte zur *Einkreisung* durch einen großen und nun auch einen kleinen „Hegemonisten". Höhepunkt der Spannung war 1979 ein vierwöchiger **Grenzkrieg** (laut Peking: „Gegenangriff zur Selbstverteidigung").

Annäherung an Japan

Umgekehrt verbesserten sich dank der Westorientierung Pekings die Beziehungen zu Japan, die durch die Vergangenheit besonders belastet (siehe 7.1) und bis Anfang der siebziger Jahre feindselig waren. Nach Nixons China-Besuch erkannten beide Staaten einander diplomatisch an, wobei Japan in aller Form bedauerte, was es China angetan hatte. Erst 1978 schlossen sie einen *Friedens- und Freundschaftsvertrag* mit einer Anti-Hegemonie-Klausel, die Japan jahrelang abgelehnt hatte, um nicht die Sowjetunion zu verärgern. Von dem hochentwickelten Industrieland erwartete die Volksrepublik einen kräftigen Beitrag zur Wirtschaftsentwicklung. Von 1972 bis 1981 hat sich der Außenhandel auf zehn Milliarden Dollar verzehnfacht.

Indien: Entfremdung und Wiederannäherung

Das Verhältnis zu Indien war bis weit in die fünfziger Jahre *gut:* Beide Staaten einigten sich vertraglich auf „fünf Prinzipien friedlicher Koexistenz" (siehe 7.2.3). Es schlug um in wachsende *Spannung,* als
– 1959 chinesische Truppen einen Aufstand in *Tibet* unterdrückten; die zentrale Führung die Sonderrechte dieses Gebietes beseitigte und Indien dem geflohenen Dalai Lama Asyl gewährte,
– 1962 die zwei Regierungen sich über unklare *Grenzen* stritten und sogar einige Wochen im Himalaya gegeneinander Krieg führten,
– 1963 China seine Beziehungen zu Indiens Feind *Pakistan* verbesserte.

Vor allem war die Volksrepublik besorgt über den zunehmenden Einfluß der *Sowjetunion* in Indien: 1971 schlossen Moskau und Neu-Delhi einen Freundschaftsvertrag. Obwohl der chinesisch-sowjetische Konflikt unvermindert andauerte, begannen Indien und China sich seit Ende der siebziger Jahre einander wieder *anzunähern:* Sie verhandeln über Grenzfragen und verstärken den Warenaustausch.

7.4.4 Vierte Phase: Normalisierung?

Abkühlung gegenüber USA

Seit 1979, vor allem seit dem Amtsantritt von US-Präsident Reagan, haben sich die chinesisch-amerikanischen Beziehungen wieder verschlechtert. Die Schuld dafür gibt Peking in erster Linie der **Taiwan-Politik** der USA. Washington
- gehe nicht mehr von *einem* China aus, wie es 1972 der damalige Präsident Nixon im sogenannten Shanghai-Kommuniqué zugesagt habe,
- halte sein Versprechen nicht, die *Waffenlieferungen* an Taipeh schrittweise zu verringern und schließlich ganz einzustellen.

„Taiwan-Relations-Act"

Im Frühjahr 1979 beschloß der amerikanische Kongreß ein Gesetz, um die Beziehungen zur Republik China zu regeln. Danach sollen die USA unter anderem weiterhin
- für die Sicherheit des Kuo Min Tang-Staates mitverantwortlich sein
- und ihm Waffen zur Verteidigung liefern.

Washington und Taipeh unterhalten Verbindungsbüros, die unter anderem Visa erteilen. Die Regierung in Peking hat sofort gegen dieses Gesetz protestiert.

Hauptindernis
„Die Taiwan-Frage ist seit langem eine Kernfrage, die die Normalisierung unserer Beziehungen behinderte, und die Normalisierung wurde nur möglich, nachdem die USA-Regierung im gemeinsamen Kommuniqué vom 1. Januar 1979 zur Anerkennung der Regierung der Volksrepublik China als der einzig legitimen Regierung Chinas und des chinesischen Standpunktes, daß es nur ein China gibt und Taiwan ein Teil Chinas ist, kam."
„Aber es ist sehr bedauerlich, daß gleich nach der Eröffnung unserer diplomatischen Beziehungen die USA das ‚Gesetz über die Beziehungen zu Taiwan' verabschiedeten, nach dem Taiwan als ein unabhängiges politisches Wesen behandelt wurde. Ungeachtet der Souveränität Chinas über Taiwan versucht die amerikanische Seite mittels dieses ‚Gesetzes' ihren weiteren Waffenverkauf an Taiwan zu rechtfertigen. Dies ist eine Verletzung der Souveränität Chinas und eine Einmischung in die inneren Angelegenheiten Chinas und steht im Widerspruch zu dem gemeinsamen Kommuniqué über die Normalisierung der Beziehungen zwischen den beiden Ländern."
(Zhang Wenjin, chinesischer Botschafter in den USA, in: Beijing Rundschau vom 17. Mai 1981, S. 14)

Weitere Hemmnisse

Streitigkeiten gibt es ebenso im *Handel* zwischen beiden Ländern, vor allem weil die amerikanische Regierung Textileinfuhren aus China beschränkt hat, deren Erträge der Volksrepublik helfen sollten, ihre Milliarden-Schulden bei den USA zu tilgen. Im Gegenzug drosselte Peking 1983 einige US-Importe. Verbittert ist die chinesische Führung auch darüber, daß so viele der zur Weiterbildung in die Vereinigten Staaten geschickten Wissenschaftler und Studenten dort *Asyl* beantragen und – nach offizieller Ansicht Chinas zu Unrecht – erhalten.

Während sich so das Verhältnis Pekings zu Washington verschlechterte, hat sich das zu Moskau merklich versachlicht. Beide Parteien beschimpfen einander nicht mehr so häufig und gehässig wie bisher (Beispiel: siehe Kasten in 7.4.3). Chinesische Politiker wie Außenminister Wu Xueqian bekundeten „den ernsthaften Wunsch, die Beziehungen zur Sowjetunion zu verbessern und zu normalisieren". Im gleichen Sinne äußerten sich auch Breschnew und dessen Nachfolger. Die *kulturellen* und *wirtschaftlichen* Kontakte haben sich nach zwanzigjähriger Eiszeit erheblich erweitert. *Ideologische* Gegensätze spielen kaum noch eine Rolle in den Auseinandersetzungen zwischen beiden Ländern.

Sachlichkeit gegenüber UdSSR

Über die Gründe im einzelnen für diesen sich abzeichnenden erneuten Kurswechsel hat die chinesische Führung sich noch nicht öffentlich geäußert. Westliche Fachleute nennen neben Enttäuschung über die US-Politik vor allem *wirtschaftliche* Ursachen:

Gründe

○ Die KPCh wolle die ohnehin knappen Mittel nicht so sehr für den Militärhaushalt, sondern zur Modernisierung der Landwirtschaft und Industrie ausgeben.

○ Der Westhandel habe nicht die erhofften Ergebnisse gebracht. Viele Waren seien auf dem sowjetischen Markt besser absetzbar als in kapitalistischen Staaten (z.B. Agrar-Erzeugnisse).

○ Sowjetische Technik läßt sich oft den immer noch einfacheren Verhältnissen des Entwicklungslandes China besser anpassen als hochgezüchtete westliche Anlagen. Dies gilt besonders für die Erneuerung jener etwa 200 bis heute unentbehrlichen Großbetriebe, die einst mit sowjetischer Hilfe entstanden.

Noch sind die Beziehungen zwischen den beiden kommunistischen Ländern nicht normal. Um dies zu ändern, müsse die UdSSR, so verlangen die chinesischen Politiker, erst einmal ihre
- Streitkräfte aus *Afghanistan* abziehen,
- Unterstützung der vietnamesischen Invasion in *Kambodscha* beenden,
- *Truppen* an der gemeinsamen Grenze und in der Mongolischen Volksrepublik vermindern.

Auch lehnt Moskau immer noch chinesische *Gebietsansprüche* ab (siehe 7.3). Allerdings verhandeln beide Seiten wieder miteinander.

Hindernisse

Chinesische Politiker betonen immer wieder, daß die Volksrepublik unabhängig bleiben werde und sich an keine Großmacht anzulehnen gedenke. Nach wie vor seien die Sowjetunion wie die USA *hegemonistisch,* und die Staaten der Zweiten und Dritten Welt müßten sich gegen sie verbünden (siehe 7.2.2).

Die Volksrepublik will mit ihrer neuen außenpolitischen Linie, darüber sind sich westliche China-Kenner weitgehend einig, vor allem als unabhängige Großmacht **gleichen politischen Abstand zur Sowjetunion wie zu den USA** gewinnen.

Unabhängige Außenpolitik

7.5 Entwicklungshilfe-Politik

Entwicklungsland gibt Hilfe

Die Volksrepublik China versteht sich selbst – zu Recht – als Entwicklungsland. Trotzdem gewährt sie seit Mitte der fünfziger Jahre bedeutende Auslandshilfe. Bevorzugt sind afrikanische und südostasiatische Länder (siehe Tabelle 7).

Tabelle 7: **Chinas Entwicklungshilfe-Leistungen**

Ländergruppe	1956 bis 1977		Chinesische Entwicklungshelfer (1977)
	Mio US-Dollar	vH	
Zusagen			
Afrika südlich der Sahara	2.034	47,1	20.700
Südasien	1.048	24,3	955
Mittlerer Osten	426	9,9	1.175
Südostasien	307	7,1	130
Nordafrika	306	7,1	620
Lateinamerika	153	3,5	135
Europa (nur Malta)	45	1,0	300
Insgesamt	4.319	100,0	24.015
Ausgezahlte Hilfe	2.260	–	–

Ohne sozialistische Staaten, vor allem Albanien und Vietnam.
(Nach: Statistisches Bundesamt: Länderbericht Volksrepublik China 1979, S. 106)

Hilfe ist politisch

Auch für die chinesische Führung hängt Entwicklungshilfe-Politik ab von innen- wie außenpolitischen Zielen und Ereignissen. Nicht zuletzt ist sie für Peking „eine Art Schutzimpfung gegen den Hegemonismus" (Weggel). Leistungen waren beispielsweise
– *hoch,* als die Volksrepublik nach dem Bruch mit der Sowjetunion (1963) versuchte, neue Partner in der Dritten Welt zu gewinnen (siehe 7.4.2),
– zeitweise *gleich Null* während der Kulturrevolution,
– abermals *beachtlich* Anfang der siebziger Jahre, als China in die Weltpolitik zurückkehrte,
– danach wieder *spärlicher,* als das Land seine knappen Mittel immer mehr für seine ehrgeizigen Modernisierungspläne einsetzte.

Als Zaire mit Taiwan brach, sprang Peking für die Verpflichtungen Taipehs ein. Wegen eines China ungenehmen Regierungswechsels stellte die Volksrepublik ihre Hilfe an Sri Lanka ein. Anders in Chile: Den der sozialistischen Regierung Allende gewährten Kredit konnte zum größten Teil die rechte Militärjunta unter Pinochet nutzen. Nach dem Bruch mit Albanien und mit Vietnam stoppte China seine Leistungen an diese Länder.

Grundsätze

Seine Entwicklungshilfe vergibt Peking auch heute noch nach Grundsätzen, die der damalige Ministerpräsident Zhou Enlai schon 1964 verkündet hatte:
1. Gleichheit und gegenseitiger Vorteil,
2. Achtung vor der Unabhängigkeit des Empfängerlandes und Verzicht auf mit der Hilfe gekoppelte Vorrechte und Bedingungen,
3. langfristige, billigste Kredite,

4. Hilfe ohne das Ziel, den Empfänger von China abhängig zu machen,
5. Förderung von Projekten mit geringem Investitionsaufwand, aber schneller Produktionsaufnahme,
6. Material höchster Güte zu Weltmarktpreisen und Ersatz für Fehllieferungen,
7. bei speziellen Ausrüstungen Ausbildung einheimischen Fachpersonals,
8. Verbot an chinesische Experten, auf höherem Stand zu leben als die Bevölkerung im Empfängerland

(nach: Archiv der Gegenwart 1964, S. 11127, C 6).

Seit 1964 sind chinesische Entwicklungshilfe-Kredite *zinslos* und zehn Jahre tilgungsfrei.

Zweck der Entwicklungshilfe

„Zweck der Hilfe muß sein, dem Empfängerland bei der unabhängigen Entwicklung seiner nationalen Wirtschaft auf der Basis des Vertrauens auf die eigene Kraft zu helfen. Wir bekämpfen entschlossen jene Länder, welche im Namen von ‚Wirtschaftshilfe' und ‚internationaler Arbeitsteilung' die Empfängerländer zwingen, ihre Wirtschaft einseitig zu entwickeln, und die Wirtschaft ihres eigenen Landes stützen, indem sie die Wirtschaft der Empfängerländer in eine von ihnen abhängige und untergeordnete Stellung drücken... Hilfsprojekte müssen auf die Bedürfnisse und Möglichkeiten der Empfängerländer abgestimmt sein. Es muß jede Anstrengung unternommen werden, um die Projekte den lokalen Bedingungen anzupassen, und sie müssen ökonomisch zu rechtfertigen sein, d. h. die Empfängerländer müssen durch sie die Produktion ausbauen, das Einkommen steigern und Kapital akkumulieren können."
(Der chinesische Delegierte Wang Runsheng vor dem UN-Wirtschafts- und Sozialrat am 6. Juli 1972, nach: News from Hsin hua News Agency vom 8. Juli 1972, S. 9)

Art und Form der Hilfen, die China leistet, sind wesentlich geprägt von den Erfahrungen, die die Chinesen in ihrem eigenen Land gemacht haben: **Eigene Erfahrungen**

1. Die VR China betrachtet sich selbst als „Entwicklungshilfe-*Geschädigten*" (durch die Sowjetunion).
2. Die Arbeitsverfahren und die Technik, die chinesische Helfer in den Empfängerländern anwandten, waren meist selbst *erprobt*, z. B. während des „Großen Sprunges" in den Volkskommunen (siehe 5.2.3).
3. Chinas Entwicklungshilfe-Konzept beruht vorwiegend auf der Mobilisierung der *Massen*.

Das zeigt sich besonders in der *personellen Hilfe:* Chinesische Mediziner versuchen z. B. in ländlichen Gegenden Afrikas, nach dem Modell der Barfußärzte (siehe 6.4) die Gesundheitsfürsorge zu verbessern und Sanitätspersonal auszubilden.

Die Volksrepublik unterstützt vorwiegend **kleinere und arbeitsintensive Projekte** mit einer einfachen, dem Entwicklungsstand des jeweiligen Landes **angepaßten Technik.** Die wenigen von Peking geförderten Prestigebauten sind Schenkungen (z. B. die Kongreßhalle in Colombo). Die chinesische Führung hilft vor allem,   **Art der Hilfe**

– Leichtindustrie- und Handwerksbetriebe, kleinere Werften für die Küstenfischerei, Farmen, landwirtschaftliche Versuchsstationen und einfache Bewässerungsanlagen zu errichten,
– die Infrastruktur in den Empfängerländern zu verbessern (Straßen, Brücken, Eisenbahnen),
– die Energieversorgung zu sichern (Bau von Kraftwerken).

Neue Weltwirtschaftsordnung

Auch die chinesische Führung ist sich bewußt, daß noch so viele und noch so gute einzelne Hilfsmaßnahmen die Unterentwicklung nicht beheben können. Deshalb fordert sie, gemeinsam mit anderen Ländern der Dritten Welt, eine neue Weltwirtschaftsordnung, die in Rohstoffnutzung, Außenhandel, Währung usw. das krasse Gefälle zwischen den wenigen Industriestaaten und der großen Mehrheit der Menschheit einebnet.

7.6 Sicherheitspolitk

Maos Idee vom Volkskrieg

Aus den Erfahrungen der zwanziger und dreißiger Jahre (siehe 2.2) entwickelte Mao Zedong eine besondere chinesische Militär-Konzeption: die Idee des Volkskrieges. Das heißt:
○ Die gesamte *Bevölkerung* soll die Armee in jeder Weise unterstützen, so daß die Soldaten sich im Volk bewegen können wie Fische im Wasser.
○ Den Kampf führen nicht nur reguläre Truppen, sondern auch örtliche *Guerilla*-Gruppen.
○ Diese Art von Krieg findet im *eigenen* Land statt und kann jahrelang dauern.
○ Ziel ist, den Gegner allmählich zu *zermürben,* um ihn dann zu *vernichten.*

Taktik im Volkskrieg
„... der Feind greift an – wir weichen zurück;
der Feind ist zum Stehen gekommen – wir lassen ihm keine Ruhe;
der Feind ist ermüdet – wir schlagen zu;
der Feind zieht sich zurück – wir verfolgen ihn".
(Aus dem Brief des Frontkomitees an das Zentralkomitee der KPCh vom 5. April 1929. In: Mao Tse-tung: Aus einem Funken kann ein Brand entstehen, in: Mao Tse-tung: Ausgewählte Schriften, Band I (1957), S. 144)

Diese Doktrin entspricht den Gegebenheiten auch des heutigen China: Das Land ist
– reich an Menschen,
– riesig an Fläche,
– noch keine Industriegesellschaft, die man mit wenigen Schlägen lahmlegen könnte,
– rückständig in der militärischen Ausrüstung.

Kriegs-Praxis nach 1949

In Korea (1950-1953), bei der Beschießung der zu Taiwan gehörenden Inseln Quemoy und Matsu (1954 und 1958), gegen Indien (1962) und Vietnam (1979) hat die Volksbefreiungsarmee jedoch *nicht* nach den Regeln des Volkskrieges gekämpft: Eingesetzt waren nur reguläre Truppen mit schweren Waffen; die Bevölkerung war nicht wesentlich beteiligt; die Operationen fanden nicht nur im eigenen Land statt, sondern vor allem jenseits der Grenzen.

Modernisierung

Die chinesische Führung, besonders die Militärs, bemühen sich seit Jahren, die technische Rückständigkeit zu beheben. Einerseits sind Heer, Luftwaffe und Marine noch großenteils unzureichend, meist mit veraltetem Gerät, ausgestattet. Andererseits hat China heute Atom- und Wasserstoffbomben, Mittelstrecken- und Interkontinental-Raketen sowie Aufklärungs-Satelliten.

Atomare Abschreckung
„Was die Möglichkeit eines Angriffs mit sowjetischen strategischen Waffen auf Chinas strategische Nuklearbasen anbelangt, so wäre das gar nicht so schrecklich. Denn China stützt sich bei seinen Kriegsvorbereitungen gar nicht in erster Linie auf Atomwaffen. Außerdem wäre die Sowjetunion nie in der Lage, mit einem Schlag alle unsere Atomwaffen zu zerstören, so daß sie das Risiko eines nuklearen Gegenschlags von unserer Seite eingehen müßte ..."
(Xu Xin, Vizedirektor des armee-eigenen „Instituts für strategische Studien" in Peking, nach: Frankfurter Rundschau vom 25. Juni 1981, S. 14)

Zivilschutz

Großen Wert legt die chinesische Regierung darauf, mit *einfachen* Mitteln einen möglichst großen Teil der Zivilbevölkerung wenigstens bei einem nichtatomaren Krieg zu schützen. In manchen Großstädten mobilisierte die Partei Massen an Einwohnern, ein *unterirdisches* Netz von Aufenthaltsbunkern, Sanitätsstationen und Fluchttunneln zu bauen.

Abrüstung

Seit langem fordert die Volksrepublik China, Kernwaffen weltweit zu *verbieten* und zu *vernichten.* Um dieses noch *ferne* Ziel schrittweise zu erreichen, müßten alle Staaten
- Truppen und nukleare Vernichtungsmittel verringern und sie aus fremden Gebieten abziehen,
- atomwaffenfreie Zonen in allen Erdteilen schaffen,
- sich verpflichten, Kernwaffen nicht als erste einzusetzen (wie dies China 1964 für sich erklärte).

Abrüstung der Großen, Aufrüstung der Kleinen
„Abrüstung muß vor allem Abrüstung dieser beiden Supermächte sein ... Was die zahlreichen kleinen und mittelgroßen Länder anbelangt, ist ihr reales Problem keinesfalls die Abrüstung, sondern die Verstärkung der notwendigen und unabhängigen Verteidigungsfähigkeiten."
(Aus der Rede des chinesischen Delegierten vor der UNO-Vollversammlung 1973)

... aber weltweit

Zweiseitige Abkommen zwischen USA und UdSSR über Rüstungsbegrenzung und Nichtweitergabe von Kernwaffen lehnt Peking als „Schwindel" ab, vor allem weil solche Vereinbarungen das Atom-Monopol der Supermächte festschreiben würden. Statt dessen drängt China darauf, eine Welt-Gipfelkonferenz über Abrüstung einzuberufen, an der *alle* Staaten *gleichberechtigt* teilnehmen. Vorher freilich müßten Washington und Moskau ihr Militär aus anderen Ländern zurückholen.

Zhou Enlai über das erste SALT-Abkommen
„Die Tinte auf dem Abkommen war noch nicht getrocknet, als die einen eine drastische Erhöhung ihrer Militärausgaben beschlossen und die anderen hastig damit beschäftigt waren, neue Waffen zu erproben ... Die Abkommen markieren den Beginn einer neuen Phase des Wettrüstens und nicht den Versuch einer Beendigung."
(Interview in „Washington Post" vom 18. Juli 1972)

Krieg unvermeidbar?

Lange Zeit propagierte die chinesische Kommunistische Partei, ein Krieg, sogar ein Weltkrieg sei unvermeidlich, solange es imperialistisch-hegemonistische Mächte gebe. Siegen werde dabei, trotz aller Opfer, der Sozialismus. Inzwischen aber hat Peking begonnen *umzudenken:* „Wenn die Völker der Welt" – so ein chinesischer Diplomat – „zusammenstehen und unbeirrt gegen Aggressionskriege kämpfen, dann ist die Aufrechterhaltung des Friedens in der Welt möglich." (Aus: Frankfurter Rundschau vom 20. Oktober 1982, S. 14).

8. Anhang

8.1 Zeittafel

Das kaiserliche China

um 250 v. Chr.	Erste Reichseinigung (221 v. Chr). Der Kaiser entmachtet die Feudalfürsten, gründet einen Zentralstaat, läßt Schrift, Gewichte und Maße standardisieren, Straßen, Wasserwege und die „Chinesische Mauer" bauen.
um die Zeitenwende	Beginn des konfuzianischen Beamtenstaates (Han-Dynastie, 202 v. Chr. bis 220 n. Chr.). Große Gebietsgewinne. Erstmals treten für das traditionelle China typische Geheimgesellschaften auf. Das Reich zerfällt in drei Teilstaaten (220 bis 265).
300 bis 600 n. Chr.	Einigung und erneuter Zerfall des Reiches; Machtkämpfe und Bauernaufstände. „Barbaren" erobern Nord-China, gründen Dynastien und werden sinisiert. Dritte Reichseinigung (589).
600 bis 900	Bau des Kaiserkanals, der den Jangtse mit dem Gelben Fluß verbindet. Während der Tang-Dynastie (618 bis 906) Stabilisierung und Ausdehnung des Reiches, Weltoffenheit, Handel mit fremden Völkern, kulturelle Blüte, weitreichende Erfindungen (Buchdruck und Porzellanherstellung, Schießpulver).
900 bis 1200	Nach abermaliger Teilung einigt die Sung-Dynastie (960 bis 1279) das Reich zum vierten Male. Diese Einheit bleibt im wesentlichen bis heute erhalten. Der chinesische Beamtenstaat hat seinen Höhepunkt erreicht. Handel (seit dem 11. Jahrhundert gab es Papiergeld), Kunst und Geisteswissenschaften blühen, technische und landwirtschaftliche Erfindungen beschleunigen die wirtschaftliche Entwicklung (z.B. erleichtert der Kompaß die Navigation, und neue Reissorten ermöglichen jährlich zwei Ernten). Militärisch ist das Reich aber schwach.
1200 bis 1650	Erste Fremdherrschaft: Die Mongolen erobern das Land und gründen die Yuan-Dynastie (1279 bis 1368). Als letzte nationale Herrscher errichten die Ming einen straff zentralistischen und despotischen Staat (1368 bis 1644). Portugiesische (1513), holländische (1622) und englische (1637) Kaufleute landen in China.
1650 bis 1911	Das Steppenvolk der Mandschu erobert China (Qing-Dynastie, 1644 bis 1911). Die neuen Machthaber übernehmen die Beamten und die Verwaltungs-Organisation. Unter der Mandschu-Herrschaft erreicht China seine größte Ausdehnung. Innere Kämpfe und die eindringenden Kolonialmächte schwächen ab Mitte des 19. Jahrhunderts den konfuzianischen Staat immer stärker.
1840 bis 1842	Opiumkrieg, erster „ungleicher Vertrag".
1850 bis 1864	Taiping Rebellion: Aufstand gegen die Fremdmächte und die chinesische Oberschicht.
1894/95	Chinesisch-japanischer Krieg.
1900	Erhebung gegen Fremdherrschaft: Boxeraufstand.
1904/05	Russisch-japanischer Krieg, der vorwiegend auf chinesischem Gebiet stattfindet.
1911	Revolution gegen kaiserliche Regierung; Sun Yat-sen wird provisorischer Präsident der „Republik China".

Republik China

Zeit	Innenpolitik	Außenpolitik
1911/12	Sturz der letzten Dynastie, Ausrufung der Republik.	
1912	Sun Yat-sen gründet die „Nationale Volkspartei" (Kuo Min Tang, KMT).	
1917		China erklärt dem Deutschen Reich den Krieg.
1919	Protest-„Bewegung vom 4. Mai" gegen China benachteiligende Bestimmungen des Versailler Vertrages.	
1921	Gründung der KPCh (1. Juli).	
1923 bis 1927	Zusammenarbeit zwischen KMT und KPCh.	
1925	Tod Sun Yat-sens, Nachfolger Chiang Kai-shek.	

1926	KMT und Verbündete beginnen unter Chiang Kai-shek Nordfeldzug gegen regionale Militärmachthaber, um China zu einigen (mit der Einnahme Pekings 1928 erreicht).	
1927	Bruch zwischen KMT und KPCh, Massaker Chiang Kai-sheks an Kommunisten in Shanghai und Nanking. „Rote Armee" gegründet.	
1928	In Südchina bilden Kommunisten „Sowjetgebiete".	
1931 bis 1934	KP-Führung ruft in Kiangsi chinesische Sowjetrepublik aus (1931). Chiang Kai-shek führt Vernichtungsfeldzüge gegen „Sowjetgebiete".	Japan besetzt die Mandschurei (1931) und erklärt sie zum Kaiserreich Mandschukuo (1932).
1934/35	Kommunisten flüchten vor Chiang Kai-sheks Truppen nach Norden („Langer Marsch") und errichten um ihr neues Hauptquartier in Yenan ein „befreites Gebiet".	
1935	Mao wird Parteivorsitzender.	
1937	Anti-japanisches Zweckbündnis zwischen KMT und KPCh.	Beginn des zweiten chinesisch-japanischen Krieges.
1945	Nach der Kapitulation Japans (August) kontrollieren KMT-Truppen die Städte, die Kommunisten das Land in Nordchina.	Freundschaftsvertrag mit Sowjetunion, der China benachteiligt.
1947 bis 1949	Offener Bürgerkrieg.	

Volksrepublik China

1949	Von der Roten Armee besiegter Chiang Kai-shek flüchtet nach Taiwan. Mao ruft die Volksrepublik China aus (1. Okt.).	
1950	Ehe- und Familiengesetz: Gleichberechtigung von Mann und Frau. Landreform: Aufteilung des Großgrundbesitzes (1952 abgeschlossen). Die Volksbefreiungs-Armee besetzt Tibet.	Sowjetisch-chinesischer Freundschafts- und Beistandspakt mit Vorrechten für Moskau. USA geben Garantieerklärung für Taiwan und verhängen Handelsembargo über die Volksrepublik. Chinesische Truppen greifen in Koreakrieg ein (Oktober).
1951/52	Kampagnen gegen – Korruption, Verschwendung, Bürokratismus (Drei-Anti-Bewegung, gerichtet gegen Verwaltungs-Kader), – Bestechung, Steuerhinterziehung, Diebstahl, Betrug, Wirtschaftsspionage (Fünf-Anti-Bewegung, gerichtet gegen nationale Bourgeoisie).	
1953 bis 1957	Erster Fünfjahresplan (nach sowetischem Vorbild). Moskau leistet Aufbauhilfe.	Ende des Koreakrieges (1953).
1954	Nationaler Volkskongreß verabschiedet Verfassung und wählt den Vorsitzenden der KPCh, Mao Zedong, zum Staatspräsidenten.	Nehru und Zhou Enlai unterzeichnen Tibet-Abkommen (mit den „Fünf Prinzipien" der friedlichen Koexistenz). Volksrepublik nimmt an Genfer Indochina-Konferenz teil.
1955	Verstärkte Kollektivierung der Landwirtschaft.	Sympathiegewinn für die VR China durch Zhou Enlais Werben auf der Konferenz afro-asiatischer Staats- und Regierungschefs in Bandung.
1956	Liberalisierungs-Phase: „Hundert-Blumen-Bewegung".	KPCh kritisiert Entstalinisierung durch die KPdSU und sowjetische Polen-Politik.
1957	Wegen tiefgreifender Kritik beendet die Partei die „Hundert-Blumen-Bewegung" und bekämpft die Opposition mit der „Anti-Rechtsabweichler-Kampagne".	Moskau sichert Peking Hilfe beim Bau eigener Atomwaffen zu.
1958	Beginn des „Großen Sprunges nach vorn"; erste Volkskommune. Mao verzichtet auf erneute Kandidatur für das Amt des Staatspräsidenten.	Volksbefreiungsarmee beschießt die zu Taiwan gehörenden Küsteninseln Quemoy und Matsu.

Jahr	Ereignisse in China	Außenbeziehungen
1959	Nationaler Volkskongreß wählt Liu Shaoqi zum Staatspräsidenten. Peking schlägt Aufstand in Tibet nieder; der Dalai Lama flüchtet nach Indien. Lin Biao wird Verteidigungsminister.	Sowjetunion kündigt Atomwaffen-Hilfsvertrag von 1957. Wachsende Spannungen zwischen Moskau und Peking.
1960	„Drei bittere Jahre" durch schlechte Wirtschaftslage und Naturkatastrophen.	Sowjetunion zieht technische Berater aus China zurück und stellt ihre Hilfe ein. Kommunistische Weltkonferenz in Moskau, an der die KPCh teilnimmt.
1960 bis 1965	Parteirechte um Liu Shaoqi setzt Kurskorrektur durch: Mehr Mittel für die Landwirtschaft, mehr Dezentralisierung und Privatinitiative (durch materielle Anreize), Aufwertung des Fachwissens.	Erste Getreidelieferungen aus Kanada und Australien an VR China (1961).
1962		Grenzkrieg mit Indien.
1963	Mao scheitert mit seinem Versuch, den Massen revolutionäres Bewußtsein zu vermitteln („Sozialistische Erziehungsbewegung").	Scharfe offene Auseinandersetzung zwischen der chinesischen und sowjetischen Parteiführung (1963/64). VR China tritt Atomwaffenteststopp-Abkommen nicht bei.
1964	Erste chinesische Atombombe gezündet.	Zhou Enlai besucht afrikanische und asiatische Staaten.
1965	Armee schafft Rangabzeichen ab.	Peking bezeichnet den sowjetisch-chinesischen Konflikt als „Antagonismus zwischen dem kapitalistischen und kommunistischen Weg".
1966	Kulturrevolution beginnt; an den Hochschulen bilden sich „Rote Garden". Das Zentralkomitee billigt die Kulturrevolution durch das „16-Punkte-Programm". Mao entmachtet seine Gegner in der Partei.	Moskau weist chinesische Studenten aus; Sowjetunion und China rufen wechselseitig ihre Botschafter zurück.
1967	Die Armee greift disziplinierend in die Kulturrevolution ein; „Revolutionskomitees" entstehen. Zündung der ersten chinesischen Wasserstoffbombe.	Peking verstärkt Wirtschafts- und Militärhilfe an Hanoi im Vietnamkrieg.
1968	Die Parteilinke schließt den bereits entmachteten Liu Shaoqi aus der KPCh aus. Die Führung beginnt, Jugendliche aus den Städten in entlegene Randprovinzen zu schicken.	VR China verurteilt Einmarsch von Truppen des Warschauer Paktes in die CSSR und die Breschnew-Doktrin.
1969	Parteitag der KPCh verabschiedet neues Statut, das Maos Lehre zur offiziellen Doktrin erhebt, ernennt Lin Biao zum Nachfolger Mao Zedongs und erklärt die Kulturrevolution für beendet.	Zwischenfälle zwischen sowjetischen und chinesischen Soldaten am Ussuri, Amur und in Sinkiang.
1970	Erster chinesischer Satellit gestartet.	Nach zwölfjähriger Pause wieder Botschafteraustausch mit Jugoslawien.
1971	Sturz Lin Biaos.	Aufnahme der VR China in die Vereinten Nationen, Ausschluß Taiwans.
1972		US-Präsident Nixon besucht die VR China. Diplomatische Beziehungen mit der Bundesrepublik Deutschland.
1973	Wiederbelebung der während der Kulturrevolution aufgelösten Massenorganisationen. Partei rehabilitiert von den Linken verurteilte Kader und Funktionäre (z.B. Deng Xiaoping). Anti-Revisionismus-Kampagnen. Kulturrevolutionäre Linke bekämpft Zhou Enlai und dessen Anhänger.	Pariser Vietnam-Abkommen, Rückzug der US-Truppen. Erster Botschafteraustausch mit Japan.
1974		Neue Leitlinie veröffentlicht: „Drei-Welten-Theorie".
1975	Nationaler Volkskongreß bestätigt Zhou Enlais Reformkurs (Politik der „Vier Modernisierungen") und verabschiedet eine neue Verfassung.	Kapitulation der Regierungen von Süd-Vietnam und Kambodscha, Ende des Vietnam-Krieges.

1976	Tod Zhou Enlais; Hua Guofeng wird Ministerpräsident. Zusammenstöße nach Gedenkfeier für Zhou (April) zwischen Anhängern der erstarkten Linken und der Pragmatiker in Peking. Erneute Entlassung Dengs aus allen Ämtern. Tod Mao Zedongs (9. September). Verhaftung der „Viererbande". Politbüro wählt Hua zum Parteivorsitzenden.	Nach 15 Jahren wieder Botschafteraustausch mit Indien.
1977	KPCh-Spitze rehabilitiert Deng und entfernt Linke aus den Führungsgremien.	Bruch der chinesisch-albanischen Freundschaft.
1978	Der Volkskongreß nimmt eine neue Verfassung an.	Peking und Tokio schließen Friedens- und Freundschaftsvertrag.
1979	Öffentlich vorgetragene Kritik (z.B. durch Wandzeitungen) an Parteifunktionären, der KPCh usw.: Demokratiebewegung.	VR China und die USA nehmen diplomatische Beziehungen auf. Danach jedoch verschlechtert sich das Verhältnis beider Staaten, vor allem wegen US-Zusagen an Taiwan. Grenzkrieg zwischen China und Vietnam. Peking kündigt Freundschafts- und Beistandspakt mit der UdSSR (von 1950).
1980	Hu Yaobang wird Generalsekretär. ZK rehabilitiert Liu Shaoqi. Prozeß gegen „Viererbande" beginnt.	
1981	Schrittweise Entmachtung Hua Guofengs.	Wieder Grenzverhandlungen mit Indien.
1982	Parteitag beschließt neues Statut. Volkskongreß verabschiedet eine neue Verfassung. Die Volkskommunen verlieren ihre politische Bedeutung.	Verhältnis Peking-Moskau beginnt sich zu entkrampfen. Großbritanniens Premierministerin Thatcher spricht mit der chinesischen Regierung über die Zukunft von Hongkong.
1983	Nationaler Volkskongreß wählt Li Xiannian zum Staatspräsidenten.	Ministerpräsident Zhao Ziyang bereist elf afrikanische Staaten.

8.2 Literaturauswahl

8.2.1 Allgemeines

Broyelle, Claudie und Jacques, Evelyne Tschirhart: Zweite Rückkehr aus China. Ein neuer Bericht über den chinesischen Alltag. (Politik 77) Verlag Klaus Wagenbach Berlin 1977, 273 S.
Ein engagierter, sehr lebendiger Bericht von französischen Linken, die als Sprachlehrer und Übersetzer in China arbeiteten. Enthält Kapitel unter anderem über Danweis, Presse, Justiz, Menschenbild.
Broyelle, Claudie und Jacques: Mao ohne Maske. China nach dem Tod des großen Vorsitzenden. Europaverlag Wien, München, Zürich 1982, 303 S.
Eine äußerst kritische Auseinandersetzung mit dem System der VR China.
Dittmar, Peter: Wörterbuch der chinesischen Revolution. (Herderbücherei 511) Verlag Herder Freiburg i. Br. 1975, 224 S.
Der Redakteur beim Deutschlandfunk hat Ereignisse, Begriffe und Parolen der chinesischen Entwicklung seit dem Opiumkrieg alphabetisch in Stichworten geordnet. Zeittafel.
Englert, Siegfried P., und Gert F. Grill: Klipp und klar: 100 x China. Bibliographisches Institut Mannheim, Wien, Zürich 1980, 208 S.
Stichworte mit vielen Fotos und Graphiken.
Franke, Wolfgang, unter Mitarbeit von Brunhild Staiger (Hg.): China. Handbuch. (Eine Veröffentlichung der Deutschen Gesellschaft für Ostasienkunde in Verbindung mit dem Institut für Asienkunde) Bertelsmann Universitätsverlag Düsseldorf 1974, XXXI + 1768 Spalten
Die Hamburger Sinologen stellen alphabetisch geordnete Beiträge zusammen über Geographie, Geschichte, Gesellschaft, Staat und Recht, auswärtige Beziehungen, Wirtschaft, Erziehung und Wissenschaft, Informationswesen, Ideengeschichte, Sprache, Literatur, Kunst.
- China. Gesellschaft–Politik–Staat–Wirtschaft. Westdeutscher Verlag Opladen 1976, 336 S.
Auszug aus dem Handbuch derselben Herausgeber.
Fraser, John: Die neuen Chinesen. Wie die Menschen nach Mao leben, denken, empfinden, handeln. Scherz Verlag Bern, München 1981, 320 S.
Erfahrungsbericht eines kanadischen Auslandskorrespondenten, der als einer der ersten Kontakte zu chinesischen Dissidenten hatte.

Kindermann, Gottfried-Karl: Pekings chinesische Gegenspieler. Theorie und Praxis nationalchinesischen Widerstandes auf Taiwan. Droste Verlag Düsseldorf 1977, 290 S.
Eine mit zahlreichen Dokumenten angereicherte Darstellung der Position, Entwicklung und Ideologie der Republik China. Der Autor ist auf Fernost-Fragen spezialisierter Politikwissenschaftler in München.

Machetzki, Rüdiger, Oskar Weggel: Die Volksrepublik China. (Informationen zur politischen Bildung 198) Hg.: Bundeszentrale für politische Bildung Bonn 1983, 48 S.
Die Autoren aus dem Institut für Asienkunde in Hamburg liefern einen sehr anschaulichen und lesefreundlichen Überblick mit vielen Fotos und Graphiken sowie mit Hinweisen auf Unterrichtsmaterialien.

Menzel, Ulrich: Wirtschaft und Politik im modernen China. Eine Sozial- und Wirtschaftsgeschichte von 1842 bis nach Maos Tod. Westdeutscher Verlag Opladen 1978, 230 S.
Grundlagen und Praxis des chinesischen Entwicklungsmodells seit der vorimperialistischen Zeit. Der Autor, Wissenschaftler an der Universität Bremen, sieht in den Kämpfen zwischen innerparteilichen Linien vor allem einen Ausdruck des Stadt-Land-Gegensatzes.

Snow, Edgar: Die lange Revolution. China zwischen Tradition und Zukunft. Deutsche Verlags-Anstalt Stuttgart 1973, 304 S. Auch: (dtv-Taschenbuch 1077) Deutscher Taschenbuch Verlag München 1975, 301 S.
Der 1972 verstorbene US-amerikanische Publizist, der seit 1928 immer wieder in China reiste und arbeitete und enge Verbindung zu Mao und anderen führenden Persönlichkeiten hatte, beschreibt die gesellschaftlichen Änderungen in China nach 1949 anhand von eigenem Erleben und Gesprächen mit Mao und Zhou Enlai. Im Anhang Interviews mit beiden, dazu ein ZK-Beschluß zur Kulturrevolution und ein Statut der KPCh von 1969.

Staiger, Brunhild (Hg.): China. Natur, Geschichte, Gesellschaft, Politik, Staat, Wirtschaft, Kultur. Horst Erdmann Verlag für Internationalen Kulturaustausch Tübingen und Basel 1980, XI + 519 S.
Ein China-Handbuch mit zahlreichen Fotos und Karten. Die Herausgeberin ist wissenschaftliche Mitarbeiterin am Institut für Asienkunde in Hamburg.

Statistisches Bundesamt (Hg.): Länderbericht Volksrepublik China 1979. Verlag W. Kohlhammer Stuttgart und Mainz 1979, 110 S.
Reichhaltige und übersichtlich aufbereitete statistische Angaben, teilweise bis 1949 zurückreichend, mit Erläuterungen und Karten.

Weggel, Oskar: China. Zwischen Revolution und Etikette. Eine Landeskunde. (Beck'sche Schwarze Reihe 239) C. H. Beck'sche Verlagsbuchhandlung München 1981, 331 S.
Der China-Referent am Institut für Asienkunde in Hamburg untersucht Politik, Wirtschaft, Gesellschaft und Kultur des modernen China mit seinen Widersprüchen. Besonders betont er die Bedeutung der Danwei als Gruppeneinheit. Zeittafel, Karten, Fotos.

Wickert, Erwin: China von innen gesehen. Deutsche Verlags-Anstalt Stuttgart 1982, 512 S.
Der ehemalige Botschafter der Bundesrepublik Deutschland in Peking (1976-1980) zeichnet anhand seiner Tagebuchnotizen Erlebnisse und Eindrücke aus China nach. Er versucht, das Land „von innen heraus zu verstehen und zu erklären".

Wiethoff, Bodo: China. (Edition Zeitgeschehen) Fackelträger Verlag Hannover 5., überarbeitete, Auflage 1978, 178 S.
Der Bochumer Sinologe führt ein in das traditionelle, das revolutionäre und das heutige China: Geschichte, Raum, Bevölkerung, Innen- und Außenpolitik, Wirtschaft, Gesellschaft und Kultur. Karten und Organisations-Schemata, Zeittafel.

8.2.2 Geschichte

Bauer, Wolfgang (Hg.): China und die Fremden. 3000 Jahre Auseinandersetzung in Krieg und Frieden. (Beck'sche Sonderausgaben) C. H. Beck'sche Verlagsbuchhandlung München 1980, 274 S.
Der Münchener Sinologe behandelt fünf Hauptphasen der Begegnung Chinas mit Fremden. Karten und andere Abbildungen.

Franz-Willing, Georg: Neueste Geschichte Chinas. 1840 bis zur Gegenwart. (Sammlung Schöningh zur Geschichte und Gegenwart) Ferdinand Schöningh Verlag Paderborn 1975, 261 S.
Zusammenfassende Darstellung der Ereignisse vom Opiumkrieg bis zur Kulturrevolution.

Gernet, Jacques: Die chinesische Welt. Die Geschichte Chinas von den Anfängen bis zur Jetztzeit. Insel Verlag Frankfurt a. M. 1979, 714 S.
Faktenreicher Geschichts-Überblick vom Altertum bis zum Ende der Kulturrevolution mit vielen Karten und anderen Abbildungen sowie einer ausführlichen Zeittafel.

Harrison, James P.: Der lange Marsch zur Macht. Die Geschichte der Kommunistischen Partei Chinas von ihrer Gründung bis zum Tode von Mao Tse-tung. Belser Verlag Stuttgart, Zürich 1978, 880 S.
Aus dem Amerikanischen übersetztes Grundlagenwerk über die kommunistische Bewegung Chinas.

Institut für den Fernen Osten der Akademie der Wissenschaften der UdSSR (Hg.): Neueste Geschichte Chinas. Von 1917 bis zur Gegenwart. VEB Deutscher Verlag der Wissenschaften Berlin 2. Auflage 1979, 388 S.
Entwicklung Chinas vom Ende des 19. Jahrhunderts bis 1975 aus sowjetischer Sicht.

Kuo, Heng-yü: Maos Weg zur Macht und die Komintern am Beispiel der Bildung der „Antijapanischen Nationalen Einheitsfront" 1931-1938. (Sammlung Schöningh zur Geschichte und Gegenwart) Ferdinand Schöningh Verlag Paderborn 1975, 390 S.
: *Der Sinologe an der Freien Universität Berlin beschreibt die Auseinandersetzungen innerhalb der kommunistischen Bewegung über die Zusammenarbeit mit der Nationalpartei unter Chiang Kai-shek. Zahlreiche ausführliche Dokumente, darunter Maos Bericht „Über die neue Periode", der in seinen „Ausgewählten Werken" nicht abgedruckt ist.*

Lorenz, Richard (Hg.): Umwälzung einer Gesellschaft. Zur Sozialgeschichte der chinesischen Revolution (1911-1949). (edition suhrkamp 870) Suhrkamp Verlag Frankfurt a.M. 1977, 511 S.
: *Der Politikwissenschaftler in Kassel stellt eigene und fremde Beiträge zusammen über die traditionale chinesische Gesellschaft, die Krise der Landwirtschaft, die Abhängigkeit vom Weltmarkt, die Industrialisierung, die Arbeiterbewegung, die KP und die Bauern sowie über Theorien der chinesischen Revolution. Zeittafel.*

Scharping, Thomas: Mao-Chronik. Daten zu Leben und Werk. (Reihe Hanser 216) Carl Hanser Verlag München 1976, 235 S.
: *Der Wissenschaftliche Referent der Arbeitsgruppe Sino-Kommunismus am Bundesinstitut für ostwissenschaftliche und internationale Studien in Köln stellt Maos Leben chronologisch dar mit vielen Zitaten.*

Snow, Edgar: Roter Stern über China. März-Verlag Frankfurt a.M. 2. Auflage 1971, 666 S. Auch: (Fischer-Taschenbuch 1514) Fischer Taschenbuch Verlag Frankfurt a.M. 1974, 509 S.
: *Der US-amerikanische Publizist besuchte 1936 das Räte-Gebiet um Yenan und interviewte als erster westlicher Journalist ausführlich Mao Zedong. Daraus entstand dieses 1937 veröffentlichte, inzwischen klassische Buch. Die deutsche Übersetzung geht auf eine später überarbeitete Fassung zurück.*

Verlag Ploetz (Hg.): China. Geschichte – Probleme – Perspektiven. Verlag Ploetz Freiburg i.Br., Würzburg 1981, 256 S.
: *Knapp gefaßte Kapitel über Raum und Bevölkerung, Geschichte, Wirtschaft, Staat und Gesellschaft, Religionen, Wissenschaft, Kunst und Kultur, Außenbeziehungen und Taiwan, jeweils mit ausführlicher Zeittafel, mit vielen Tabellen, Karten und anderen Abbildungen.*

Wiethoff, Bodo: Grundzüge der neueren chinesischen Geschichte. (Grundzüge 31) Wissenschaftliche Buchgesellschaft Darmstadt 1977, XI + 233 S.
: *Der Bochumer Sinologe analysiert Chinas Entwicklung seit dem 19. Jahrhundert, vor allem seine Wirtschafts- und Sozialgeschichte. Am Anfang erörtert er methodische Fragen der China-Forschung. Ausführliche Zeittafel.*

Witke, Roxane: Genossin Tschiang Tsching. Die Gefährtin Maos erzählt ihr Leben. R. Piper & Co. Verlag München 1977, 607 S.
: *Die US-amerikanische China-Historikerin führte mehrere Gespräche mit Tschiang Tsching. Anhand ihrer Notizen und ihr überreichter offiziöser Aufzeichnungen beschreibt sie das Leben der letzten Frau Maos, die 1981 als Führerin der „Viererbande" verurteilt wurde.*

8.2.3 Maoismus

Ch'en, Jerome: Mao papers. Mit einem Essay über den literarischen Stil Mao Tse-tungs und einer Bibliographie seiner Schriften. Nymphenburger Verlagshandlung München 1972, 269 S. Auch: (dtv-Taschenbuch 1125) Deutscher Taschenbuch Verlag München 1975, 239 S.
: *Der britische China-Historiker veröffentlichte – im Westen bisher meist unbekannte – Briefe, Reden, Artikel und vor allem Weisungen Maos aus der Zeit zwischen 1917 und 1969.*

Mao Tse-tung: Ausgewählte Werke. Verlag für fremdsprachige Literatur Peking – Band I: 1968, 412 S.; Band II: 1968, 560 S.; Band III: 1969, 346 S.; Band IV: 1969, 496 S.; Band V: 1978, 594 S.
: *Bearbeitete Texte Maos aus den Jahren 1926 bis 1957.*

Martin, Helmut (Hg.): Mao intern. Unveröffentlichte Schriften, Reden und Gespräche Mao Tse-tungs 1949-1971. Carl Hanser Verlag München 1974, 286 S.
: *Enthält vorwiegend Mao-Texte, die Rote Garden während der Kulturrevolution erstmals bekanntmachten und die der Bochumer Sinologe übersetzte.*

Opitz, Peter J. (Hg.): Maoismus. Verlag W. Kohlhammer Stuttgart, Berlin, Köln, Mainz 1972, 184 S.
: *Der Münchener Politikwissenschaftler stellte Aufsätze westlicher China-Forscher zu Fragen der Ideologie zusammen.*

Schram, Stuart R.: Das Mao-System. Die Schriften von Mao Tse-tung. Analyse und Entwicklung. Carl Hanser Verlag München 1972, 408 S. Auch: Das politische Denken Mao Tse-tungs. Das Mao-System. (dtv-Taschenbuch 4169) Deutscher Taschenbuch Verlag München 1975, 426 S.
: *Der US-amerikanische Politikwissenschaftler und Vorstand des Contemporary China Institute in London stellt die wichtigsten Schriften, Reden und Gedichte Maos vor, geordnet nach Themen, und untersucht, was sie für die chinesische Entwicklung bedeuten.*

Verlag für fremdsprachige Literatur Peking (Hg.): Die Polemik über die Generallinie der internationalen kommunistischen Bewegung. (Theorie und Praxis 1) Oberbaumverlag. Verlag für Politik und Ökonomie Berlin o. J. (1971), 662 S.
Deutsche Übersetzung der wichtigsten offiziellen Dokumente der KPCh-Führung (1957 bis 1963) zur chinesisch-sowjetischen Auseinandersetzung, im Anhang zwei Briefe des ZK der KPdSU.

8.2.4 Politisches System

Bao, Ruo-wang: Gefangener bei Mao. (Fischer-Taschenbuch 1898) Fischer Taschenbuch Verlag Frankfurt a. M. 1977, 318 S.
Erlebnisbericht eines ehemaligen Insassen von chinesischen Straf- und Arbeitslagern. Er gibt auch einen Einblick in das politische System der Volksrepublik China.

Christiansen, Flemming, Susanne Posborg, Anne Wedell-Wedellsborg: Die demokratische Bewegung in China – Revolution im Sozialismus? Verlag Simon und Magiera München 1981, 243 S.
Dänische Sinologen, die zwischen 1977 und 1979 in Nanjing bzw. Peking studierten, schildern, auch als Augenzeugen, die Demokratie-Bewegung in China. Viele Text- und Bild-Dokumente aus jenen Jahren.

Domes, Jürgen: Die Ära Mao Tse-tung. Innenpolitik in der Volksrepublik China. (Reihe Kohlhammer) Verlag W. Kohlhammer Stuttgart, Berlin, Köln, Mainz 2., überarbeitete, Auflage 1972, 256 S.
Materialreiche Studie zur innenpolitischen Entwicklung bis zum Sturz von Lin Biao. Der Autor, Politikwissenschaftler und Leiter der Arbeitsstelle „Politik Chinas und Ostasiens" an der Universität Saarbrücken, hält die Ära Maos bereits 1969/70 für im wesentlichen beendet.

– Politische Landeskunde der Volksrepublik China. (Beiträge zur Zeitgeschichte 9) Colloquium Verlag Otto H. Hess Berlin 1982, 127 S.
Eine sehr faktenreiche und kritische Analyse der Rahmenbedingungen, der innenpolitischen Entwicklung sowie der Institutionen, politischen Führung und Entscheidungsprozesse.

Hinton, William: Fanshen. Dokumentation über die Revolution in einem chinesischen Dorf. (edition suhrkamp 566 + 567) Suhrkamp Verlag Frankfurt a. M. 1972, 421 + 406 S.
Anschaulicher Bericht eines engagierten US-amerikanischen Augenzeugen über radikale Veränderungen auf dem Lande Ende der vierziger, Anfang der fünfziger Jahre.

Hoffmann, Rainer: Entmaoisierung in China. Zur Vorgeschichte der Kulturrevolution. (Arnold-Bergstraesser-Institut. Studien zur Entwicklung und Politik 1) Weltforum Verlag München o. J. (1973), 239 S.
Der Freiburger Politikwissenschaftler und Sinologe stellt die Konzepte Maos und seiner Gegner einander gegenüber. Seine Hauptthese: Der „maoistische Linkskommunismus" sei überholt, die Zukunft gehöre der „liuistischen" Liberalisierung und Differenzierung. Im Anhang zahlreiche Kurzbiographien.

Houn, Franklin W.: Anatomie des chinesischen Kommunismus. Verlag Hallwag Bern und Stuttgart 1969, 336 S.
Der Professor für chinesische Politik an der Universität von Massachusetts/USA schildert die kommunistische Bewegung von der Parteigründung bis zur Machtübernahme sowie Ideologie und Organisation der KPCh, Bürokratie, Wirtschaft, Sozialpolitik und Kultur, Außenpolitik bis 1969.

Mäding, Klaus: Strafrecht und Massenerziehung in der Volksrepublik China. (edition suhrkamp 978) Suhrkamp Verlag Frankfurt a. M. 1979, 245 S.
Der Sino-Soziologe an der Pädagogischen Hochschule Rheinland untersucht die Verknüpfung von Politik und Recht im kaiserlichen und vor allem im kommunistischen China: Justizwesen, Kriminalität, Strafen und Massenerziehung.

Mehnert, Klaus (Hg.): Maos zweite Revolution. Dokumente des Sommers und Herbstes 1966. (Schriftenreihe Osteuropa der Deutschen Gesellschaft für Osteuropakunde 6) Deutsche Verlags-Anstalt Stuttgart 1966, 115 S.
Einleitung durch den China-kundigen Publizisten und Aachener Politikwissenschaftler. 15 ausführliche Dokumente aus China und dem Sowjetblock zur Kulturrevolution.

Mellenthin, Knut: Der Pekinger Prozeß. Dokumente und Analysen. buntbuch-verlag Hamburg 1981, 111 S.
Der Autor wendet sich gegen die Verteufelung der Kulturrevolution.

Meyer, Fritjof: China. Aufstieg und Fall der Viererbande. (Spiegel-Buch 9) Rowohlt Taschenbuch Verlag Reinbek 1981, 224 S.
Der Redakteur der Zeitschrift „Der Spiegel" beschreibt in lockerer Form die „Viererbande" und die Zeit, in der sie wirkte. Dokumenten-Anhang, unter anderem mit der Anklageschrift gegen diese Gruppe.

Münzel, Frank: Das Recht der Volksrepublik China. Einführung in die Geschichte und den gegenwärtigen Stand. (Einführungen in das fremdländische Recht) Wissenschaftliche Buchgesellschaft Darmstadt 1982, XI + 211 S.
Der Ostasien-Referent am Max-Planck-Institut für ausländisches und internationales Privatrecht in Hamburg stellt hervorragend Rechtsdenken, Staats- und Strafrecht sowie vor allem das Wirtschaftsrecht dar.

8.2.5 Wirtschaft

Domes, Jürgen: Sozialismus in Chinas Dörfern. Ländliche Gesellschaftspolitik in der Volksrepublik China 1949-1977. (Schriftenreihe der Niedersächsischen Landeszentrale für Politische Bildung. Neue Weltmacht China 8) Hannover 1977, 192 S.
Der Leiter der Arbeitsstelle „Politik Chinas und Ostasiens" an der Universität Saarbrücken behandelt vor allem Kollektivierung und Volkskommune-Bewegung sowie die damit verbundene gesellschaftliche und wirtschaftliche Entwicklung. Im Anhang Entwürfe eines Statuts und von Arbeitsrichtlinien einer Volkskommune, Rundschreiben des ZK der KPCh zur Verteilung in Volkskommunen.

Kosta, Jiří, und Jan Meyer: Volksrepublik China. Ökonomisches System und wirtschaftliche Entwicklung. (Politische Ökonomie. Geschichte und Kritik) Europäische Verlagsanstalt Frankfurt a. M., Köln 1976, 297 S.
Zwei Frankfurter Wirtschaftswissenschaftler, die sich mit Theorie und Praxis sozialistischer Wirtschaftssysteme befassen, behandeln die Phasen chinesischer Wirtschaft von 1949 bis 1975. Der Tscheche Kosta war führend am „Prager Frühling" 1968 beteiligt und hält heute häufig Vorträge in China. Tabellen, Graphiken.

Kraus, Willy: Wirtschaftliche Entwicklung und sozialer Wandel in der Volksrepublik China. Springer Verlag Berlin, Heidelberg, New York 1979, XXI + 738 S.
Der Bochumer Professor für Wirtschaft Ostasiens analysiert mit viel statistischem Material die chinesische Wirtschaftspolitik von 1949 bis 1978.

Weiss, Udo: Die Wirtschaft der Volksrepublik China. Entwicklungslinien und Strukturen. (Schriftenreihe der Niedersächsischen Landeszentrale für Politische Bildung. Neue Weltmacht China 7) Hannover 1975, 120 S.
Der Heidelberger Wissenschaftspublizist und Mitarbeiter eines Wiener China-Forschungsinstitutes beschreibt knapp, mit zahlreichen Tabellen, geographische Grundlagen, Phasen und ausgewählte Fragen der Wirtschaft: Maos Entwicklungsmodell, Organisation, Wachstum, Verteilung, Lebensstandard, Außenhandel.

8.2.6 Gesellschaft

Dohmen, Holger: Soziale Sicherheit in China. (Mitteilungen des Instituts für Asienkunde Hamburg 105) Hamburg 1979, 82 S.
Der China-Referent am Institut für Asienkunde in Hamburg, danach außenpolitischer Redakteur beim „Allgemeinen Deutschen Sonntagsblatt", gibt einen Überblick über Bevölkerungspolitik, Gesundheitswesen, Sozialversicherung, Kindergärten, Wohnungspolitik, Umweltschutz, Lebensstandard.

Fisher-Ruge, Lois: Alltag in Peking. Eine Frau aus dem Westen erlebt das heutige China. Econ Verlag Düsseldorf, Wien 1981, 303 S.
Anschaulicher, einfühlsamer und detailreicher Bericht einer journalistisch und politisch tätigen US-Amerikanerin über einen dreijährigen Aufenthalt in China als Ehefrau eines bundesdeutschen Fernseh-Korrespondenten.

Horn, Joshua: Arzt in China. Medizin und Menschlichkeit nach der Revolution. März Verlag Frankfurt a. M. 1969, 306 S., 2. Auflage (rororo-Sachbuch 6915) Rowohlt Taschenbuch Verlag Reinbek 1976, 236 S.
Spannender Erlebnisbericht eines englischen Arztes, der 15 Jahre in China arbeitete, mit einem Vorwort von Edgar Snow.

Pfennig, Werner, und Gerhard Lechenauer: Leben in China in Bildern und Protokollen. Lernen, Wohnen, Arbeit, Freizeit. Bertelsmann-Lexikon Verlag Gütersloh, Berlin 1977, 239 S.
Chinesischer Alltag aus der Zeit vor der Verurteilung der „Viererbande". Zahlreiche Fotos.

Scharping, Thomas: Umsiedlungsprogramme für Chinas Jugend 1955-1980. Probleme der Stadt-Land-Beziehungen in der chinesischen Entwicklungspolitik. (Mitteilungen des Instituts für Asienkunde Hamburg 120) Hamburg 1981, XIV + 575 S.
Der China-Referent am Bundesinstitut für ostwissenschaftliche und internationale Studien in Köln untersucht Ursachen, Ziele, Verlauf und Ergebnisse der Landverschickungen und vergleicht sie mit ähnlichen Maßnahmen in anderen Ländern der Dritten Welt. Zahlreiche Tabellen, Karten und andere Graphiken.

8.2.7 Außenpolitik

Ansprenger, Franz, und andere: Die Außenpolitik Chinas. Entscheidungsstruktur, Stellung in der Welt, Beziehungen zur Bundesrepublik Deutschland. (Schriften des Forschungsinstituts der Deutschen Gesellschaft für Auswärtige Politik. Internationale Politik und Wirtschaft 36) R. Oldenbourg Verlag München und Wien 1975, 463 S.
Mehrere deutsche Sinologen, Politikwissenschaftler und Publizisten stellen die chinesische Außenpolitik dar sowie deren innen- und wirtschaftspolitische und ideologische Grundlagen.

Borissow, Oleg Borissowitsch, und Boris Trofimowitsch Koloskow: Sowjetisch-chinesische Beziehungen 1945-1970. Staatsverlag der Deutschen Demokratischen Republik Berlin 1973, 445 S.
   Das Verhältnis beider Länder zueinander aus sowjetischer Sicht.
Domes, Jürgen, und Marie-Luise Näth: Die Außenpolitik der Volksrepublik China. Eine Einführung. (Studienbücher zur auswärtigen und internationalen Politik 7) Bertelsmann Universitätsverlag Düsseldorf 1972, 221 S.
   Die beiden Saarbrücker Sino-Politologen geben einen Überblick über Grundprobleme und Entwicklung. Zahlreiche Dokumente.
Grobe, Karl: Chinas Weg nach Westen. Pekings neue Außenpolitik und ihre Hintergründe. Eine Analyse. China Studien- und Verlagsgesellschaft Frankfurt a.M. 1980, 509 S.
   Eine ausführliche Analyse der nach-maoistischen Außenpolitik sowie von deren innen- und außenpolitischen Bedingungen. Der Autor ist Außenpolitik-Redakteur der „Frankfurter Rundschau".
Opitz, Peter J.: Chinas Außenpolitik. Ideologische Prinzipien – strategische Konzepte. (Texte + Thesen. Sachgebiet Politik 89) Edition Interfrom Zürich 1977, 107 S.
   Der Münchener Politikwissenschaftler vergleicht theoretischen Anspruch und praktischen Vollzug der Außenpolitik.
Pfennig, Werner: Chinas außenpolitischer Sprung nach vorn. Die Außen- und Sicherheitspolitik der Volksrepublik China vom Ende der Kulturrevolution bis zum Vorabend der Chinareise Nixons (1969-1971). (Sammlung Schöningh zur Geschichte und Gegenwart) Ferdinand Schöningh Verlag Paderborn 1980, 211 S.
   Der Berliner Politologe stellt die Außen- und Verteidigungspolitik in einer Zeit des Umbruchs dar sowie das Verhältnis zwischen Innen- und Außenpolitik. Abbildungen und Tabellen.
Weggel, Oskar: Die Außenpolitik der Volksrepublik China. Verlag W. Kohlhammer Stuttgart, Berlin, Köln, Mainz 1977, 172 S.
– China und die Drei Welten. Hg.: Bayerische Landeszentrale für politische Bildungsarbeit München 1979, 172 S.
   In beiden Büchern beschreibt der China- und Südostasien-Referent am Institut für Asienkunde in Hamburg übersichtlich und informationsreich Ziele, Grundlagen, Probleme und Praxis chinesischer Außenpolitik.
Zagoria, Donald S.: Der chinesisch-sowjetische Konflikt 1956-1961. Rütten & Loening Verlag München 1964, 568 S.
   Standardwerk, verfaßt von einem Sozialwissenschaftler bei der US-Forschungsgesellschaft Rand Corporation. Er analysiert anhand sowjetischer und chinesischer Quellen die Entstehung des Konfliktes in welt- und innenpolitischen Fragen sowie in den Beziehungen innerhalb des Ostblocks. Schlußkapitel des Schweizer Publizisten Ernst Kux über die Entwicklung 1962 und 1963.

8.2.8 Zeitschriften

Beijing Rundschau (bis Ende 1978 Peking Rundschau), Wochenschrift für Politik und Zeitgeschehen.
   Sie enthält Berichte über chinesische Innen- und Außenpolitik, Sport und Kultur, Artikel zu theoretischen Fragen sowie offizielle Dokumente und Erklärungen zu internationalen Ereignissen.
China im Aufbau
   Diese Monatszeitschrift mit vielen, häufig farbigen Bildern berichtet besonders über die gesellschaftliche und politische Entwicklung des Landes, aber auch über Kultur, die chinesische Küche usw. und bietet dem Leser einen Chinesisch-Sprachkurs.
China im Bild
   Eine propagandistische Monatszeitschrift mit vielen großen und farbigen Fotos und wenig Text.

Diese für das Ausland bestimmten Periodika aus der VR China kann man abonnieren über:
– China Studien- und Verlags-GmbH, Hungener Straße 6-12, 6000 Frankfurt a.M. 60;
– Buchvertrieb Hager, Mainzer Landstraße 147, 6000 Frankfurt a.M. 11.

China aktuell, Monatszeitschrift, Hg.: Institut für Asienkunde, Rothenbaumchaussee 32, 2000 Hamburg 13
   Sie enthält kurze Zusammenfassungen und Analysen der neuesten Entwicklungen in China sowie längere Aufsätze zu Schwerpunktthemen.
China-Report, Hg.: Gesellschaft zur Förderung freundschaftlicher und kultureller Beziehungen zur VR China, 1080 Wien, Wickenburggasse 4, Österreich
   Zweimonats-Zeitschrift mit Aufsätzen und Berichten über China und die österreichisch-chinesischen Beziehungen.
das neue China, Hg.: Bundesvorstand der Gesellschaft für Deutsch-Chinesische Freundschaft e.V., erscheint in der China Studien- und Verlags-GmbH, Hungener Straße 6-12, 6000 Frankfurt a.M. 60
   Das Vierteljahres-Magazin informiert aus und über China, besonders über die deutsch-chinesischen Kontakte, und bietet ein Diskussionsforum für China-Experten und -Interessierte.

8.3 Audiovisuelle Medien

Zusammengestellt und beschrieben nach Angaben des Didaktischen Dienstes der Landesbildstelle Berlin (Wikingerufer 7, 1000 Berlin 21, Telefon 3 90 92-1). Nähere Auskünfte können die Referenten für politische Bildung erteilen:
- Herr Metto (Apparat 331) für die Schule
- Herr Thiele (Apparat 248)
- Herr Wicher (Apparat 332) für außerschulische Bildung.

Die Landesbildstelle verleiht diese Medien nur an Berliner Mittler und Einrichtungen politischer Bildung. Westdeutsche Interessenten fragen bitte bei ihren Stadt-, Kreis- oder Landesbildstellen nach den dort vorhandenen Angeboten.

8.3.1 16-mm-Filme

XLT 920 **Zwei Tage in Peking**
Polen 1966 – 15 Minuten, schwarz-weiß
Ein polnisches Kamerateam durfte im Oktober 1966 zwei Tage in Peking filmen. Es zeigt Vorbereitungen zum Nationalfeiertag der VR China und erste Ansätze der Kulturrevolution.

XLT 948 **Ein Leben nach Maos Maß**
Autor: Wolfgang Weber, Bundesrepublik Deutschland 1967 – 46 Minuten, Farbe
Ohne wesentliche Beschränkung konnte ein Kamerateam die Volksrepublik China bereisen. Dabei entstand eine bildreiche Reportage über das Leben von vier Familien. Der Autor will zeigen, daß es der Führung gelungen ist, Denken und Verhalten der Chinesen zu prägen.

XLT 1080 **Chung Kuo – 3500 Jahre Reich der Mitte**
Regie: Kurt Stordel, Bundesrepublik Deutschland 1969 – 24 Minuten, Farbe
Die Fernsehreportage untersucht, ob die geistigen und gesellschaftlichen Traditionen Chinas auch heute noch wirken oder ob das Selbstverständnis der Chinesen sich geändert hat.

XLT 1109 **Treffpunkt Peking** (2 Teile)
Regie: Roshan Dhunjiboy und Reginald Beuthner, Bundesrepublik Deutschland 1970 – Teil I 25 Minuten, Teil II 25 Minuten, beide Farbe
Teil I: Textilwerk III und Gelbe Erde
Der von einer pakistanischen Journalistin kommentierte Film behandelt besonders Sinn und Auswirkungen der Kulturrevolution auf alle gesellschaftlichen Bereiche. Am Beispiel zweier Familien dokumentiert er Leben und Arbeit in einer landwirtschaftlichen Volkskommune und in einer Pekinger Fabrik.
Teil II: Die Revolution erzieht ihre Kinder
Bericht über die Erziehung in Kindergarten, Schule und Universität, zeigt unter anderem, wie Arbeiter und Bauern Jugendliche unterrichten und wie Schüler in Fabriken und auf dem Lande arbeiten.

XLT 1153 **Dr. Anna Wang**
Buch und Regie: Wolfgang Venohr, Produktion: stern-TV, Bundesrepublik Deutschland 1972 – 34 Minuten, schwarz-weiß
Dr. Anna Wang, heute in Hamburg, lebte zwanzig Jahre in China. Sie war verheiratet mit einem stellvertretenden Außenminister. Als einzige Deutsche besuchte sie Mao und Zhou Enlai in den Höhlen von Yenan und begleitete sie die Volksbefreiungsarmee an die Front.

XLT 1294 **Zwischen Peking und Schanghai**
Regie: Gerd Ruge, Bundesrepublik Deutschland 1972 – 55 Minuten, Farbe
Der Fernsehjournalist stellt Probleme der Infrastruktur dar vor allem am Beispiel der Hauptstadt Peking, der Stahlstadt Anshan im Nordosten und der Lokomotivenfabrik in Dailang. Besonders weist er auf die Disziplin sowie die Arbeits- und Lernbereitschaft in China hin.

XLT 1554 **Lernen in China**
Regie und Produktion: Gerhard Lechenauer, Bundesrepublik Deutschland 1975 – 16 Minuten, Farbe
An Beispielen aus Kindergarten, Mittel- und Hochschule wird deutlich, wie die Chinesen sich bemühen, einer Trennung von Hand- und Kopfarbeit schon in der Schule zu begegnen.

32 2316-
32 2318 **China – Ein Reisebericht von Bo Gärtze** (drei Teile)
Regie und Produktion: Bo Gärtze, Schweden 1970, deutsche Fassung: Institut für Film und Bild in Wissenschaft und Unterricht München 1972 – Teil I 18 Minuten, Teil II 16 Minuten, Teil III 14 Minuten, alle in Farbe
Der Film entstand 1970 während der Reise eines schwedischen Lehrers durch die Volksrepublik China. Die Sequenzen sind chronologisch geordnet.

32 2316	Teil I: **Auf der Transsibirischen Eisenbahn**
	Bahnfahrt durch die Autonome Region Innere Mongolei, Seidenstraße und Große Mauer, Lößland im Nordosten, Wirtschafts- und Lebensformen in einer Modell-Brigade einer Volkskommune, Peking.
32 2317	Teil II: **Von Peking nach Schanghai**
	Bahnfahrt durch den Südteil der nordchinesischen Schwemmlandebene, Eisenbahnfähre über den Jangtsekiang, Karpfenzucht, Bewässerungs-Feldbau, Anbauvielfalt im südchinesischen Bergland, Hafen- und Industriestadt Schanghai, politische Arbeit in einer Fabrik, Massenkundgebung.
32 2328	Teil III: **Vom Jangtse-kiang bis Kanton**
	Landschaft im subtropischen Südchina, traditioneller Bewässerungs-Reisbau und moderne Verfahren, Barfuß-Ärzte auf dem Lande, dezentralisierte Kleinindustrie, Kanalnetz für Lokalverkehr, Stadt Nantschang.
32 3102	**Die drei Forderungen der chinesischen Revolution – China unter Sun Yat-sen**
	Regie: Marc Ferro, Produktion: Pathé Cinéma/Hachette, Frankreich, deutsche Fassung: Institut für Film und Bild in Wissenschaft und Unterricht München 1975 – 14 Minuten, schwarz-weiß
	Französische, englische, amerikanische und chinesische Filmdokumente vermitteln einen Eindruck von der mühseligen Arbeit chinesischer Bauern und von ihrer Abhängigkeit von Grundbesitzern gegen Ende des 19. Jahrhunderts. Weiter behandelt der Film die Geschichte Chinas von der Revolution Sun Yat-sens 1911 bis zum Langen Marsch der Kommunisten nach Norden 1934/35.
32 3103	**Die drei Etappen der chinesischen Revolution – 1931-1949**
	Regie: Marc Ferro, Produktion: Pathé Cinéma/Hachette, Frankreich, deutsche Fassung: Institut für Film und Bild in Wissenschaft und Unterricht München 1975 – 16 Minuten, schwarz-weiß
	Der Film gibt einen Überblick über den Krieg Chinas gegen Japan seit dessen Eroberung der Mandschurei 1931, ebenso über die Spannungen und Bündnisse zwischen Kuo Min Tang und Kommunistischer Partei sowie über den Bürgerkrieg nach 1945 und den Sieg der KP 1949. Er ist zusammengestellt aus amerikanischen, japanischen, englischen, französischen, sowjetischen und chinesischen Dokumentar-Aufnahmen.

8.3.2 Tonbänder

Alltag in China (sechs Teile)
Sender Freies Berlin 1977 – Spule und Kassette

TX 2278	Teil I: **Die politische Entwicklung** 29 Minuten
TX 2279	Teil II: **Leben auf dem Lande – Die Volkskommune** 29 Minuten
TX 2280	Teil III: **Leben und Arbeiten in der Stadt – Das industrielle China** 29 Minuten
TX 2281	Teil IV: **Schulen und Kindergärten – Das chinesische Erziehungswesen** 30 Minuten
TX 2282	Teil V: **Barfußärzte in Sha-ahi-yü – Das chinesische Gesundheitswesen** 28 Minuten
TX 2283	Teil VI: **Chinas Stellung in der Welt – Sein Verhältnis zu den Großmächten und den Entwicklungsländern** 27 Minuten

8.3.3 Lichtbilder

Alle hier aufgeführten Lichtbilder hat das Institut für Film und Bild in Wissenschaft und Unterricht München hergestellt und mit Beiheft versehen.

10 2133	**Hongkong**
	1974 – 17 Farb-Dias
	Wasserstraße von Hongkong, Victoria und Kaulun, New Territories, Hongkong-Hafen, Dschunkenhafen, City of Victoria, Bilder von der Infrastruktur der britischen Kolonie und andere Motive.
10 2181	**China I: Mongolei und Lößland**
	1972 – 18 Farb-Dias
	Wüstensteppe der Inneren Mongolei, Jurtendorf, Bahnlinie, Kamelkarawane, Große Mauer, zerschnittenes Lößland, Volkskommune, Stadt Tatung, Markt in Lantschou.
10 2182	**China II: Hoangho-Ebene und Peking**
	1972 – 18 Farb-Dias
	Hoangho-Ebene, Reis- und Baumwollfelder, Dorf, Motive aus Peking.

10 2183 **China III: Jangtse-kiang und Schanghai**
1972 – 16 Farb-Dias
Jangtse-Schlucht, Brücke bei Wuhan, Hüttenwerk ebenda, Reisbau-Landschaft, Motive aus Schanghai.

10 2184 **China IV: Südöstliches Bergland und Kanton**
1972 – 16 Farb-Dias
Tee- und Reiskulturen, Bewässerung mit Wassertretrad, Pumpwerk, Reisernte, Dorf, Bilder aus Kanton, Staudamm, südchinesische Küste.

10 2524 **Landwirtschaft in der Volksrepublik China**
1979 – 12 Farb-Dias
Pferdezucht, Reis und Baumwolle, Wälder und Weizen, Volkskommune, Bewässerungsanlage, Fäkalien-Dünger, Teichwirtschaft, Unterricht im Obstanbau, Industrie in der Volkskommune.

10 2622 **Jiangmen, eine Mittelstadt in Südchina**
1981 – 12 Farb-Dias
Lage der Stadt, altes Handwerker- und Händlerviertel, neueres Industriegebiet, alte Wohnviertel, Sanierung von Wohnvierteln, neue Wohnviertel, verschiedene Motive aus Jiangmen.

8.3.4 Arbeitstransparente

Alle hier aufgeführten Arbeitstransparente hat das Institut für Film und Bild in Wissenschaft und Unterricht München 1982 mit je zwölf Farb-Folien und einem Beiheft hergestellt.

12 0060 **Volkskommune in der Volksrepublik China**
Landwirtschaftliche Arbeitsverfahren und Technik, Wohnen auf dem Lande, dezentralisierte ländliche Industrie, Verkehr, ländliches Gesundheits- und Schulwesen, Aufbau und Verwaltung einer Volkskommune.

12 0064 **Industrie in der Volksrepublik China**
Industrie-Entwicklung nach sowjetischem Modell, der Große Sprung nach vorn, Einfuhr ausländischer Technik, Verkehrserschließung, Wirtschaftsregionen, Erdöl, Energie, verarbeitende Industrie, Probleme der Industrialisierung, Arbeitsplatz-Qualität, Leistungsanreize.

8.3.5 Schallplatten

Sch 444 **Mao Tse-tung – Gedichte, Reden, Interviews, Ansichten**
Sprecher: Hannes Messemer, St 33
Lang war die Nacht. Drei gewöhnliche Menschen ergeben ein Genie. Ein großer Regen geht nieder auf Nordchina. Brief an den Verleger. Ich sah die weiße Pflaumenblüte. Über die Kulis. Diskussion mit einem Philosophen. Über die elfenbeinernen Betten. Der Himmel ist hoch. Welche Bedeutung hat der „Lange Marsch"? Niemand in der Roten Armee fürchtet die Leiden. Heute sage ich Dir, Kunlun. Gegen den schablonenhaften Parteistil.
Wert eines Dogmas. Laßt uns das Studium reorganisieren. Der Schnee. Hundert Blumen blühen nebeneinander. Über die neue Demokratie. Schwimmen. Anweisung für Partisanen. In einem Partisanengebiet. Die Atombombe ist ein Papiertiger. Die Einheit der Gegensätze. Wenn wir hochmütig sind, Genossen.

8.4 Wichtige Anschriften

Botschaft der Bundesrepublik Deutschland in der Volksrepublik China
Peking – 5, Dongzhimenwai Street

Botschaft der Volksrepublik China
Konrad-Adenauer-Straße 104 – 5307 Wachtberg-Niederbachem – Telefon: (0228) 34 50 51-54

Handelsbüro der Volksrepublik China
Bondorfer Straße 3a – 5300 Bonn 1 – Telefon: (0228) 34 50 59 und 34 86 64

Arbeitsstelle Politik Chinas und Ostasiens
Freie Universität Berlin, Fachbereich Politische Wissenschaft – Harnackstraße 1 – 1000 Berlin 33 –
Telefon: (030) 8 38 23 47

Ostasiatisches Seminar
Freie Universität Berlin – Podbielskiallee 42 – 1000 Berlin 33 – Telefon: (030) 8 38 35 98

Arbeitsstelle Politik Chinas und Ostasiens
in der Rechts- und Wirtschaftswissenschaftlichen Fakultät der Universität des Saarlandes – Bau 31 –
6600 Saarbrücken – Telefon: (0681) 3 02 21 26

Deutsche Gesellschaft für Asienkunde
Rothenbaumchaussee 32 – 2000 Hamburg 13 – Telefon: (040) 44 58 91

Dokumentations-Leitstelle Asien
Neuer Jungfernstieg 21 – 2000 Hamburg 36 – Telefon: (040) 35 62 589

Institut für Asienkunde
Rothenbaumchaussee 32 – 2000 Hamburg 13 – Telefon: (040) 44 30 01-03

Gesellschaft für Deutsch-Chinesische Freundschaft e.V.
China Studien- und Verlagsgesellschaft
Hungener Straße 6-12 – 6000 Frankfurt a.M. 60 – Telefon: (0611) 59 04 61

Ortsverein Berlin der Gesellschaft für Deutsch-Chinesische Freundschaft e.V.
Innsbrucker Straße 3 – 1000 Berlin 62 – Telefon: (030) 8 54 57 44

Leibniz-Gesellschaft für kulturellen Austausch
Projektbereich China – Kaiserdamm 88 – 1000 Berlin 19 – Telefon: (030) 3 01 50 25

Gesellschaft zur Förderung freundschaftlicher und kultureller Beziehungen zur VR China
Wickenburggasse 4 – A 1080 Wien – Telefon: 43 97 93

Ludwig Boltzmann Institut für China- und Südostasienforschung
Wickenburggasse 4 – A 1080 Wien – Telefon: 43 97 93

8.5 Basisdaten (1982)

- Fläche: 9,56 Millionen Quadratkilometer *(Bundesrepublik Deutschland: 249 000 qkm)*
- Bevölkerung: 1,008 Milliarden, davon leben
  - 79 Prozent auf dem Lande,
  - 21 Prozent in Städten.
- Nationalitäten: 93,3 Prozent Han-Chinesen,
  6,7 Prozent gehören 55 nationalen Minderheiten an.
- Die größten Städte: Shanghai 11,8 Millionen Einwohner
  Peking 9,2 Millionen Einwohner
  Tianjin 7,7 Millionen Einwohner
- Bevölkerungswachstum: 1,45 Prozent *(jahresdurchschnittliche Rate zwischen 1970 und 1980 der Entwicklungsländer insgesamt: 2,2 Prozent)*
- Lebenserwartung (1981): 67 Jahre *(Indien: 52 Jahre, Bundesrepublik Deutschland: 73 Jahre)*
- Gesundheitswesen: Je 100 000 Einwohner stehen 205 Krankenhausbetten zur Verfügung *(Indien 1978: 83)*.
- Alphabeten je 100 Erwachsene (1980): 69 *(Indien: 36)*
- Durchschnittliches jährliches Pro-Kopf-Nettoeinkommen:
  - Arbeiter und Angestellte in den Städten: 500 Yuan
  - Bauern: 270 Yuan
- Wichtige Erzeugnisse:
  - Getreide: 353 Millionen Tonnen
  - Fleisch (Schwein, Rind, Hammel): 14 Millionen Tonnen
  - Kohle: 666 Millionen Tonnen
  - Stahl: 37 Millionen Tonnen
  - Elektrizität: 328 Milliarden Kilowattstunden
  - Werkzeugmaschinen: 100 000 Stück
  - Fahrräder: 24 Millionen
  - Fernseher: 6 Millionen
- Wichtigste Handelspartner: Japan, Hongkong, USA, Bundesrepublik Deutschland
- Wichtige Außenhandelsgüter:
  - Ausfuhr: Textilien, Bekleidung, Schuhe, Öl und Kohle, Lebensmittel (Obst- und Gemüsekonserven, Getränke)
  - Einfuhr: Maschinen und Fahrzeuge, Getreide, Textilfasern, chemische Düngemittel, Präzisionsinstrumente, Konsumgüter (z.B. Fernseher)
- Mitglieder der Kommunistischen Partei Chinas: 40 Millionen
- Angehörige der Volksbefreiungs-Armee: 4,2 Millionen

1912–1949	Republik China meist unter Herrschaft der Kuo Min Tang
1934/35	Langer Marsch
1937–1945	*Krieg gegen Japan*
1947–1949	Offener Bürgerkrieg
1949	**Volksrepublik China**
1949–1952	Wiederaufbau
1953–1957	Erster Fünfjahresplan nach sowjetischem Vorbild
1958–1960	Linke Linie: Großer Sprung *Konflikt mit der UdSSR beginnt*
1960–1965	Rechte Linie: Vorrang für Wirtschaft
1966–1969	Linke Linie: Kulturrevolution
seit etwa 1970/76	Rechte Linie: Modernisierung *Öffnung nach Westen*
1976	Tod Mao Zedongs
seit 1979/80	*Distanz zu USA* *Entkrampfung gegenüber UdSSR*

Ausklappbare Zeittafel-Leiste

8.6 Lebensläufe wichtiger Politiker

Sun Yat-sen, geboren 1866 als Bauernsohn. Führte die Revolution gegen die Mandschu-Dynastie und wollte China nach den Prinzipien aufbauen: Nationalismus, Demokratie, soziale Neugestaltung. 1912 gründete er die Kuo Min Tang. Er starb 1925. Die VR China verehrt ihn als „großen bürgerlich-demokratischen Revolutionär", Taiwan als „Vater des Vaterlandes".

Chiang Kai-shek, geboren 1887. Er führte, als Nachfolger Sun Yat-sens, die Kuo Min Tang von 1926 bis zu seinem Tode. Nach der Niederlage gegen die Kommunisten flüchtete er mit seinen Anhängern 1949 nach Taiwan. Er starb 1975, ohne sein nie aufgegebenes Ziel erreicht zu haben, das Festland zurückzuerobern.

Mao Zedong, 1893 als Sohn eines Bauern geboren. Besuchte die Mittelschule und ein Lehrerseminar, arbeitete danach in Peking als Hilfsbibliothekar. 1921 gehörte er zu den Gründungsmitgliedern der Kommunistischen Partei Chinas, deren Vorsitz er während des „Langen Marsches" übernahm und bis zu seinem Tode behielt. Nach dem für die KP erfolgreichen Bürgerkrieg rief er 1949 die Volksrepublik China aus, in der er (mit wenigen Unterbrechungen) die führende Persönlichkeit blieb. Er starb 1976.

Zhou Enlai, geboren 1898 als Sohn einer wohlhabenden Beamtenfamilie. Von der Kuo Min Tang-Revolution enttäuscht, schloß er sich der kommunistischen Bewegung an und gehörte bald zu deren engstem Führungskreis, war nach 1949 Ministerpräsident und in vielen anderen Funktionen tätig. Es gelang dem als pragmatisch geltenden Politiker immer wieder, auch in Phasen linker Vorherrschaft (z. B. Kulturrevolution), seine Stellung zu behaupten. Er starb 1976.

Liu Shaoqi, 1898 als Sohn reicher Bauern geboren. 1921 trat er der KP bei und half vor allem, eine kommunistische Gewerkschaftsbewegung aufzubauen. Er hatte hohe Partei- und später Staatsfunktionen inne (so das Amt des Staatspräsidenten), bis die kulturrevolutionäre Linke ihn als Verräter und Revisionisten angriff, entmachtete und 1968 aus der Partei ausschloß. Er starb 1969 im Gefängnis.

Deng Xiaoping, geboren 1904 als Sohn eines Grundbesitzers. Er trat 1924 in die KP ein und nahm als Politkommissar am „Langen Marsch" teil. Er gilt als Pragmatiker. Die Partei-Linke hatte ihn mehrmals gestürzt, doch gelang es ihm immer wieder, an die Macht zurückzukommen. Seit etwa 1978 bestimmt vor allem er den politischen Kurs der VR China.

Hu Yaobang, geboren 1915 als Sohn armer Bauern. Er nahm am „Langen Marsch" teil und war schon sehr früh ein enger Mitarbeiter Deng Xiaopings und nach 1949 Sekretär der Jugendliga. Auch ihn schaltete die kulturrevolutionäre Linke politisch aus. Nach dem Sturz der „Viererbande" rückte er an der Seite Dengs in die Führungsspitze auf und ist seit 1980 Generalsekretär.

Lin Biao, geboren 1907. Der Vater besaß eine kleine Weberei. Lin besuchte die Militärakademie, trat 1925 in die KPCh ein, wurde Kommandant in der Roten Armee und beteiligte sich am „Langen Marsch". 1959 ernannte ihn die Partei zum Verteidigungsminister. Während der Kulturrevolution kämpfte er an der Seite Maos, als dessen Nachfolger er vorgesehen war. Angeblich hatte er einen Putsch geplant und kam auf der Flucht 1971 ums Leben.